启真馆 出品

新 史 学 译 丛

主编：蒋竹山

行万里路

宋代的旅行与文化

张 聪 著 李文锋 译

Transformative Journeys

Travel and Culture in Song China

ZHEJIANG UNIVERSITY PRESS
浙江大学出版社

致　谢

　　我一直喜欢阅读旅行文学作品。冒险、发现和朝圣旅行的传奇不仅把我带进了从未体验过的境界，阅读这些性格怪异的男男女女的奇幻故事也让我感到愉悦。我怀着极大的乐趣阅读了数千页宋人所写的诗词、散文和游记，这些内容是本书论述的特点。十多年来，这些著作指引着我进行想象中的旅行，把我带到了一些中国曾经最有名的景点。当我跟着他们旅行时，这些旅行者的博学、对事物的好奇心以及他们与沿途地方和人民交往的能力使我印象深刻，给我印象更深的是，他们在幅员辽阔的国土上的旅行，以强有力的方式改变了旅行者自己，而且也改变了国家。我只能希望，我现在这本著作已经把这些改变充分地展现出来了。

　　对我来说，进行这项研究及撰述本书已经成了我的一次长途旅行。这个旅行始于我在西雅图华盛顿大学的一篇学位论文。我要向我的学位论文答辩委员会成员伊佩霞（Patricia Ebrey）教授、盖博坚（Kent Guy）教授、苏珊·汉莉（Susan Hanley）教授表示谢意，感谢他们对我这个选题的支持，感谢他们对我这项旅行文化研究论文的广泛评论，感谢他们仔细评阅了我论文的各章节草稿。当我对文稿进行修订时，他们给予的鼓励和建议促使我对存在的问题进行深思熟虑。

　　我非常幸运的是能有伊佩霞教授做我的研究生导师。伊教授是一位善于启发学生的老师，是教师的楷模。多年来，她虽然不再对我有指导之责，但仍关心这项研究的每一步进展。对她给予我的每一个解答、每一个纠正和每一个建议，我在此深表感激。

我也对阅读和评论过本书章节（有些是通过会议论文的形式读到，有些是在论文修订成书的各个阶段阅读的）的朋友和同事表示感谢：卜正民（Timothy Brook）、贾志扬（John Chaffee）、蔡涵墨（Charles Hartman）、丁博（Ron Dimberg）、何瞻（James Hargett）、卢苇菁、布拉德·里德（Brad Reed）、罗友枝（Evelyn Rawski）、海伦·施奈德（Helen Schneider）和姚平。李瑞（Ari Levine）仔细地阅读了本书的定稿，并给出了很详细的评语，我深表谢意。何大鹏（Dahpon Ho）和金·威夏尔特（Kim Wishart）对每个阶段的书稿进行了审读，使本书可读性更强。我的弗吉尼亚大学历史系的同事给了我极大的鼓励，并向我介绍了他们在写作和出版方面的经验和感受。许多朋友与我一道经历了这项研究完成的艰苦过程，为此他们都不惜停止手中的事情来帮助我。我感谢李旭红（音，Li Xuhong）、卢苇菁、珍妮弗·鲁道夫（Jennifer Rudolph）、海伦·施奈德、金·威夏尔特、姚平和赵玲颖（音，Zhao Lingying）在精神上给我坚定的支持。

我要向给予我很大帮助的华盛顿大学图书馆、北京国家图书馆、哈佛燕京图书馆和弗吉尼亚大学图书馆的馆员们表示感谢。没有他们的帮助和专业建议，这项研究的基础研究工作将花费更多的时间。特别感谢弗吉尼亚大学图书馆的加尔文·许（Calvin Hsu），他加快了《全宋文》的引进速度以及采用了《四库全书》的电子版为我的研究节省了不少时间。

本书研究和撰述的完成还有赖于几项慷慨的学术资助基金的支持。在华盛顿大学，我得到了历史系史华慈奖学金和 Ebba Dahlin 奖学金的资助，还得到了杰克逊国际研究学院萧公权奖学金的资助。来自弗吉尼亚大学东亚中心、文理学院、教学资源中心的基金的帮助使本书定稿得以完成。在弗吉尼亚大学的艺术、人文和社会科学研究资助计划（Research Support in the Arts, Humanities and Social Sciences）的两笔经费的支持下我得以到哈佛燕京图书馆访问，并完成了本书地图的绘制和封面护套图的制作。也感谢绘制地图的温迪·罗伯逊（Wendy Robertson），以及台北"故宫博物院"允许我使用武元直（活跃于 12 世纪下半叶）的《赤壁图》。

来自夏威夷大学出版社的两位匿名评阅者的富有建设性的、见解深刻的评论意见帮我完善了本书。特别感谢夏威夷大学出版社的帕特里夏·克罗斯比（Patricia Crosby）、安·鲁德曼（Ann Ludeman）和他们的同事，他们的效率和专业水平使本书的出版过程非常之严谨而又顺利，令人愉快。本书很幸运能由特蕾·菲舍尔（Terre Fischer）做编辑，她的细致工作使本书更具可读性。本书所存在的谬误概由本人负责。

最后，我要感谢我的丈夫孙宝文，儿子马克斯（Max），以及整个家庭对此付出的牺牲和情感上的支持。当我因职业变化而迁移时，宝文不止一次地改换了他的工作，而马克斯则不断地提醒我，这项研究的时间跨度与他的年龄一样长。我将本书献给我的爷爷和奶奶，他们是最溺爱孩子的祖父母；也献给我的父母，他们给我灌注爱心，培养了我学习和游历世界的兴趣。

xi

重量和度量

长度

1 尺 ≈ 0.3 米 ≈ 12 英寸

1 丈 =10 尺 ≈ 3 米

1 里 ≈ 1800 尺 ≈ 0.3 英里

容量

1 斛 =5 斗 ≈ 33.5 公升

1 石 =2 斛 ≈ 92.5 宋斤 ≈ 59.2 公斤

面积

1 亩 ≈ 0.16 英亩

货币

1 缗 =1 贯 =1000 钱

目录

1　导论　旅行、文化和宋代文人

29　第一章　短暂的生活——旅行与宋代文人

57　第二章　旅行的基础设施——水路与官道

93　第三章　准备起程——公文与手续

113　第四章　政府对官员旅行的帮助

　　　　　　——挑担军人、交通工具和住宿

153　第五章　送别仪式——饯行

179　第六章　旅行者和他们的地方东道主

　　　　　　——接待、娱乐和花销

211　第七章　观光和创造景点

　　　　　　——游览探访与题写碑刻

247　第八章　精英、旅行、名胜与地方史

　　　　　　——苏轼之后的黄州

283　结论　本籍、地方与朝廷

289　参考文献

312　索引

导论　旅行、文化和宋代文人

阅清斋而晤叹兮，惊足迹之间关。

谁识为此驱逐兮，岂不坐失微官。

知明年之何处兮，莞一笑而无眠。[1]

南宋（1127—1279）士大夫范成大（1126—1193）[2]在 1173 年中秋之夜[3]创作上面这首诗时，正身为地方知州，任职于离他家乡平江（今江苏苏州）有千里之远的桂林（在今广西）。在上引的这首长诗中，范满怀情感地谈及，过去 9 年中，他每年都在不同的地方度过中秋。范虽宦游多地，但令人欣慰的是无论身处何地，月光总能忠实地陪伴在身边。[4]

范成大在其他地方继续他的仕宦生涯。他不得不远离家乡，也

---

[1] 范成大：《范石湖集》，卷 34，457—458 页。

[2] 范成大的详细传记见范的同时代人周必大（1126—1204）所撰的墓志铭。周必大：《文忠集》，卷 61，11a—29b。何瞻英译的范的三篇旅行日记包含了对范的生活较为广泛的介绍，见 *On the Road in Twelfth Century China* 和 *Riding the River Home*。对范研究最透彻的中文著作是于北山的《范成大年谱》。

[3] 中国人农历八月十五庆贺中秋节。几个世纪以来，这种情形激发了文人们创作无数的诗词来表达他们思念家乡和亲友的深情厚谊。如南宋诗人和作家杨万里（1127—1206）就在其诗词里广泛地描写了这个节日的情形。见杨万里：《诚斋集》，卷 2，1b；卷 2，2a；卷 4，1b；卷 6，3a—b；卷 7，13b—14a；卷 14，4b—5a。

[4] 按照时间顺序，范度过 9 个中秋的地方分别是临安（今浙江杭州，1165 年）、苏州（1166 年）、阳羡（今江苏宜兴，1167 年）、括苍（今浙江丽水，1168 年）、杭州（1169 年）、睢阳（今河南商丘，1170 年）、吴兴（今浙江湖州，1171 年）、苏州（1172 年）和桂林（1173 年）。见《范石湖集》，卷 34，457—458 页。当范 1183 年任职于金陵（今江苏南京）时，我们再一次看到他于中秋之夜吟诗作赋；同时范在注释中说明，在过去的两年里他一次是在家乡、一次是在明州（浙江宁波）过的中秋。见《范石湖集》，卷 22，318 页。

远离了他曾经追求的舒适生活。[1]桂林任职两年后，他被派往中国西南的成都（在今四川），在多次以重病为由请求致仕后，终于获准。[2]等他于1177年初夏开始返乡之行时，已经离上次的离家有四年半之久了。在返乡的长江航程中，他在武昌（在今湖北）度过了又一个中秋。在其诗词和游记《吴船录》中，他记录了自己过去13年在7个不同地方过中秋节。[3]

范成大给我们印象深刻的不仅是他旅行的频繁，还有他经历的漫长旅程。范经常用到"万里"这个表述，这在他12世纪70年代创作的三首词中就有所反映。

2　　　他在诗的注释中说：

　　余于南北西三方，皆走万里，皆遇重九[4]，每作水调一阕。燕山[5]首句云："万里汉家使。"桂林云："万里汉都护。"成都云："万里桥边客。"今岁倦游甚矣，不复更和前曲，乃做此诗以自戏。[6]

可能真的很少有士大夫都去过范成大所到过的边疆地区，频繁的旅行成了范的生活与职业特点，这在当时绝不是个例。名气不大的士人在仕宦旅途中也有着类似的长途旅行经历，兹举范成大的同

---

[1] 范成大被一些人认为是中国历史上学识最渊博的"田园"诗人之一。关于他的诗词和著作的英译，见 J.D.Schimdt 的 *Stone Lake, the Poetry of Fan Chengda*。

[2] 《文忠集》，卷61，23b。在他从成都回乡后接下来的十年里，范被委派到京城杭州、明州、金陵和福州（在今福建）任职。

[3] 范成大：《吴船录》，卷2，16b—17a。这本旅行日记由何瞻翻译为英文，见何氏：*Riding the River Home, A Complete and Annotated Translation of Fan Chengda's (1127—1279) Diary of a Boat Trip to Wu (Wuchuan lu)*。

[4] 重阳，也称为重九，指中国农历年九月初九日。

[5] 此处是指他1170年被朝廷委派为出使金朝（1115—1234）的使节。

[6] 《范石湖集》，卷17，240页。

时代人邹定（1113—1170）为例。

我们对邹定的了解都来自其墓志铭。邹定是吉州（在今江西）本地人，1145年他33岁时考取了进士。他很可能是家族中第一个取得功名的人，因为他的墓志铭里没有提到其家族中有人担任过官职或考取过功名。邹定到京城临安（今浙江杭州）应考和听候任命，但他从未在京城任过官。他所担任的6个官职中，第一个是在今江西省内，靠近他的家乡，但1年里，他被派遣到南边的广东。1148年，邹定的仕宦生涯中断，返乡奔父丧，3年后重新出仕。此后，在湖南连续任职于3个不同地方，其中有两个是在很偏南的地方。50出头时，他再次返乡静心养病。58岁时在家中去世时，他极有可能尚未完成湖北随县县令的任期。[1]

乍一看，邹定的生活和职业似乎不能跟范成大相比。范是当时的文人领袖，仕途顺畅，邹如果没有他的同乡、著名诗人杨万里（1127—1206）给他写下的墓志铭，我们压根儿就不知道他。范和邹却有很多共同之处，最大的共同点就是他们都踏入仕宦之途，游历范围广。尽管范赫赫有名而邹默默无闻，但他们被委派的官职、履职的地方和任期的长短都深深地影响了他们职业和生活。邹的墓志铭揭示，25年中朝廷的任命让他履职的地方跨越了（现代）5个省份——江西、浙江、湖南、广东和湖北。他所任职的地域在面积上是相当大的，范围包括了整个长江中下游地区。

宋代（960—1279）的士人中一直长期存在着像范和邹这类人的跨地域流动的情况。贾志扬研究宋代科举文化时注意到："使举子们与社会其他人有明显区别的，莫过于他们的流动性了。"[2]同

3

---

[1] 陈柏泉：《江西出土墓志选编》，146—148页。

[2] 贾志扬：*The Thorny Gates of Learning in Sung China*，49—50页。

样，李弘祺（Thomas H. C. Lee）也认为，对于那些出身富贵之家的考生来说，旅行不仅是上学和参与考试的途径，同时也在他们即将以青年精英的身份担任官员的过程中起到重要作用。[1] 宋代官员一旦成功地进入到官僚体系，他们就会定期地在各地迁徙，成为"文官体系"的一员。[2] 当这些人启程上路时，他们往往带上家属。伊佩霞指出，官员妻子经常与其丈夫一起旅行，并因其不畏艰难险阻而受到过世后墓志铭作者们的称颂。[3] 孩童及眷属们通常是跟着他们的父亲及其他男性家庭成员一道上路的，这种现象变得如此的寻常，以至于在宋代，"随侍"是一个广为流传的表述词语。

尽管研究者（学者）们知道宋代精英们旅行频繁且所到的地域范围很广，但是至今为止，这些旅行仍然主要是作为了解精英们其他方面生活的背景材料。[4] 本书的研究把旅行放在了历史探究的非

---

[1] 李弘祺：*Life in the Schools of Sung China,* 47 页。

[2] 罗文（Winston Lo）：*An Introduction to the Civil Service Examinations of Sung China,* 47 页。

[3] 伊佩霞进一步推测："官员妻子们被如此频繁地提及，是因为实际上她们对于夫妻关系所起的重要作用。在官员的旅程中，家眷里是没有双方的兄弟姐妹及其子女的。再者，旅行本要花费数周或数月的时间，夫妻双方此时相聚的时间甚至超过平时。"见伊佩霞：*The Inner Quarters*，156—157 页。曼素恩（Susan Mann）也在其关于清代的女性旅行者的研究中证实，女性旅行者所创作的文学作品乃是用于证明她们旅行所具有的道德目的和旅行人的个人美德的。见曼素恩：*The Virtue of Travel for Women in the Late Empire (1644—1911)*，55—74 页。在其近期的更多的研究论著中，曼素恩分析道："当朝廷的任命下达时，成功的文人家庭就要经历混乱了，同时也意味着他们要进行一场伤筋动骨的前往异地的迁徙。"这种情绪频繁地出现在宋代文人们的作品里。见曼素恩：*The Talented Women of the Zhang Family,* 58 页。

[4] 有两本篇幅较长的著作从不同的侧面对旅行进行了深入的研究。王福鑫的著作关注了宋代的旅游，把旅游分为五种类型，其中一种是士大夫的旅游。吴雅婷最近的学位论文考证了宋代各种"移动"的类型和含义的演变，但这两本著作都没有单独地对受过教育者的旅行进行集中的研究。实际上，两书都宣称他们特别关注非文人的旅行者（旅居者、观光者）。见王福鑫：《宋代旅游研究》，保定：河北大学出版社，2007 年。吴雅婷：《移动的风貌》。对唐代官方旅行的研究，见甘怀真：《唐代官人

常中心的位置。笔者对旅游的后勤辅助、过程和仪式以及精英们在路途上的社会文化活动的考证将揭示宋代历史如下三点：帝国政府在动员和定期重新配置国家的政治、社会和教育精英中所起的作用；频繁的迁移对旅行者的地位和身份产生的重要影响；他们的观光活动在地方历史演变和宋代中国的社会文化整合中所起的作用。

首先，笔者强调宋代国家在造就和维护士大夫精英群体方面起到了促进作用，而这个群体一直被科举和出仕所吸引。他们在科举上的追求与随之而来的权力和声望有很大的关系，但是宋代精英们利用科举和随之而来的出仕机会来巩固增强他们在文化和社会上的支配地位。频繁的旅行是其职业和学问追求的直接后果之一，同时也是实现这些追求的强有力的工具。中国历史上，受教育者第一次在制度上把范围广阔的、去往各地的旅行确认为士人获取知识的一种模式，旅行成为他们增长学问和提高道德修养的先决条件，也是士人们具体接触国家文化和历史遗产的一种方式。通过赞颂旅途的重要意义及途中参与的各种活动，宋代士人更加强化了他们作为国家政治、社会和文化领导者的地位。

这些相同的旅行及其相关活动（士人们对其经历中的重要的观光活动、旅途中的社交以及所创作的诗文）对士人们到访的地方也产生了影响。文人墨客们在那创作的诗文，在名胜的缅怀活动和行迹都成了地方历史的亮点。与当地名人一道，宋代士大夫旅行者有助于提升地方的自豪感，同时也给我们勾勒出全国整个文化地理的地方多样性。久而久之，对名人停留各地的记载就构成了集体记忆

4

（续前页注）的宦游生活》，39—60 页。在这篇文章里，甘关注于旅行者旅行经历中的经济和财政因素。

的叠加网络。在这方面，精英旅行者们使截然不同的各个地方聚合在一起，大大地促进了中国社会和文化的聚合力。

文人旅行者的定义

本研究建立在这样的前提下：随着科举制度的扩张，官府和私人教育机构的发展，宋代产生了一个新兴的精英阶层——士大夫阶级[1]，这也是国家官僚选任和人事管理策略[2]演变的直接后果。这些人被称为"士"（或"士人"，英文为 gentlemen 或 scholar），他们都是国家的社会文化精英。出仕者在身份上自认是士大夫

---

[1] 从柯睿格（E. A. Kracke）和郝若贝（Robert Hartwell）的开创性研究开始，学者们对科举制度的兴趣集中在科举的制度性质及其在导致和维持社会流动的作用上。一般来说，柯睿格、戴仁柱（Richard Davis）、李弘祺和陶晋生强调科举成功地维持精英地位的重要性，而郝若贝和韩明士（Robert Hymes）则揭示了从唐代到宋代精英地位的延续性。贾志扬却并不看重科举制度的贤能统治的特性，他论证了举子的家庭背景的影响和其地域出身对他们未来命运所起的作用。魏希德（Hilde de Weerdt）最近的著作仍然证明科举制度在精英转型战略中起到了催化作用。见柯睿格: Family Versus Merit in Chinese Civil Service Examination, 103—123 页，和 *Civil Service in Early Sung China*；郝若贝: Demographic, Political, and Social Transformations, 365—442 页；戴仁柱: *Court and Family in Sung China*；李弘祺: Government Education and Examination；陶晋生:《北宋士族》；韩明士: Statesmen and Gentlemen: The Elite of Fu-chou；贾志扬: *The Thorny Gates of Learning*；魏希德: Competition over Content. 有关中华帝国晚期的科举制度的综合研究，见本杰明·艾尔曼（Benjamin Elman）: *A Cultural History of Civil Examinations in Late Imperial China*. 中文的重要著作包括何忠礼:《科举与宋代社会》；金中枢:《宋代科举制度研究》，1—71、31—112 页；林瑞翰:《宋代科举考》，127—154 页；苗春德:《宋代教育》。

[2] 有关宋代人事管理方面的杰出研究、见邓小南:《宋代文官选任制度诸层面》及《课绩、资格，考察: 唐宋文官考核制度侧谈》；罗文: *An Introduction to the Civil Service Examinations of Sung China*；苗书梅:《宋代官员选任与管理制度》。

（scholar-official）、官僚。[1] 在现实里，这两个术语在朝廷论争、文学作品和私人通信里经常可以相互替代地使用，也表明了学问、文化和仕宦结合在一起，共同塑造了宋代受教育者的世界观和身份认同所达到的程度。为此，笔者在全书中相互替代地使用"文人精英"、"文人"、"精英旅行者"、"受教育者"、"社会文化精英"、"士大夫"和"政治精英"等术语来指代这群功名获得者、官僚和士大夫（scholar-gentlemen）。

相比于唐代（618—907）和宋初的贵族，宋代文人精英从考场和官场上取得的成功中获得了更大的权力和声望。[2] 这种变化很明显地出现在当时的思想论题、政治话语、文学与美学批评以及亲属关系和婚姻中。[3] 当这个群体的规模扩大之后，对科举名额和获得功名后授予官位的竞争日益激烈。两宋时期（960—1279）政治上的党争更是使这种情形复杂化，也使得出仕成为一条危险和不可预测的职业途径。结果，精英获取地位的方式越来越远离朝廷，其应对之策也更具多样性，变得更实际。南宋精英们越来越多地转变对待地方事务的态度，他们通过婚姻联盟、家族组织、赈灾和宗教式的

---

[1] 有关士的杰出研究，见包弼德（Peter Bol）：*This Culture of Ours*。包氏认为："在公元 600 年至 1200 年之间，士的三种最重要的身份属性是文化、出身和官位。""总的来说，好出身的重要性对士的身份的影响在这几个世纪里一直在下降。""在 1200年，'文化'比出身更重要，教育成为获取高官职位的标准先决条件。同样地，相比于文化和出身，出仕的意义和重要性并非是一成不变的。"33 页。

[2] 对贵族家庭的深入研究，见伊佩霞：*The Aristocratic Families of Early Imperial China*；姜士彬（David Johnson）：*The Medieval Chinese Oligarchy*。

[3] 这方面较为重要的长篇幅著作，见包弼德：*This Culture of Ours*；柏文莉（Beverly Bossler）：*Powerful Relations*；艾朗诺（Ronald Egan）：*The Problem of Beauty* 和李瑞：*Divided by a Common Language*。

倡导等各种方法，来加强他们在地方社会中的领导地位。[1]

从政治中心向地方社会的转变过程不是很清晰。柏文莉令人信服地揭示，"京城精英"没有完全控制国家政治生活；在整个两宋时期，也总是存在着京城精英和地方精英之间的利益和隶属关系的重叠。[2]尽管越来越多的精英声称对出任京官不抱希望转而注重地方事务，科举制度还是继续吸引着越来越多的精英，即便是"参加科考不保证能成功，获得功名也不确保可出任官职"，但"参加科举和科举本身是可以带来地方的权力和声望的社会资本"。[3]

科举教育的持续吸引力意味着越来越多的宋人进入了旅行的行列。数以万计的这些人年轻时就开始参加科举考试，成功出仕之后，他们成年的大部分时光是在京城和家乡以外的地方度过的，之后的广泛旅行使他们有别于地方上的士人（这些人几乎很少离开其

---

[1] 对宋代精英的地方性的最重要的研究是韩明士的著作。韩明士发现，北宋时期，文人精英们对政治和京城生活有强烈的喜好。该群体的这个倾向在北宋末年发生了变化，当时士人们纷纷转而关注自己的家乡。韩对抚州（今江西临川）的婚姻模式和精英的地方自主性的考证强调了维持精英地位的地方上的各种举措。受到韩这部地方主义论著的影响，其后 20 年间许多学者探讨了精英家庭和家族团体借以加强其地方地位的各种各样的具有创新精神的做法，在此过程中我们也加深了对精英的社会统治地位的复杂性的理解。柯胡（Hugh Clark）最近对木兰溪（位于福建）精英家族团体的研究进一步揭示，他所关注的这些人"总是植根于其所在的地方"。史乐民（Paul Smith）认为，精英们回避国家中心事务而专心于地方，已经成为从宋到明的 400 年间的一个显著特征。最近越来越多的研究都强调了宋、元和明各个不同时期里上述倾向中和不断变化的精英与国家的关系中的地方差异性。见韩明士：*Statesmen and Gentlemen* 和 *Marriage, Descent Groups, and the Localist Strategy*，95—136 页；柯胡：*Portrait of a Community*，16 页；史乐民：*Song-Yuan-Ming Transition*，21 页；窦德士（John Dardess）：*A Ming Society*；何安娜（Anne Gerritsen）：*Ji'an Literati and the Local in Song-Yuan-Ming China*；王昌伟（Chang Woei Ong）：*Men of Letters Within the Passes*；宋汉理（Hariet Zurndorfer）：*Change and Continuity in Chinese Local History*。

[2] 柏文莉进一步认为："社会地位的形成是不能割裂来看的，因此阶级界限的划分既没法把高官从富有而识字的平民中区分开来，也不能把富有而识字的平民与他们那些稍微不那么有钱而不识字的邻居区别开。"柏文莉：*Powerful Relation*，208 页。

[3] 魏希德：*Competition over Content*，376 页。

　　　　　　　　　　　　　　　　行万里路：宋代的旅行与文化

家乡县份）。这些地方精英要旅行时，喜欢在较小的地理范围内走动，他们没有资格利用各种能用得上的资源和条件进行宦游和应考，但是，上述两者的差异并不限于他们移动的规模或他们能参与官府各种仪式的程度。在他们自我认同的形成过程中，旅行也占据着很不一样的位置。宋代关于地方精英的史料经常集中在他们的社区事务上，范围从子弟的言行到学校、祠堂的建筑，从慈善、赈灾到维持地方秩序[1]，但是从一个完全不同的观点来看，邹定和范成大的墓志铭的记载还是接近他们的实际生活。在墓志铭的记载中，可以看到他们科举的成功、担任的官职和迁移的次数。范成大的作品确实强调了他的仕途生涯和漫长旅途在他的生活中所占的分量，他对自己三千里程和多年来在遥远的他乡度过中秋的回忆就是有力的例证。受过教育的宋人最初是把他们的旅行作为实现事业目标的一个手段，而旅行也成了身份的象征和精英认同的必备要素。

6

旅行的经历不仅使士大夫有别于当地的同辈，而且精英们迁移的幅度也是旅行者获得不朽名声和地位的一个重要途径。官府可能会限制他们参与本地事务的能力，但旅行也使这些政治和文化上的精英群体得以和其他州县的地方精英接触。奔赴遥远地方担任官职的旅途也让这些旅行者有机会会见沿途的地方官员、致仕和半致仕的官员、在地方上有影响的落第士子以及没有出任官职的地方豪族，反过来这也给他们之间建立长期友谊和合作提供了机会。地方志的

---

[1] 在 *Statesmen and Gentlemen* 中，韩明士已经考证出地方精英所从事的各种事业，包括慈善和赈灾、地方治安防卫和庙宇修建。张文最近的研究甚至揭示，地方精英（包括来自士绅和富裕家庭、道士僧侣等男女）系统性地介入了慈善活动的各个方面，范围从赈灾救助穷人到地方工程。张文特别强调了面向老、幼、弱者的慈善活动的不断发展，以及在这些活动中妇女所发挥的积极作用。张文：《宋朝民间慈善活动研究》。

导论 旅行、文化和宋代文人

11

记载比以前更加注重地方认同和地方记忆时，外来的重要人物的事迹、文学作品、行踪以及他们与当地人的互动就成了地方志的重要内容。地域流动性对宋代社会（就这而言，甚至包括其他前现代社会）的其他社会群体的影响都没能达到这个程度。其他非本地人对地方记忆也不会有这么大的影响。

宋代的文人和非文人旅行者

宋代处于旅途中的人绝不仅仅是士大夫，指出这点很重要。便捷的陆路和水上交通网、内外贸易的扩大、生活水准的提高激发了社会经济背景各不相同的人们为了个人和职业原因走出家门，旅行于各处。实际上，旅行已经成为宋代社会生活的重要组成部分。以至于英国学者马伯良（Brian E. McKnight）把这一时期描述为"一个前所未有的个人流动的时代"，这个时代各个阶级和不同社会背景的人参与旅行的程度"可能其后的王朝都没法超越"。[1] 商人无疑是行

---

[1] 马伯良：*Law and Order in Sung China*，116 页。中华帝国晚期的学者可能不一定同意。他们的研究揭示，到了明代（1368—1644）普通百姓范围广泛的地域流动对国家的政治和社会控制能力造成了巨大挑战。孔飞力（Philip Kuhn）的研究也证实了这点。他发现，清代中央和地方官府以及普通村民都越来越多地以担忧和怀疑的目光看待"流浪者"，尤其是中国东南地区，一直处在清政府的严密控制之下。如张勉治（Michael Chang）所揭示的，17 和 18 世纪的帝国巡幸反映了王朝的紧张以及持续不断进行的沟通协商，这也是帝国中央与江南地区多面关系的特点。见卜正民：*Confusion of Pleasure*；孔飞力：《叫魂》（*Soulstealers*）；张勉治：*A Court on Horseback*。

走频繁的旅行者。[1] 寻找季节性工作和其他雇用机会的雇工亦是如此。[2] 道士僧侣们也行走各处，服务城乡信众，[3] 而名山和都市中的庙宇吸引了大量的信徒前来朝拜。[4] 甚至社会底层的人们，包括小商贩、小偷、流动的工人和游手好闲者，都时常出现在旅途中。[5]

　　大多数的普通百姓的出行与其生计有关，也有许多人是为了享受而出游。王福兴关于宋代旅游的新著把国内的旅游者分为五类：士大夫、商人、农民、道士僧侣和士兵。这些人聚集在全国各地的都市中心、湖泊、山川以及名胜古迹。此外，他的研究还强调宋代国家已经适应了如何应对人口的移动，国家也认可了旅游在宋代经济中所起的重要作用。他认为，由精力充沛的旅游者所创的岁入，

---

[1] 韩森（Valerie Hansen）指出，商人的活动对民间宗教信仰的传播起到了很大的促进作用。见韩森：*Changing Gods in Medieval China*，165—166 页；有关中华帝国晚期商人旅行的一些重要研究成果，见卜正民：Guides for Vexed Travelers : Route Books in the Ming and Qing 及 *Confusion of Pleasure*；杜勇涛对徽商研究的近著，集中探讨了他们的跨地区行为。他认为，这些寄居者的经历形成了这样的特点——深深地植根于当地和拥有强烈的当地地方认同感。杜勇涛：*Locality，Identity，and Geography*，II。

[2] 见程民生：《论宋代的流动人口问题》，136—143 页。徐东升：《宋代农民流动与经济发展》，8—14 页。

[3] 戴安德（Edward Davis）发现，道士不仅是"乡村祭祀的主持人"，也是一位"到处游走的服务城里精英委托者的驱邪法师"。戴安德：《中国宋代的社会与超自然现象》。

[4] 一些研究朝拜的学者指出，整个中国历史中，朝拜者也包括统治者、文人、农民，至少在宋代文盲农民参与朝拜的数量就在稳步上升。布赖恩·多特（Brian Dott）发现，到 13 世纪，大规模的朝圣活动已经使泰山向各类人群包括妇女开放。Dott：*Identity Reflections*，102、105—149。*Pilgrims and Sacred Sites in China* 中的多篇文章对我们了解朝圣者的经历特别有用。尤其要看看这几篇：韩书瑞（Susan Naquin）和于君方（Chün-fang Yu）：Introduction: Pilgrimage in China，1—38 页；Glen Dudbrige: Women Pilgrims to T'ai Shan，39—64 页；詹美罗（Robert Gimello）：Chang Shang-ying on Wu-t'ai Shan，89—149 页；佛雷（Bernard Faure）：Relics and Fresh Bodies，150—189 页；于君方：P'u-t'o Shan: Pilgrimage and the Creation of the Chinese Potalaka，190—245 页；劳格文（John Lagerwey）：The Pilgrimage to Wu-tang Shan，293—332 页。亦见伊维德（Wilt Idema）：*The Pilgrimage to Taishan in the Dramatic Literature of the Thirteenth and Fourteenth Centuries*，23—57 页。

[5] 吴雅亭：《移动的风貌》。

使中央和地方官府、私人工商业、佛教寺庙和当地居民都受益。[1]

本书所述的士大夫在某种程度上和非精英旅行者有着某种关系，两者都走在同样的水陆交通系统上，有时还在同一家客栈和餐馆食宿。这些受过教育的旅行者和平民旅行者出行的最大理由是追求事业和谋生。他们相遇在风景名胜和庙宇寺观中，一道观赏着优美的风景，一起向神灵祈福求平安。

但是文人旅行者与其他旅行者有四点是不一样的。首先，商人、雇工、旅游者和宗教朝圣者在选择目的地上都有相当大的自由，而士大夫的旅行线路却是在朝廷任命他的时候就确定了。朝廷根据法规将士大夫分派到全国各地去任职。这就引出第二点不一样：普通男女旅行要自己承担旅费，但士大夫享有国家给予的无与伦比的特权，包括官府无偿提供的食宿、护送的兵士和搬运的帮工以及诸如舟船、马匹等交通工具。金钱和物质上的资助，使得士大夫们在旅途中不再担忧所遇到的诸项繁杂事务，可以有大量的时间和自由去做自己想做的事。

第三点不一样是文人们得到了他们想要得到的不断扩大的社交网络。理论上，朝廷只规定地方政府要满足旅行的官员后勤方面的需求，但地方官们通常投入大量的时间、精力和金钱去款待他们的这些同僚。尽管一些人明白这样做负担沉重，但大多数人似乎更愿意如此。有时候，这类的招待会让他们遇到科举考试时的同年、前

[1] 王福鑫：《宋代旅游研究》，19—50、25—28、343—390 页。侯迺慧对唐宋"公园文化"的研究也表明，游览名山大湖、州府园林的旅游者中，既有精英也有毫无社会背景的非精英的人们。她认为，公园园林数量的增加和对本地人的吸引是长期的政治稳定、生活水平不断提高以及社会阶级差距缩小的结果。侯迺慧：《唐宋时期的公园文化》。有关都市旅游，亦见周宝珠：《宋代东京研究》和吴涛：《北宋都城开封》。中华帝国后期，旅游成了一项广受欢迎的精英活动，并形成了一个独特的消费文化。见巫仁恕：《晚明的旅游活动与消费文化》，87—143 页；以及《清代士大夫的旅游活动与论述》，235—285 页。

　　　　　　　　　　　　　　　行万里路：宋代的旅行与文化

同僚，甚至是家庭或家族的成员。有时，他们会遇到陌生人或那些久已相互仰慕但相隔遥远一直没有机会见面的人。宋代社会还没有哪个群体有这样范围广阔、旅行时可以依靠的社交网络。

第四点不一样是士大夫们对他们去过的地方给予了很细致的关照。有关宋代朝圣和旅游的研究已经论述了精英和非精英群体在宗教圣地、城市园林、寺观和风景名胜的活动。[1] 在诸如著名事件的发生地和名人游览过的名胜等具有历史文化意义的地方，宋代的精英旅游者游览得最为长久，表达出的情感最为强烈。另一方面，非精英的旅行者在上述地方完全没有留下什么痕迹。从这个角度看，宋代文人旅行者本身可能就代表了朝圣者和旅游者，但他们作为官员和文化朝圣者的地位使其旅途具有了重要意义。

精英旅行的语言

在精英旅行者用来描述他们出行的词汇里，可以很清晰地看到同一种现象。宋代精英旅行者使用诸如"行"（或行旅）、"游"或"往来"等专门术语来指代他们的出行，他们也把各种生动的表述融入他们的行旅诗文中。一些术语，如"游宦"（或宦游，指远行当官）、"游学"（为学习而出行）及"随侍"等都具有强烈的地位和职业特征。其他的表述都不可避免地从宦游、驿道系统等方面借用，明显具有这些方面的特点。类似的词语包括例如"官路"（或官道）、"驿"（官府旅馆）、"舟车鞍马"（意为船、马车、官府分派的马匹和马鞍）等。其他表达至今还深深地影响着中国的旅行文化。当要

9

---

[1]　见王福鑫：《宋代旅游研究》，特别是 108—231 页。

描述离别和迎接时，受过教育的人使用得最多的是"送"、"饯别"、"迎"和"迎送"等词，以表示他们社交圈子规模之大。当来到名胜时，用得很普遍的词是"游"和"游览"。

我应该注意到，这些术语多数很早就出现了，但在宋代这些词才成为当时文学的最基本术语。这个时期有两个常见的词，一个是"倦游"，一个是"万里"，它们被用来暗指因公进行的长途旅行。带有身份、事业特征的具有情感色彩的习语可以很容易地把文人旅行者和非文人旅行者区分开来。此外，从同样的言行表现我们也可以看出行走在路上的旅人的社会和文化倾向。对宋代精英来说，他们的旅行几乎没有未到达目的地的。相反，这是一个探访名胜、与安排他们旅程的同行者交往的过程。换句话说，他们从这些活动中获得的社会文化资本给他们的旅行增添了意义。

科举考试、出仕和精英旅行

宋朝精英以接受科举教育和效忠朝廷作为事业上的最高追求，他们服从朝廷的意志，根据朝廷任命的一般要求和所委派的任职地点，默默地接受了频繁旅行的安排（第一章）。范成大在他的作品里把这种无法掌控目的地和任职时间的感觉很生动地传达了出来，然而，宋朝政权成功地让受过教育的政治精英进行迁徙流动并不是通过严厉手段贯彻其政策法规的方式达到的。他们通过为官员旅行设立一套成熟的政府支持系统达到了目的（第三章、第四章）。当中央政府要为文官们制定旅行日程和准备送别他们的时候，会考虑到他们的需求，官府也投入了大量的物力和财力来确保官员旅行的安全和舒适。笔者的研究发现，政府以提供挑夫兵士、交通工具和住宿设施等形式来为官员提供后勤保障，由此可见国家的慷慨程度。官方的政策把旅行者分为不同的类别，类别的不同决定了享受到不同层次的政府后勤保障，这种做法是要加强官僚组织的等级化，事实上这个目的也达到了。这个特权在形成和动员全国范围内的社会、政治精英共同体方面具有惊人的影响力。尽管对旅途和官场的艰难有所抱怨，宋代士大夫们所拥有的特权不时会被提及，他们也逐渐对此认同。这也加强了国家对其个人事业和旅程的掌控。

10

精英旅行，地位和认同

尽管宋代精英们的旅行中，赴试赶考或前往外地赴任占了绝大多数，但他们越来越把这类行程视为与其正式使命相对独立的行为。当时的文学作品很关注旅行者对那些政府没有预计到也没有要求旅行者参加范围广阔的各类社会文化活动的评论。笔者从对送、迎的考察开始，对宋代旅行文化的这个方面进行讨论（第五、六章），诸如官阶、文学声望以及个性等种种因素都会决定旅行者受到的待遇，但作为一个整体，宋代精英很热衷参加一些仪式活动。这些活动包括畅饮欢宴、公开坦露情感以及旅行者和当地东道主之间的文学酬唱。这类活动成了精英社交的焦点，让旅行中的官僚、地方官员和地方士绅有了机会接触。活动参与者的社交圈子得以扩大，来自各地的人们建立起了长期的友谊。他们创作的诗文不仅可以让我们评判他们感知地位的方式，还可以让我们了解他们维持、加强人际关系的方式。这些文献表明了迎送仪式在构建当时文人理想时所达到的程度。

精英们在路途中关注的第二件事是游览具有重要历史和文化传

统的地方，士大夫访客在这方面都被贴上了"文化朝圣者"的标签。[1] 他们流连在名胜之地，对那些有着奉献精神、受人崇敬的历史名人的事迹和行踪充满了敬意。同样地，他们也希望对历史名人缅怀的重要性能被传诸后世，这点从南宋黄州（今湖北黄冈）的建筑成为名胜就可以很明显地看出来（第八章）。个案研究显示，通过对黄州苏轼遗迹的保护和维修，在构建纪念历史名人的传统和传承发扬这种传统上，宋代文人旅行者、地方官员和当地精英成为至关重要的伙伴。

11

这样一些活动不仅是宋代官员行程的核心内容，社交圈子、观光、参与纪念性活动也成为精英认同的关键因素，这个变化能在士大夫旅途中所写的笔力纯熟的题记里看得很清楚（第七章）。宋初就已出现的这些题记，强调了广泛旅行的道德、学问和文化意义。[2]

---

[1] Victor Turner 和 Edith Turner 在其有关基督教朝圣者的经典著作中认为，个人或群体有意识地前往圣地旅行的需求具有"文化普遍性（cultural universal）"，而这种需求"总是与旅行者内心最深处的他们最为珍视的、不证自明的价值有密切关系"。Turner 和 Turner：*Image and Pilgrimage in Christian Culture*, 231 页。依据他们最初的研究，许多学者发明了诸如"民族主义朝圣（nationalistic pilgrimage）"、"政治朝圣（political pilgrimage）"和"世俗朝圣（secular pilgrimage）"等术语来指代那些对朝圣者来说目的地具有重要意义的旅行——例如民族英雄的纪念物和坟墓。此类研究如 Eyal Ben-ari 和 Yoham Bilu 编：*Grasping the Land: Space and Place in Contemporary Israeli Discourse and Experience*；Paul Hollander：*Political Pilgrims：Travels of Western Intellectuals to the Soviet Union, China and Cuba, 1928—1978*；W.Zilinsky：*Nationalistic Pilgrimages in United States*，253—267 页。Rudolf G. Wagner：*Reading the Chairman Mao Memorial Hall in Peking: the Tribulations of the Implied Pilgrim*，378—423 页。

[2] 旅行不仅仅在中国才被视为一种教育、社会和文化的活动，在 16 到 18 世纪英国的启蒙教育中，旅行也占有重要地位，因此当时有一种广为流行的前往意大利和法国的旅行，被称为"游学旅行"（Grand Tour）。见 Jeremy Black 的综合性研究：*The British and the Grand Tour* 和 *The British Abroad, the Grand Tour in the Eighteenth Century*；Edward Chaney：*The Evolution of the Grand Tour*；Christopher Hibbert: *Grand Tour*；以及 Stoye：*English Travelers Abroad*，1604—1677 页。随着民族主义情绪的日益增长，这种受人赞赏的活动在教育和宗教方面遭到了指责，有人称旅行腐蚀了旅行者，使英国的价值观遭受了破坏。Sara Warneke：*Images of the Educational Traveler in Early Modern England*。

　　　　　　　　　　　　　　　　　　　　行万里路：宋代的旅行与文化

对旅行者在名胜古迹的个人经历和当地的情形的考察表明，精英的题记被广泛地赞誉为一种提升学问和激励向学的方式（第二和第七章）。这些言辞也强调长途旅行给他们提供了切身感受国家历史和文学记忆的机会，通过这种方式，大量的旅行经历成了身份的标志。旅行大大地增强了参与者的社会与文化凝聚力，并将经常旅行的人与不旅行的人区别开来。那些不旅行的人并不拥有这种社会和文化资本。

精英旅行和宋代中国的社会文化整合

　　与流动的生活方式对旅行者的影响相比，同样重要的是精英旅行对文人频繁光顾的地方所产生的作用，这种作用被认为是由中国文化地理的结构和国家社会文化的整合所致（第七章、第八章）。我用了两个个案研究——三游洞的演变及南宋文人游访黄州——来说明这种作用：正如这些宋代旅行者的活动确保了他们在名胜之地的文化和历史记忆里留下了不朽名声，他们所创作的文学作品、他们与当地结成的深厚联系以及他们留下的行迹也塑造和丰富了当地的记忆，并成为地方认同的至关重要的因素。保护、维修和扩大这些现存遗迹的努力包括运用文字和使用物质手段，这两类措施提升了地方的声誉，维持了人们对地方的认知感。在这个过程中，作为外来的精英旅行者的贡献不亚于当地名人。实际上，在地方志的三个标准构成中——名宦、胜迹、艺文——非本籍人士、绝大多数的地方官和精英旅居者比本地精英享有更多的荣誉。

　　这些地方认同和中国文化地理上的演变迫使我们要用新的观点去思考地方和地区的发展。本研究不再聚焦于地方的政治经济和社

12 会风俗的差异，而是强调文人旅行者在从国家层面提升某个地方和地区的形象中所扮演的角色。[1] 这包括从经济上和文化上促进各地方以及尚存在"陋"俗的"偏远"之地的发展。宋代名胜之地的分布与当时的行政区划和经济及商业发展并不相一致（这部分是由于文人光顾的地方不完全是发达之地），到南宋时，这种情况在长江流域尤其明显。下游地区拥有大量的名胜古迹，而中上游既是政治流放之地，其中一些地方也是在全国备受推崇的文化遗迹的所在地。例如，苏轼（1037—1101）贬谪到黄州，就使该地在中国文化版图上的位置凸显出来。

在非本籍人士和他们到访的地方之间，精英旅行者起到了连接作用，并对当地产生了重要影响。有鉴于此，本书紧紧抓住了宋代的社会文化整合问题进行研究。南宋及之后的时期里，学问在地方精英主导的社会中所发挥的作用占有一定地位，对它的研究有助于解释一个大帝国在国家机器对社会的渗透力非常小，有时候甚至起不到作用的情况下如何保持相对稳定。[2] 这些假设把中晚期的中华帝国设想为一个地域情况差别非常大的国家，不可避免地会产生这样一个问题：在每一个县官和他直接统辖的一小群通常是非本籍的人循例掌管着数万百姓的国家里，各地政治经济情况各不相同，当地精英占据着压倒性力量和巨大影响力，为什么不会导致

---

[1] 关于宋代地方文化发展研究的重要著作，见程民生：《宋代地域文化》。程的分析架构主要建立在对中国南北方区域的划分上。他作了许多方面的研究，考证出了学校的分布、举子和功名获得者的人数、出版业的发展、南北的社会风俗。程强调北方文化向南扩展，以及开封文化对北宋时期的杭州的影响。该书提供了许多研究主题的相关数据。

[2] 何炳棣（Ping-ti Ho）：*The Ladder of Success in Imperial China* 以及罗威廉（Rowe）：*Hankow: Commerce and Society in a Chinese City*, 1796—1889；*Hankow: Conflict and Community in a Chinese City*, 1796—1895。

行万里路：宋代的旅行与文化

各地的各自为政，甚至国家的永久分裂？考虑到各地情况的巨大差异，这个寿命持久的帝国制度如何把 1200 到 1500 个县连成一个整体并持续了这么多个世纪？是什么力量使这样一个大帝国维持了这么长时间？这些问题对我们理解帝国中期历史特别重要。陶晋生和其他研究者认为，在中国历史上，还没有哪个时代像宋代一样面临着巨大的国家生存威胁。[1]总体上与邻国关系的不稳定以及时常迫切地需要有效利用和重新配置边境地区的行政、财政和军事资源，尤其考验着宋朝国家的生存能力。[2]然而，尽管面临着这些挑战，以及中华帝国后期紧接而至的人口激增和宋代之后出现的诸多内外部问题，中国再也不会出现 13 世纪之前多次有过的分裂时期。笔者的研究主要集中在发生于宋代的国家社会文化整合过程。

13

通过对精英旅行的两个重要特征的研究，和许多学者的看法一样，笔者认为，除了保持各个政治、经济和文化中心与周边地区的联系，中国国家在维持整个帝国的通信联络和交通运输系统上的优秀的组织才能让政府人事调动更加容易，使地方官府运转能够得以维持不至中断。[3]此外，官员旅行者、他们的随从们以及官员们所携带的帝国象征物，这类时常出现的令人熟悉的场景使人真实地感

---

[1] 陶晋生：*Two Sons of Hevean*。

[2] 领土完整及和战问题在宋代政治史上一直很突出。近来的研究揭示"当对抗最终对他们有利，中古时期的中国人就会像他们在和谈时想要索取的一样，投入更多的资源进行战争。"Don J. Wyatt：*Battlefronts Read and Imagined*，1 页。参见该书中的几篇论文，特别是龙佩（Peter Lorge）："The Great Ditch of China and the Song-Liao border"，59—75 页；Michael McGrath："Frustrated Empires: The Song-Tangut Xia War of 1038—1044"，151—190 页；安齐毅（James A. Anderson）："Treacherous Factions: Shifting Frontier Alliances in the Breakdown of Sino-vietnamese Relations on the Eve of the 1075 Border War"，191—226 页；以及马瑞诗（Ruth Mostern）："From Battlefields to Counties: War, Border, and State Power in Southern Song Huainan"，227—252 页。

[3] 见全汉昇：《唐宋帝国与运河》；白寿彝：《中国交通史》；曹家齐：《宋代交通管理制度研究》；伊懋可（Mark Elvin）：*The Pattern of Chinese Past*。

受到国家的存在及国家在地方的渗透。对于那些多少与地方政府有联系的普通人来说，朝廷的印鉴和旅行而来的人事调动就是社会和政治控制的象征。

笔者处理社会和文化统一问题的第二个方法，是依赖于精英旅行者在联系各地和塑造地方历史中所起的作用。何瞻近来的研究表明，南宋时期的地方史撰述越来越多地以提升地方自豪感为目标。包弼德发现，地方史的兴起，表明了部分地方精英试图将其"存在中心"，"从京城转移到地方"[1]，然而，这些历史撰述中的趋势实质上还不是严格的地方主义。根据概念定义，地方史编撰者注意到了当地的事物，他们也把地方到帝国作为一个整体进行了很重要的贯通。这些贯通包括颂扬外来名人在当地留下的行迹及其文学作品。实际上，南宋及其以后朝代的地方志所做的简单考证揭示，起到构建地方记忆作用的纪念性建筑和重要事件中，有许多——如果不是大多数——都与非本籍的旅居者（主要是在本地任职的官员和精英游览者）有关系。这些人也在同类的地方志的"名宦"和"先贤"部分里占据显要位置。从这个角度来看，南宋地方史的兴起也可以视为日益增长的地方和地域竞争的结果。为了使本地的历史和现状显得更加丰富和荣光，每个地方都会把自己和其他地方进行比较衡量。于是各地都极为关心的是，像那些在某种意义上能被计算的东西一样，许多特别的事物、事件和名人都被确认为

---

[1] 包弼德进一步指出，精英们竭力"把国家重新定义为一种较少帝国因素的、较少朝廷文化派生的和较少中央集权的东西"。何瞻："Song Dynasty Local Gazetteers and Their Place in the History of *Difangzhi* Writing"；包弼德："Rise of Local History: History，Geography，and Culture in Southern Song and Yuan Wenzhou"，76 页。

一种"地方"认同。在这个过程中，文人旅行者和当地官员的事迹和记忆起到了前所未有的突出作用。苏轼在黄州的旅居不仅是这位文豪的思想和文学发展的转折标志，也给黄州历史产生了巨大影响，从此该地列名于中国的文化版图。很长一段时期内，在全国范围内，士大夫与当地士绅之间、本籍与非本籍人士之间、旅行者与地方之间的互动把各个不同的地方聚合在了一起，并产生了一个基建于地方水平之上的、一直延续不断的文化认同过程。这个过程会一直持续下去，直至重新界定中心和周边地区的界限，同时也使中国文化景观发生了改变。最重要的是，它产生了一种可供各个地方和区域之间共享的记忆，使国家的文化凝聚力强化为一个整体。

14

基本史料

可以毫不夸张地说，现存的有关宋代精英的材料是不胜枚举的。这不仅是因为宋代旅行写作的人很多，而且也因为当时印刷业的发展使很多人的著作得以留存下来。[1] 有两本政府法规和文件的汇编对我们理解旅行的制度和后勤保障提供了不可或缺的材料。第一本是《宋会要》，记录了整个宋代的政府决策和政策变化。它包含了旅行中的陆路和水路保障设施、官府驿站以及破坏这些设施需要承担的后果等详细信息。另一本主要史料是《庆元条法事类》（庆元年间，1195—1200），该书是南宋时期编的朝廷法规的汇编本。

---

[1] 有关宋代出版业的综合性研究，见贾晋珠（Lucille Chia）：*Printing for Profit: the Commercial Publishers of Jianyang, Fujian*。

其中有关官员旅行的材料极其详细，涵盖了诸如官员就职的期限、各类旅行辅助人员的选任资格以及违反规定而受到的惩罚等政策规定。

为了探究旅行者的社会、情感和文化世界，笔者广泛地利用了宋人所编的南北宋时期的文集。文集中的诗词、散文、奏疏和书信等证明了宋代士大夫的生活和职业生涯中旅行所占据的突出位置，也体现了他们在道德和情感上对艰苦旅行的应对。许多没有留下文集的宋人都有作品收录在《全宋文》里，就如笔者研究范成大和邹定的旅行一样，我从这个作品大选集里选取了许多人的诗文作为研究材料，以说明他们的许多旅行（这些旅行已经成为他们的仕宦生涯的一部分）中的相同经历和在旅途中的共同应对之举。要想很均衡地利用名家巨著和普通作品是难做到的；冀图完全复原旅程和勾画细节并进行分析同样也是如此。笔者在研究中经常发现自己不得不求助于几位有代表性的士大夫旅行者的作品。

《全宋文》在另外一方面对本书的研究具有重要意义，它对两宋时期朝廷旅行政策的研究提供了详尽的资料。一份留存下来的朝廷法令概论揭示了两个重要的发展。第一，宋朝是中国历史上首个对官员旅行各方面发布大量系统性规范法令的朝代。法令的范围包括安全问题到官员携带家属上任的政策规定，以及在任官员死后尸体的运输安排和给予举子提供旅行补助的规定等。第二个发展就官员旅行的总体意义而言，体现了从北宋到南宋的政策法规的延续程度，特别是朝廷对官员旅行的各个细节上的规定。朝廷关于官员旅行的法规在北宋最初的 100 年内颁布了。后期公布的法规，数量较少，公布的间隔时间也较长，主要是重申了早前的一些规定。这说明北宋的大多数规定一直到南宋都适用。

本研究使用得较为广泛的另一种文献是"笔记"。这类逸事的作

行万里路：宋代的旅行与文化

者不仅记录了旅途中很有人情味的、有血有肉的日常生活，笔记也包含了许多作者通常不大收录的诗词、散文和旅行日记等材料。那些关于旅途中的税费缴纳和所遇到的陌生人的逸闻显得尤其真实。为了能更详细地描述宋代精英们繁忙而丰富的旅行生活，本研究利用了数十种两宋时期的各类著作。

　　本研究中所使用的极为重要的一种材料是游记。最早的游记编于唐朝，由一份包含地名、离开和到达某地的时间的简单目录构成。作为一种文学体裁，游记在北宋得到了发展，它的出现恰好证明宋代受过教育者的旅行的重要性越来越大。如何瞻和宣立敦（Richard Strassberg）都观察到的，直到南宋，典型的游记惯常的写法都是记录旅行者旅途中所遇所做之事。[1]12 世纪时，游记已经完全成为一种具有自身规范和特征的独立文体。此外，它作为一种"对自然、写作、思想和政治具有更广阔视野的"[2] 载体而具有了社会意义。16有两部日记在本研究中使用得较多，一本是陆游（1125—1210）的

---

[1]　相比之下，直到 18 世纪的欧洲，旅行记录才作为受过良好教育的男女进行撰述的重要文献门类而出现。完成一段旅行之后，这些男女会以艺术的、愉快的方式把他们路上获得的信息写下来。Charles Batten：*Pleasurable Instruction: Form and Convention in Eighteenth Century Travel Literature*，3 页。最近的中文著作，见梅新林、俞樟华：《中国游记文学史》；朱耀庭、龚斌：《中国古代游记》；王立群：《中国古代山水游记研究》。

[2]　宣立敦：*Inscribed Landscape, Travel Writing from Imperial China*, 2 页。南宋两部最重要的旅行日记的作者是陆游和范成大，这两人作品的英译，见张春树（Chun-shu Chang）和 Joan Smythe：*South China in the Twelfth Century, a Translation of Lu Yu's Travel Diaries* 及何瞻：*On the Road in Twelfth Century China, the Travel Diaries of Fan Chengda* 和 *Riding the River Home*。何瞻最近对峨眉山的研究 *Stairway to Heaven* 就广泛地使用了范成大的《吴船录》。他不仅论述了峨眉山在中国历史和文化中的重要地位，也强调了旅游者的宗教、精神和文化经历。宣立敦篇幅较大的英译也包含了许多宋代的短篇文章。

《入蜀记》和范成大的《吴船录》。[1] 前者编于 1170 年，记录了陆游从家乡会稽（今浙江绍兴）到夔州（今重庆奉节）就任通判的行程。行程共计 5210 里（约 1800 英里），花费了 157 天时间。《吴船录》写于 1177 年，是范成大对其从担任置制使的成都返回家乡苏州的路上见闻的记述。其行程方向刚好与陆游相反。陆游和范成大一路上大多数时间都航行在长江上。此外，这两部日记还提供了南宋时期乘船旅行的珍贵史料，记录了旅行者的日常生活。

尽管材料丰富，但还是有不少局限性需要考虑。南宋时期的旅行文学特别是旅行日记的重要性日益凸显，随之而来的还有出版业的兴盛。这些都表明南宋这方面的材料大大超过了北宋。如果我们以南宋的材料为基础来推论北宋的规定，这样做不至于会错得太离谱。因为有强有力的证据证明朝廷旅行政策的延续性，但是我们不能在旅行的其他方面作这样的假定。

不仅最重要的旅行日记出现在南宋时期，而且这个时期的旅行文学所描述的地区在地理分布上也是非常不均衡。对中国东南地区我们了解很多，旅行者在该地区的社会、文化活动看起来很活跃。政治流放的官员和定期任命的官员所留下的文字给后人提供了他们对偏远的南方和西南地区的观察记录，而华北地区，其后处于金（1115—1234）的占领之下，缺少相应的信息，使我们没法对这个地区的精英活动和旅行的物质文化有全面的了解。

华北和边境地区资料的缺乏对许多方面的研究都产生了严重影响。当旅行和旅行文学在精英自身意识、地方认同的形成，在中国文化地理的形成中发挥作用时，异族对华北的占领有效地隔断了该

---

[1] 对陆游日记的初步研究，见莫砺锋：《读陆游〈入蜀记〉札记》，16—27 页。傅明善对陆游研究的评论也包含了许多有用信息，见傅明善：《近百年陆游研究综述》，27—31 页。

地的信息传播、文化和历史记忆的积累，使南北之间的观念差异越来越大。这个现象在现今流传下来的地方历史中可以很清楚地看到：所有的现存的宋代地方志所记述的县、城都分布在东南地区。至少几百年后北方地区才第一次开始编撰他们的地方史。当他们开始撰述时，地方志里关于宋代部分的当地纪念物、名人访客和文学作品的信息比起东南地区的府（州）县志要少得多。[1]

　　带着上述问题，让我们进入到宋代精英们的旅行中去。

17

---

[1] 王昌伟发现，在金元时期（1115—1368），"关中精英在其本籍的历史、地理方面少有著作"。王昌伟：*Men of Letters Within the Passes*，206 页。

第一章　短暂的生活

——旅行与宋代文人

七年暑中行，
道路万里赊。
今夕已七夕[1]，
我犹在天涯。[2]

就像他的同时代人范成大喜欢在诗中反映其每年中秋期间范围广阔的旅行一样，张孝祥（1132—1170）也爱在七夕之夜凝神会想。上面这首诗几乎算不上同类诗的单独个例。早些年，他还写过另一首：

去年永州逢七夕，
今年衡州逢七夕。
往来不敢怨道路，
迎送但知惭吏卒。
年年七夕有定时，
我行属天那得知。[3]

被张孝祥看作其频繁旅行的背后力量的"天"，不是别的，正

---

[1] 根据传说，一对有情人，牛郎和织女，被银河分隔两地，每年只能在农历七月初七日通过喜鹊搭桥而跨过银河相会一次。这个传说已经成为人们特别是夫妻间长久分离的隐喻。
[2] 张孝祥：《于湖居士文集》，4卷29页。
[3] 张孝祥：《于湖居士文集》，2卷16页。

是所谓的"天子"，甚至就是以皇帝的名义发布政令的宋廷，但是，诗里所表达的失意感应该不会让我们怀疑官僚体系仍会为张和他类似的人员提供最好的职业选择。宋代及之后的历史学家已经很详细地考证了科举制度的各种特性。这个制度一直吸引着受过教育的阶级，获得功名和出任官职会给个人、家族和当地社会带来特权和声望。本章不仅关注科举等制度在维持社会流动中所扮演的角色，更注重观察这些制度对宋代士大夫地域流动所产生的影响。本章揭示，科举和出仕的吸引力不仅使宋代的精英成为频繁的旅行者，而且也深刻地改变了他们的活动方式，求学和参与科举考试让举子们踏上了旅途。这些高层次的人才汇聚到了政治和文化的中心，朝廷一旦录用了，就会要求他们每隔一段时间在一定的地域内旅行。朝廷政策决定了官员任职的地方、到达该地履职的距离和旅行的频繁程度，官员们都要服从这些安排。一直困扰两宋朝廷的党争问题加大了情况的不可预见性，随之产生了官员突遭贬职、被迫致仕、贬黜远地等问题。

　　导论中已对宋代官员旅行所涉及的各种材料进行了介绍，本章将首先对官员旅行进行概要性介绍。在最后一部分笔者将概述五位宋代名人的职业生涯——北宋的欧阳修（1007—1072）和王安石（1021—1086），南宋的洪迈（1123—1202）、陆游和范成大——以说明该朝代大范围的官员旅行的距离和频率。文中所提到他们生活和任职的重要地点，进一步说明宋代精英地域流动较集中的区域。[1]

---

[1]　除非另有注释，本章中的这5个人的信息都依据后人所编的他们的年谱：严杰：《欧阳修年谱》；蔡上翔：《王荆公年谱考略》；张复蕊（Fu-jui Chang）："(*Biography of*) *Hong Hao、Hong Kua and Hong Mai*"；王德毅：《洪容斋先生年谱》；于北山：《范成大年谱》和《陆游年谱》。

历史上的精英旅行

可以肯定的是，受过教育者在辽阔的中华帝国范围内旅行并非是宋代的新生事物。在一个讲求学问和出仕传统的文化里，某种程度上的地域流动对精英生活是必不可少的。早在周朝时期（前 11 世纪—前 256），贵族们就必须定期到都城向周王宣誓效忠，并向祖先奉献祭品。在一个政治和社会变革剧烈、遭遇到大规模战争的时代里，东周（前 770—前 256）受过教育的精英们——思想家、策士和外交家们——经常性地流动，目的是为了寻求竞争中的各国统治者的资助和支持。这些流动的范围是如此的广泛，以至于引起了法家的严重关注，随后在秦国采取措施加紧对旅行的限制。[1]

秦朝（前 221—前 206）和汉朝（前 206—220）建立后，统治阶级中部分人为了追求学问和官职而踏上了旅途，这种旅行越来越多。汉朝最有名的一位旅行者是大历史学家司马迁（约前 145 或 135—?），他年轻时游历全国，为他完成中国第一部通史打下了基础。这激励了后世的中国学者，纷纷效法，通过亲身参与对过去情况的调查来获得学术上的训练。[2] 司马迁的旅行主要是在国内，而汉朝的军政官员则要勇敢地面对边境和境外地区，在文化交流中充当朝廷使节

---

[1] 刘泽华、刘洪涛和李瑞兰：《士人与社会（先秦卷）》，20—39 页。

[2] 司马迁的生平和事迹，不论对传统学者还是对现代的中国学者，都产生了很大的触动。第七章将进一步讨论此问题。对司马迁的综合研究的中文论著，见季镇淮：《司马迁》。聂石樵：《司马迁论稿》；肖黎：《司马迁评传》；张大可：《司马迁评传》；主要的英文著作有：侯格睿（Grant Hardy）：*Worlds of Bronze and Bamboo, Sima Qian's Conquest of History*; 杜润德（W. Durrant）：*Cloudy Mirror: Tension and Conflict in the Writings of Sima Qian*。

和官府代表。[1]汉朝灭亡之后的几个世纪里，政治的不稳定导致了精英们大规模地从北方和西北迁移到东南和西南地区，同时也引发了政治变革，在不同民族和地区之间产生了社会和文化互动。[2]

与他们的前辈相比，唐代受过教育者，凭着其才干出任政府官员，充当学者－诗人，旅行的范围更大，给我们留下了有关他们旅途的更为广泛的记录。有两个制度因素极大地提高了精英流动的规模和频率，也使得旅行在当时的文学创作中的地位日益突出：科举制度的建立和政府人事管理的中央集权化，这两者都始于隋（581—618）唐时期。甚至在唐初的几十年间，聪明而怀有雄心的年轻人空前地集中到京城来，以至于唐代第二位皇帝太宗自豪地说："天下英雄尽入吾彀中。"[3]

科举取士体制的地位的日渐上升，伴随而来的是贵族对政治和社会控制的衰落。从唐代后期历经五代十国（907—960）时期，情况尤其如此。这个时期华北地区的叛乱、政权更迭和地方分离使世家大族丧失了政治影响力、家族财富，特别是他们的地方权力基础。这个变化，连同国家提高文官系统声望的举措，催生了一个新的精英阶级——士大夫阶级——在宋代他们进入了自己的时代。[4]相比

---

[1] 张骞（？—前114）是其中最著名的旅行者。他跨出汉帝国的边界，在异域居住多年。他身负两项外交使命前往中亚，没能完全实现汉廷寻找反匈奴同盟者的战略，但是张骞的作为极大地丰富了汉人对该地区文化和民族多样性的认识。班固：《汉书》，卷61，1273—1279页。

[2] 王永平对这个现象做出了非常优秀的研究成果，见王永平：《中古士人迁移与文化交流》。在迁移的人中有不少佛教徒和道教徒。王丽英的研究显示，在分裂时期，移民，尤其是道教徒的迁移，有助于道教在岭南地区的传播。王丽英：《道教南传与岭南文化》，77—140页。

[3] 王定保：《唐摭言》，卷1，1578页。

[4] 宋代及之后的科举考试已成为一门学问深奥的科目。除了前面提到的科举论著，也参见何汉心（P. A. Herbert）：*Examine Honest, Appraise Able*；周愚文：《宋代的州县学》。

于其贵族前辈，士大夫阶级是一个人数更多的精英阶级，其成员更倚重他们在考场和官场上获得的机遇。他们都是经验丰富的旅行者。对于宋代的受过教育者的生活来说，长距离的旅行是必不可少的。 22
因此，在当时的作品中，有 3 个词语成为关键词。

第一个是"随侍"。它经常出现在跟从家中长辈旅行的儿子、侄子和弟弟的作品里。另外两个词是"游学"和"游宦"（或"宦游"），以前也被使用过，但是在宋代它们才被精英们用于描述旅行的特性。接下来的几节是要分别探讨携带家属的旅行、求学和参加考试的旅行，以及官员赴任的旅行。

携带家属的旅行

由于宋代士大夫大多数出身声望较好的精英家庭，因此早在他们成年之前就已经积累了大量的旅行经验。宋代文官赴任新职时经常携带自己的子女，有时候是侄子、年幼的弟弟，甚至其他的家庭成员和亲属。这种经历致使"随侍"这个词在这个时期的文学里被广为使用。在宋代精英们饱含情感的追述中，总是充满了诸如"予年甫成童，亲命从学于京师"、"明之幼尝逮事王父"、"仆自丱角，随侍宦游"这样的表述。[1] 在有关其幼年生活的追忆中，宋代精英们展示了他们与父亲及其他家中男性长辈一起生活的时光，以及游历各地所积累的旅行经验。

根据笔者的判断，最早的准许"随侍"的国家政策发布于 988

---

[1]　这些例证见王得臣：《麈史》序；龚明之：《中吴纪闻》序；王象之：《舆地纪胜》序；张世南：《游宦纪闻》序。

年。起初该政策只适用于在中国东南部任职的官员。[1] 将近 50 年后（1034），朝廷发布了另一项法令，原则上允许州县官员可以携带家属到地方赴任。[2] 并非所有官员都对允许他们携带家属旅行而感到兴奋，除了旅行花销，一想到要应付路途的艰辛以及特别是对于妇女和儿童旅行的后勤安排，他们都会头痛不已。丢下家人独自赴任看来不是一个有吸引力的选择。对于那些奔赴远地履职的人来说，

23 情况甚至更艰辛。这可能就解释了，为什么 11 世纪初发布的一项政策允许在四川、陕西等偏远地区的高品级官员把他们的家属安排在临近地区，允许他们每年有 10 天时间去探亲。[3]

一些地方行政官员在赴任时选择把他们的家属留在原籍[4]。11世纪初发布的一项朝廷法令警告，如果官员在家乡的儿子、孙子、弟弟和侄子行为不端，当地的地方官应对其即行处罚[5]，但多数官员可能会携家赴任，有些官员如果不能全家一起，则携带部分家属上任。至北宋中期，与在任的父亲、叔伯、兄长在一起的子女、亲属的人数巨大，以至于成为朝廷创立"别试"或"别头试"的部分原因。此类考试是指官府允许这些年轻人在远离本籍的地方参加一

---

[1] 曾枣庄、刘琳编：《全宋文》，卷 71，226 页。

[2] 《全宋文》，卷 955，295 页。我猜朝廷之所以这么长时间才允许官员携带家属旅行主要是基于财政上的考虑。宋朝政府至少乐于承担部分旅行费用，以准许地方官的家属相伴赴任。第四章和第六章会讨论这个问题。

[3] 《全宋文》，卷 956，302 页。

[4] 1018 至 1029 年间朝廷发布的另外两项法令证实了许多官员家庭是因路途艰辛而留在原地的猜测，这两项法令允许被贬职和流放的官员不用携带家属上路。法令指出，上述决定是基于"老幼者因急行于途而早逝"的考虑。《全宋文》，卷 271，361 页；卷 321，9 页。

[5] 《全宋文》，卷 241，98 页。一些士大夫因远离家乡宦游在外，无法管教自家的子弟，导致子弟们在本籍行为不端。当地官员因敢于处置这些不守规矩的士大夫家族成员而受到赞赏。这样的例子见《全宋文》，卷 872，596、602 页。

个特别的、竞争性较少的科举考试。[1] 随着时间的推移，定居于本籍之外的应试适龄成年人的数量越来越多；例如单在成都，1153 年就有 3500 人参加别试，这些人中有 500 人考取。这证实别试的竞争性大大弱于定期举行的州试，因此对那些潜在的将来会出任官职的世家子弟来说，这种考试不失为一个有吸引力的选择。[2]

　　享有给予非定居者科举考试的高通过率，并非那些家庭选择迁移的唯一理由——在他们做决定的过程中，似乎多种因素都起作用。例如，我们知道一位姓朱的人带着他年幼的儿子上任，他这么做的理由很简单，也就是因为他爱他的儿子，他无法忍受与儿子分离。[3] 杨大同在科举中式前，由于需要仰赖兄长的金钱的支持，不得不跟随当官的哥哥去赴任。[4] 洪迈在《夷坚志》中记载了不少成年后还随家人旅行的例子，他就曾随被贬的父亲一起去广东，估计是为了照顾当时身体已不大好的父亲。[5] 我们可以从宋代文学的许多负面描述中推断许多官员是携家到任所的。地方官的家属自然享有不少特权，多数时候给人的印象还算不坏，而地方官们的周围人给人的印象很差，以至于一位官员特别忠告他的同行，有四类人不 24 要带往任所：亲属、仆人、医生、道士僧侣。根据这位官员的特别观察，这些人很少会考虑主人的官声，并且参与诸如商业投机和借势作威作福等非法勾当。[6] 另外一些曾跟随父亲赴任的官员也很鄙

[1]　别试第一次举行是在 998 年。1037 年时，别试扩大到三个群体："亲属为负责科举考试官员的；亲属在本州任官的；伴随父祖到远离家乡两千里以上地方任职的。" 贾志扬：*The Thorny Gates of Learning*, 101 页。

[2]　宋初，科举考试的录取率被严格控制。李心传：《建炎以来朝野杂记》，甲，卷 13，266 页；贾志扬：*The Thorny Gates of Learning*, 100—102 页。

[3]　陈柏泉：《江西出土墓志选编》，215 页。

[4]　洪迈：《夷坚志》，卷 13，121 页。

[5]　洪迈：《容斋随笔》，三笔，359 页。

[6]　佚名：《州县提纲》，卷 1，7a；卷 1，11a—b。

视这些人。跟随赴任的官员家属成员不仅不懂地方情况，甚至还随意干涉当地官府事务，因此，他们初到地方时会成为嘲笑的对象，或遭到斥责。[1]

求学和求取功名的旅行

相比于伴随赴任的家庭成员的旅行叙述，宋代士大夫们留下了更为详细的有关他们求学和求取功名的旅行记录，这些旅程包括在本地县域的，也包括跨越州县的。他们通常要到官学和名师所在的政治和文化中心去。京城、较大的中心城市和州府对精英们的吸引力最强，而特意远离喧嚣都市的书院也有同样的吸引力。

中国历史以拥有官府资助学校的悠久历史而自豪，但直到宋代，一个全国性的、分层级的官学体系才建立起来，它由太学、州学和县学构成。[2] 宋代官学经历过多次变革，特别是在 11 世纪下半叶和 12 世纪初期，那时太学进行了急剧扩张，来自各地的太学生高峰时达到了 3800 人[3]，12 世纪初的州学、县学入学人数估计也达到了 20 万[4]。在官学体系之外书院也提供了另一种受教育的选择。宋代

---

[1] 周煇：《清波杂志》，卷 5，3 页。

[2] 贾志扬认为整个宋代有 750 所学校，其中 516 所县学，234 所州学。周愚文估计的数量更大：571 所县学，271 所州学。贾志扬：*The Thorny Gates of Learning*, 75、136 页；周愚文：《宋代的州县学》，259 页。也见赵铁寒对太学、州学和县学的研究。赵铁寒：《宋代的学校教育》，209—238 页；《宋代的太学》，317—356 页；《宋代的州学》，343—362 页。

[3] 李宏祺：*Government Education and Examination in Sung China*，63 页。

[4] 同上，124 页。

的书院教育得到了快速发展，到南宋灭亡时，还有 400 多所书院。[1]
这些书院通常由地方精英举办，并得到官府的支持，吸引了数量庞
大的学生远道而来。

　　没有可靠的资料可供我们判断官学和书院里的学生的出生之地，
但可以有把握地猜测大多数学生要穿州过县地在家乡和他们就学的
地方之间旅行，学生经常选择到本籍以外的州县去求学，很可能是 25
为了要进入好的学校、投入好的老师门下。[2] 从宋朝中央政府的角
度来看，这种趋向对地处偏远、落后地区的学校具有负面的影响。
问题变得越来越严重，以至于朝廷在 1045 年发布诏令，迫使地方官
员采取措施，把外地学校的本籍子弟吸引回来。[3]

　　数万年轻人在其家乡和所就读的学校之间来回旅行，说明了宋
代文学何以流行旅行故事。洪迈的《夷坚志》里有不少引人入胜的
有关旅行学子的逸事。有一个故事，说的是一位来自湖南的唐姓学
生，到江西去求学好多年了。每次他往返于湖南江西之间，都要经
过宜春（在今江西）。1184 年，唐生在此遇到了两位神仙，他们在仙
府中盛情款待了他。两年之后，唐生顺利地考上了举人。[4] 洪迈这
个故事要揭示的是，人们相信有些奇怪的征兆会预示着应试者的运
气，这也说明了宋代科举文化很独特的一面。[5] 这个故事和《夷坚
志》中的其他故事揭示，相当多的受过教育的年轻人为了求学和求

---

[1]　万安玲（Linda Walton）: *Academies and Society in Southern Song China*，222 页。邓
　　　洪波估计宋代有 515 所书院（北宋 73 所，南宋 317 所，剩下了 125 所其时代不确
　　　定）。邓洪波:《中国书院史》，81—88、144—151 页。另一位学者估计整个宋代有
　　　651 所书院。苗春德:《宋代教育》，104 页。
[2]　例如在王安石笔下，他的哥哥是一位知名学者，"江淮间州争欲以为师，慕闻来者
　　　往往千余里"。《王安石全集·文集》，卷 58，92 页。
[3]　《全宋文》，卷 969，132 页。
[4]　洪迈:《夷坚志》，志甲，卷 5，835 页。
[5]　贾志扬: *The Thorny Gates of Learning*，157—181 页。

取科举功名，行走在旅途中，住宿在官府和私人客栈里。[1]

并非所有入学的学生最终都会参加科举考试，但宋代参加科举考试的学生数量一直在增长。科举考试每三年分三个层次举行：州的解试（考中者为举人），省试（考中者为进士），殿试（确定最终名次）。11世纪初解试的应试者人数总计有2万到3万人；只过了一个世纪这个数字就上升到79000人；到13世纪中叶，应试者的数量就激增到40万人，获取功名的人数则相对稳定。[2]

和数千远离本籍可以参加别试的人不一样，几十万留在本地的应试者要长途旅行到州府和京城参加竞争越来越激烈的定期考试。表1.1列出了参与省试的举人数量。整个宋代这个数字一直维持在高位，范围从4000人到17000人。在竞争如此激烈的考试中，无疑落榜者大大多于中试者，尤其是在南宋时期。

26

而有些人如王安石和范成大，第一次参加考试就获得了进士功名；而更多的人，如欧阳修、洪迈和陆游等，要为获取功名而多次往返于家乡和京城之间。[3] 应试者的巨大年龄差距足可以说明这种趋势。1148年和1256年的两次考试中，应试者的平均年龄分别为36和35岁，年龄的分布范围从19岁到66岁，清楚地表明许多人已经不止一次地参加考试了。[4]

---

[1] 洪迈还讲了一个姓黄的人的故事。黄生来自邵武（在今福建），在临川（在今江西）求学。1186年黄生在去京城参加省试的路上，住在一家客栈里。客栈主人做梦梦见了一条黄龙，醒后确信黄生一定会考中，然后要求黄生把做梦这个事写在墙上。洪迈：《夷坚志》，志乙，卷2，1545页。

[2] 贾志扬：*The Thorny Gates of Learning*，35页。

[3] 陶晋生对北宋科举生活的研究不仅证实了这种情形，而且也揭示了家庭在此竭尽所能的投入程度。结果，花费数十年时间去实现成功之梦对举子们来说就显得很平常了。

[4] 贾志扬：*The Thorny Gates of Learning*，4、5页。

表 1.1　宋代参加省试的举人数量

年份	举人数
977	5200
983	10260
992	17300
998	10000+
1002	14500+
1048	5000+
1086-1094	4732
1109	7000
1124	15000
1211	4311
南宋后期	10000+

资料来源：贾志扬：*The Thorny Gates of Learning*，第 34 页。

对许多考生来说，求学、拜师和参与解试要求他们要在州范围内旅行，而求取更高的功名则迫使他们踏上前往宋朝京城的旅途。欧阳修和王安石就是分别从他们在湖北和江苏的家出发前往京城开封（今河南开封）的；南宋时期，邹定、洪迈、范成大和陆游也分别从家乡江西、江苏和浙江前往京城临安（今浙江杭州）。中试机会的减少意味着长时间的等待，在学校待的时间就越长，往返州府和京城的旅行次数就越多。

官差旅行

27

考虑到一个普通学生求学和应试所花费的年数，相应地他们在旅行上花费的时间总数必然也要考虑到，这些旅行和官差旅行相比就显得不那么突出了。这两者之间有三个重要方面存在差异：首先，求学和应试旅行把那些有着雄心的人汇聚到了政治和文化中心，而

第一章　短暂的生活——旅行与宋代文人41

官差则是把官员朝着相反的方向派遣，从中心向着周边地区去——在全国范围内从京城派往地方；其次，和"相对年轻，不受家庭和钱财的束缚，往往喜欢群聚在一起"[1]的举子不一样，官员则是各个年龄层都有，处于被朝廷诏令任命、尚未到任的过渡状态之中；第三，就如张孝祥在诗里所说的，官员的旅行"我行属天那得知"，他们旅行的目的地，旅行的距离，旅行的次数，什么时候踏上旅程，都是几乎不可知和难以自己掌控的。出仕数十年意味着可以在全国各地广泛旅行，包括一些与世隔绝的地方和边疆地区，这些地方是举子们一般不敢冒险前往的。

对官员旅行的讨论要求我们先估测宋代官僚体系的规模，随着时间的推移波动得很大，这导致很难确定每年官差旅行的确切数字。我们知道两点：第一，在职的政府官员数字从北宋中期的 13000 人增加到南宋后期的 18000 人（见表 1.2）。休假、调离、重新启用的人数很容易就可以估算出来，它相当于每年不断扩大的、人数众多的各品级的旅行官员的数倍。[2] 第二，宋代的官僚机构有三分之二是在京城的，剩下的那些官员管理着京城以外的地方。[3] 这就意味着，每年有 4000 到 6000 官员被派遣到帝国各地去。

另一种估算每年旅行官员人数的方法是通过地方行政单位数来计算。宋代地方行政单位有三个级别：路、州、县。第二和第三级

[1]　贾志扬：*The Thorny Gates of Learning*，172 页。

[2]　罗文：*An Introduction to the Civil Service Examinations of Sung China*，28、85 页。罗文估计，"在人事安排中大约有 40000 人，岗位有 12000 到 14000 个"。罗著，121 页。

[3]　李弘祺：*Government Education and Examinations in Sung China*，258 页。

表 1.2　宋代官员估计数

年代	行政管理文官 （朝官，有品级的）	负责执行的文官 * （选人，有品级的）	文官 总数	武职 官员	官员 总数
990—1022	—				
1004-1015	—	—	—	—	9785
1046	2700	10000	12700	6000+	18700+
1049	—	—	—	—	17300
1064—1067	—	—	—	—	24000
1086	2800	10000	12800	15500	28300
1088	—	—	—	—	34000
1112	—	—	—	—	43000
1191	4159	12859	17018	16488	33516
1196	4159	13670	17829	24595	42000+
1201	3133	15204	18337	19470	37800+

* 所有官员都是从担任执行官员开始他们的职业生涯的，在任职 6 到 12 年之后才有资格成为行政官员。柯睿格：*Civil Service in Sung China*, 89 页。
　　资料来源：贾志扬：*The Thorny Gates of learning*，27 页。罗文：*An Introduction to the Civil Service Examinations of Sung China*，28 页。

的行政单位数量经常发生变化。[1] 可靠的资料显示，1100 年时，共有 24 个路，306 个州，1207 个县。一般来说，宋代政府结构中，在路一级里设置 4 个高品级的官员来负责财政、军事、司法和茶盐事务，在 1100 年时，这些官员的数量却超过了 70 人。这 3 个行政级别中，州在行政功能上一直是最重要的。州的最高品级的长官知州，

---

[1]　马瑞诗把宋代描绘为中国历史上一个行政单位的数量和分布改变得最为频繁的时代。北宋有两个时期尤其如此，即 960 年至 1005 年和 11 世纪中叶。南宋初期的几十年也是如此。马瑞诗把这些变化归结为行政地域是税赋的担负者和军队的供养者，"当新的政策法令改变了行政和军事战略，或改变了朝廷和地方的关系时，行政单位的数量和空间分布就会发生变化。当诸如税赋配额和军队后勤供给等需求导致应该承担这些义务的地方无法承受的时候，政治形势也就会承认现实而发生改变"。马瑞诗，*Apprehending the Realm: Territoriality and Political Power in Sung China*，7—8 页。宋代这些行政地域的变化的完整列表，见马瑞诗著作的 282—314 页。

有一到两名通判协助。他们又有 10 多人的僚佐辅助，每个僚佐负责一块政府事务。一个州可能管辖着 3 到 7 个县。县的长官知县，负责县民的福祉。知县通常有县丞、县尉、主簿等辅佐，他们一起监管整个县的公共安全、教育、税收和司法。

根据 1100 年的行政单位数，每年必须有大约 6000 到 7000 名官员在州县官衙履职。这个数字还不包含专门任命的监察官员和各路、州、县里的辅佐官员，这些人也是由中央政府任命的。为了管理京城和各地方之间的数以千计的朝廷所任命的官员的分布、评判和派遣，宋朝政府制定了明确而系统的法规。对宋朝官员的轮换，特别制定了三项主要政策。

第一是人事管理的中央集权化[1]。这个举措在中华帝国初期就开始了，但是数百年来，实际上地方官自己就可以行使任命下属官员的权力。汉代之后长时间的分裂结束后，隋朝和唐朝政府打算要限制这种情形，但是在唐末和五代十国时期，地方力量再次不受中央控制而分裂。这种情形促使宋代的第一位皇帝采取有效措施，把人事管理权集中到中央政府手中。[2] 结果，宋朝所有官员的职业生涯都处于朝廷掌控之中——它可以对官员行使任命、调动和免职的权力。因此张孝祥叹惜他的未来旅程只能由"天"来决定。对于那些职业生涯漫长的人来说，我们可以很清楚地判定他们在京城、家乡、任职地方之间定期旅行的模式。在担任宰相之前的 20 年（1041—1061）里，王安石两次在京城任职，5 次在中国东南地区的不同地方任职。王曾在金陵（今江苏南京）丁父忧。他第一次

---

[1] 宋代人事行政管理的综合研究，见邓小南：《宋代文官选任制度诸层面》及《课绩·资格·考察：唐宋文官考核制度侧谈》；郭东旭：《宋代法制研究》，70—140 页；罗文：*An Introduction to the Civil Service Examinations of Sung China*，以及苗书梅：《宋代官员选任和管理制度》。

[2] 赵彦卫：《云麓漫钞》，卷 4，17b—18a。

从金陵旅行到京城是在 1041 年。次年他高中进士，马上被任命为淮南东路（在今江苏扬州）行政长官的助理，王没有直接就职，而是在 1043 年的 3 月回到临川（在今江西）老家，直到这年的夏天才去报到，然后他在扬州度过了 1044 年的整年和 1045 年的大部分时光。1045 年末，王安石结束了他在淮南东路的任期，再次启程前往临川，然后返回开封。他在京城的一个级别较低的职位待了大约一年半时间。1047 年，王被任命为鄞县（今浙江宁波）知县，其后在鄞县当地巡行各处。1050 年他知县任期结束，他又一次回到家乡。1051 年他在那儿接受了新的任命，出任舒州（在今安徽怀宁）通判。王安石在这个职位一直待到 1053 年。1054 年，他又一次返回京城，一待就是两年。其后在 1057 年他被任命为常州（在今江苏）知州，一年后出任江南东路提点刑狱。1060 年王回到京城。之后除了在金陵的家中短暂休息之外，他政治生命的其余时间都是在京城中度过的。

与他在任宰相时实施新政而引发的风暴相比，王安石早期的职业生涯显得顺利而平淡。在大约 15 年的时间里，王从中国东南部一个繁华的大州的行政长官的助理被提拔为高层职位，他历经了在现今的 4 个省的 7 个不同地方任职才获得了仕途上的最终成功。在京城和或近或远的任职地之间频繁调动是王的职业经历的特点，这反映了宋朝一直强调要确保官员熟悉各地情况。柯睿格指出：

> 没有先在低级别地方政府任职经历的官员是不能出任州的行政长官（知州）或副长官（通判），至 993 年时这已经成为定例。……这样，可以确保整个政府中的大多数官员至少要在能够直接接触老百姓的品级职位上任过职。[1]

---

[1] 柯睿格：*Civil Service in Sung China*，87 页。

同样的政策也解释了为什么新近获得功名者要在地方层级开始他们的仕途，其次说明了欧阳修、王安石、洪迈、陆游和范成大等人也是按着这样的路径开始他们的仕途的。

朝廷的第二项政策是"回避"制度（它是对士大夫旅行的一项附加规定）。它原则上禁止官员在自己的家乡地区任官或与自己的亲属共事。尽管类似的禁止性规定早在东汉时期（25—220）就已经出现，但是直到唐朝才被编入法条中；而宋代则进一步强化这项政策。不仅是县一级的官员不能在本籍的州任职，知州和通判也不能在其本籍的路任职，自然他们不能在本人拥有财产的地方或长期居住的地方担任官职。类似地，有亲属或姻亲关系的朝廷官员也不能在同一个或相近的地区，或在有相互关系的、不可避免地要有接触的部门任职。[1]

回避制使宋代官员与自己的家乡及涉及本人利益和财产关系的地方保持较为安全的距离，但它也并非有意，实际上也没有禁止官员前往那些地方。官员遇到诸如任期的中断、为父母或祖父母守丧以及家庭发生紧急情况等各种情况，都需要启程回家或到另一地方探亲访友。南宋时期，朝廷发布的一项允许官员请假探望父母的政策进一步放宽了额外回家旅行的可能性。[2] 在前面所提到的 20 年仕途生涯中，王安石 3 次回到家乡临川，每次都在家待很长时间，至少好几个月。

三项人事政策中的第三项就是有名的"三年任期"制，它对官员不停地迁移的仕途生涯具有重要意义。这项政策贯穿整个宋代，它规定了官员调动或提职之前其任职的时间长度。该规定影响深远，

---

[1] 对这些政策的详细研究，见苗书梅：《宋代官员选任和管理制度》及《宋代官员回避法述论》，24—30 页。

[2] 《建炎以来朝野杂记》，甲，卷 8，165 页。

以至于当时士大夫抱怨频繁告别旧地调任他处时，"三年"成为他们所写诗文中的常用术语。[1]

考虑到一个官员每次担任新职赴任和离任的旅程所花费的月数，3 年的任职期限看起来可能不是个很长的期限。有大量的证据显示，宋朝这项政策并没有严格执行。我们只是偶尔发现地方官员在调任、升职或贬职往他处之前任满 3 年。[2] 大多数地方行政官员的任期更短。他们调任的频繁程度甚至超过 3 年任期政策的规定。宋代有较长任官经历的名人们的仕途生涯为这种类型提供了例证。苏轼出仕 40 年，在 12 个不同的州度过了 28 年。在一些地方，他待了好几年——而在另一些地方，他只待了几天或几个月。[3] 在 20 年的仕途生涯中，王安石在 7 个不同地方任职。如果我们把他从开封前往诸如鄞县、临川和金陵等遥远地方的旅行时间和他待在家乡的时间加起来，他在每个官位上的时间平均还不到 3 年。范成大同样如此。范在徽州（今安徽歙县）地区任职 5 年，在那他经历了多次职位的改变。这是他在一个地区待的时间最长的一次。相反，范在 1170 年代在桂林和成都的两次较重要的任职，加起来时间都不到 5 年。这个数字还包括他花费在路途上的时间（这个时间合计都超过 1 年了）。

一份宋代地方史记录的简表（表 1.3）进一步揭示，北宋时期偶尔会有知州在任超过 3 年的；总的来说，知州在任时间在一年半到

---

[1] 张孝祥曾经在写给朋友的诗里说："共作三年别，相望五日程。"《于湖居士文集》，卷 8，71 页。其他提到三年任期的官府文书和文学作品，见《全宋文》，卷 7，155 页；卷 230，305 页；卷 253，376 页。王栐：《燕翼诒谋录》，卷 5，46 页。苏轼：《苏轼诗集》，卷 5，215、224、256 页。陆游：《剑南诗稿》，卷 50，1232 页。

[2] 有一个极端的例子，北宋的一位官员在到任后仅 1 天就被召回京城。《王安石文集》，卷 57，9 页。

[3] 曾枣庄：《苏轼评传》。

两年之间。北宋知州的平均任期只有1年7个月。南宋官员在一个职位上待的时间更短,只有1年3个月,多数人在1年到1年10个月之间。[1]

任期如此短是可以理解的。任期不长对地方行政的延续性和有效性有重要影响,这个问题在宋代一直争论不休。[2] 官员频繁轮换意味着他们要在职位转换之间花费更多的时间。新任命是如此的突然,甚至好友都难以知道行踪以保持相互联系,而地方官员也很难获得司法审判方面的专业知识。在知道自己已经被任命新职且要即刻启程赴任后,文彦博(1006—1097)匆忙间只能给朋友草书一封:"治装西行,匆匆修报,不悉。"[3] 杨万里给朋友周必大(1126—1204)写信,而周也一样被调任他处。杨的信提到,他听说周离开了京城,这简直太不幸了;当时他还不知道周已经被贬谪,直到他们的一位朋友告诉他周"度夏于阳羡(今江苏宜兴)暑"[4]。

除了因赴任和离任而发生的旅行外,地方官还经常有两种旅行。一种是到京城汇报地方事务。这种旅行的频繁产生由多种因素导致,

---

[1] 冗官的存在必然加重这种趋势。从北宋中期开始,对于一个官员来说旧职务结束后花个几年时间等待新任命已经是很平常的事了。几个官员同时等候同一个职位已经不鲜见了。朱弁:《曲洧旧闻》,卷2,9a;周密:《齐东野语》,卷8,13b—14a。朝廷对这个问题的讨论,见脱脱主编的《宋史》中宋祁、王禹偁、范仲淹的传,卷284,9593—9600页;卷293,9793—9800页;卷314,10267—10276页。叶梦得:《石林燕语》,卷1,10—11页。《容斋随笔》,四笔,505—506页。

[2] 苗书梅对宋代人事管理相关问题的简要讨论涉及中央政府和地方官员等方面。在频繁被提到的问题中有三个是关于官员任期过短造成的负面影响:(1)任期过短没能给地方官以足够的时间去了解地方民情;(2)胥吏和为官府办事的人因熟悉地方而过于滥权;(3)过于频繁的调任增加了政府各部门和旅行者的财政负担。苗书梅:《宋代官员选任和管理制度》,263—268页。

[3] 《全宋文》,卷657,36页。

[4] 《游宦纪闻》,卷3,26—27页。

表 1.3　7个州的知州任期时长

统治者	临安（今浙江杭州）在位年数	临安 任数	临安 平均任期	福州（今福建）任数	福州 平均任期	明州（今浙江宁波）任数	明州 平均任期	越州（今浙江绍兴）任数	越州 平均任期	台州（今浙江宁海）任数	台州 平均任期	婺州（北宋）/严州（南宋）（今浙江金华）任数	婺州/严州 平均任期
太宗	19	5	3年9个月	10	1年11个月	12（17年内）	1年7个月	11	1年9个月	9	2年1个月	9	2年1个月
真宗	25	11	2年3个月	11	2年3个月	7	3年6个月	15	1年8个月	13	2年1个月	12	2年1个月
仁宗	41	28	1年5个月	23	1年9个月	24	1年8个月	26	1年7个月	20	2年1个月	22	1年10个月
英宗	4	2	2年	2	2年	2	2年	3	1年4个月	2	2年	2	2年
神宗	18	13	1年4个月	8	2年3个月	7	2年6个月	12	1年6个月	6	3年	9	2年
哲宗	15	12	1年3个月	8	1年10个月	13	1年2个月	13	1年2个月	8	1年10个月	8	1年10个月
徽宗	25	25	1年	19	1年3个月	24	1年	16	1年7个月	12	2年1个月	15（21年内）	1年4个月
高宗	35	35	1年	20	1年9个月	30	1年2个月	31	1年1个月	34	1年	27	1年3个月
孝宗	27	30	9个月	13	2年1个月	14	1年11个月	20	1年4个月	21	1年3个月	21	1年3个月
光宗	5	6	10个月	5	1年	6	10个月	4	1年2个月	2	2年6个月	4	1年3个月
宁宗	30	31	1年	17（28年内）	1年9个月	23	1年4个月	29	1年	20	1年6个月	22	1年4个月
理宗	40	41	1年	-	-	28	1年5个月	35	1年2个月	-	-	28	1年5个月
度宗	10	9	1年1个月	-	-	5	1年2个月	-	-	-	-	5（6年内）	1年2个月

资料来源：苗书梅：《宋代官员选任和管理制度》，262 页。本表稍有修改。

但我们知道的是，中央政府很关注地方官们来到京城待多久。早在1009年，朝廷就下令禁止"文武官自今非公事不得入京"，[1]这项政策似乎没有得到有效的实施。南宋的法规进一步规定"诸外任官因奏事赴阙，已朝见者限十日还任"。[2]

　　另一种地方官经常有的旅行是因中央政府的命令、自然灾害的发生和司法审判的需要而产生的差事旅行。南宋初有一位负责广东和广西司法事务的张姓官员声称，他就职后的第一个月内，走遍了25个县。[3]同样地，陆游也记载了他任职四川时，在辖地内旅行"数千里"。[4]且不说这些说法可能有所夸大，但是材料揭示，地方官员们确实花了大量的时间来走出州县衙门。

　　除了上述因旅行而出台的政策外，朝廷政治斗争也会把那些失败者贬谪到远地。两宋时期党争很严重，最严重的一次发生在11世纪60年代到12世纪20年代。[5]政治派别、思想倾向、社会阶层和籍贯等等的不同导致了党争的持续。一派掌控朝政意味着对立的一派的人就会被流放、贬谪、撤职，结果就是这些人踏上回乡或远赴

34

---

[1] 《全宋文》，卷236，443页。

[2] 《庆元条法事类》，卷4，26a；卷5，1b。

[3] 《于湖居士文集》，卷14，135页。

[4] 《剑南诗稿》，卷12，361页。

[5] 这也是一个对朝廷官员意见分歧显著增多能够容忍的时代。最有名的例子是苏轼的"乌台诗案"。见蔡涵墨：Poetry and Politics in 1079: The Crow Terrace Case of Su Shi，15—44页。"在诗词中发泄不满的危险性在不断增加"迫使宋代士大夫用其他方式表达他们的意见。例如宋迪（1015—1080）寄情于绘画。11世纪70年代宋突遭免职后，画了著名的《潇湘八景》。该画被赞为"其画的诗意在诗歌艺术中也受到称赞，几百年来广为后世画家临摹"。姜斐德（Alfred Murck）："The Eight Views of Xiaoxiang and Northern Song Culture of Exile"，113页。

贬所的旅程。[1]12世纪初期有309个人牵涉到了政治冲突中，其中有32人被贬谪到了广东、广西和海南岛等偏远的南方地区，从这我们就可以对党争所涉及的人数有了一个概括性了解。[2]

南宋长期以来充斥着政争，其中最臭名昭著的是宰相秦桧（1090—1155）当权时期。秦的一位有名的政治对手胡铨（1102—1180），像他的北宋同类官员一样，被贬谪到海南岛。[3]党争所导致的政府人事变动程度，以及因此而引起的官员提拔或贬谪出京的情况，也可以从下面的数字看出来：宋仁宗（1022—1063年在位）在位的42年里共有37位宰相，这些人的职位经常突然间就被他人所取代。徽宗（1100—1125年在位）在26年里任用了34位宰相，高宗（1127—1162年在位）36年任用了48位，孝宗（1162—1189年在位）28年里任用了34位。[4]如李瑞在其有关北宋派系冲突的研究中所论述的，如此频繁的人事变动不仅表明"从神宗到徽宗时期的每个君主和摄政者与他们所选定的大臣在思想意识上达成共识"的程度，而且也使得有权势的宰相"可以把自己的忠实支持者塞入官僚机构，以清除对立派系，并使大臣间的权力平衡从原有的状态变

---

[1] 对士大夫政治生涯和思想的较深入的研究，见包弼德：*The Culture of Ours* 以及 "Government, Society and States: On the Political Versions of Ssu-ma Kuang and Wang An-shi"；季晓斌（Ji Xiao-bin）：*Politics and Conservatism in Northern Song China, the Career and Thought of Sima Guang*. Hong Kong: The Chinese University Press；李瑞：*Divided by a Common Language, Factional Conflict in Later Northern Song China*；刘子健（James T. C. Liu）：*China Turning Inward*；沈勤松：《北宋文人与党争》；史乐民：*Taxing Heaven's Storehouse*。

[2] 费衮：《梁溪漫志》，卷3，6a—b；也见陈乐素：《流放岭南的元祐党人》和《桂林石刻'元祐党籍'》，229—260、293—309页。

[3] 王明清：《挥麈后录》，卷11，698—700页。许多普通官员也因和秦意见不合而遭解职。例如，一位姓辛的官员，因不是秦一伙的而被迫退休12年。陈柏泉：《江西出土墓志选编》，40—45页。

[4] 《建炎以来朝野杂记》，甲，卷9，174—175页。

为新的平衡"。[1] 两宋时期的宰相的升黜导致了官场中许多人被提拔到显要位置而同样有许多人被罢黜到远地。

尽管本研究聚焦于国内旅行，但宋朝和其西边、北边的邻国辽（907—1125）、西夏（1038—1227）、金之间复杂的外交、军事关系引发的不少使节旅行也是不足为奇的。使节既要"负责传送各种要求和询问的外交文书"，也"被委以出席诸如庆贺元旦、君主诞辰、新皇帝登基或颁布新年号的典礼等特殊场合的使命"。[2] 作为政府官员，这些使节必须要提交旅行报告，而这些报告大多留存至今。[3] 例如王曾（978—1038）1012 年出使辽的京城中京（今内蒙古宁城）的报告，提供了许多诸如他和随行人员每天行走的距离等信息，道路、市场和城市的状况以及他对社会风俗的观察等。[4] 使节们不仅行程遥远，而且他们也善于观察异邦事物。楼钥（1137—1213）在其 1169—1170 年的旅行报告里就包含有对标志性事物的记录和对金朝政策的批评性评论。[5]

---

[1] 李瑞：*Divided by a Common Language,* 161 页。其他有关朝廷政治以及徽宗时期"皇帝-文人之间的紧张关系"的讨论，见贾志扬："Huizong, Cai Jing, and the Politics of Reform"，31—78 页；李瑞："Terms of Estrangement"，131—170 页。包弼德："Emperors Can Claim Antiquity Too"，173—206 页；伊佩霞：Accumulating Culture，42—45 页。

[2] 何瞻：*On the Road in Twelfth Century China*，53 页。

[3] 有关现存的旅游报告的清单，见何瞻：*On the Road in Twelfth Century China*，53 页。

[4] 《全宋文》，卷 319，388—390 页。有关宋人出使辽国的综合性研究，见傅乐焕：《宋人使辽语录行程考》，1—28 页。

[5] 万安玲："'Dairy of Journey to the North'：Lou Yue's Beixingrilu"，1—38 页。万安玲进一步认为，楼对北方女真世界的陈述应"从楼本人作为使团成员的官方角度和作为南宋文学家的角度力图描述其在北方女真治下的经历来看待"。万安玲："Dairy of Journey to the North"，1—2 页。其他有关宋代使节的研究，见魏希德："What Did Su Che See in the North？Publishing laws, State Security, and Political Culture in Song China"，466—494 页。

5 位宋人的旅行

现在我们转过来去看看 5 位宋人——北宋的欧阳修和王安石，南宋的洪迈、陆游和范成大——的旅行，才能理解宋代受过教育者的旅行在其生平和仕途中所占据的中心位置。这几个人在文学、仕途上地位显要，并且都已经成为许多学者深入研究的课题。由传统和近代学者所撰写的年谱使我们可以一年一年地追踪他们的行程。

这 5 位都是早年就开始了他们的旅程。王安石和洪迈最早，他们跟随父亲，一直走到广东。欧阳修、王安石、洪迈和陆游都是出生在父亲的任所。陆游早年的经历可能是最富戏剧性的：在他父亲前往京城开封的路途中，他出生于淮河的一条船上。北宋到南宋期间，陆家先退到寿春（在今安徽），陆父在此任职，然后返回浙江老家。当老家会稽看起来也不大安全时，陆家再次迁徙，并得到浙江西南部有权势者的保护。[1]

成年之后，因为本人的仕途，这 5 人甚至旅行得更远——欧阳修所去的地方跨越现今 9 个省（四川、江西、湖北、河南、河北、山东、山西、江苏和安徽），王安石跨越 5 省（江西、河南、江苏、浙江和安徽），洪迈去过 7 个省（浙江、江西、江苏、福建、湖南、河北和安徽），陆游历经 8 省（河南、安徽、浙江、福建、江苏、江西、四川和陕西），而范成大去过 7 省（江苏、浙江、安徽、江西、北京、广西和四川）。

5 人中，欧阳修担任的地方官职最多，但范成大去的地方最远，他到过宋朝地域的东西南北的四至。洪迈也是如此，他从广东一直走到河北。尽管王安石只在 5 个地方任过职，但当他回江西老家和

---

[1] 于北山：《陆游年谱》，16—17 页。

金陵自己的家时，他要走的路途是最远的。只有陆游是在四川任职时多次在四川各地旅行，他在那的 7 年旅居生活是宋人里除了本籍人士之外在一个地方持续停留时间最长的。对于他频繁的调任经历来说，他在四川的任职记录也是相当特殊的。

表 1.4　五位宋代名人的旅行

姓名	开始仕途时的年龄	所担任官职数	任职地所属的现代省份数量
欧阳修	24	16	9
王安石	22	5	5
洪迈	23	10	7
陆游	34	14	8
范成大	31	8	7

资料来源：严杰：《欧阳修年谱》；蔡上翔：《王荆公年谱考略》；张复蕊："(Biography of) Hong Hao，Hong Kua and Hong Mai"；王德毅：《洪容斋先生年谱》于北山：《范成大年谱》和《陆游年谱》。

　　这 5 位的年谱显示，他们在一个职位任满 3 年是很少见的。更多的情形是他们的任期在一到两年之间。他们的经历还有个有趣的共同点：5 人都因朝廷党争而至少被贬谪过一次。王安石的政治生涯在神宗新政时期达到了顶点，他获得了巨大的权力，同时也遭遇到同样巨大的反对。[1]范成大的仕途也很成功，但他也经历了和王安石在仕途中遭遇到的沉重打击一样的挫折。陆游生于一个很有声望的士大夫家庭，是 5 人中一生最热心侍奉朝廷的人。具有讽刺意味的是，他由于所任的官职不高，反而是 5 人中最为失意的一个。

　　科举考试的成功和给士人提供顺利踏入仕途的机会，使得宋代国家能够动员全国受过教育的政治精英。结果，整个王朝的受教育者都成了频繁的旅行者。如果说参与科举激发了历代富有雄心的、

[1]　见李瑞：*Divided by a Common Language,* 特别是 72—98 页。

　　　　　　　　　　　　　　　行万里路：宋代的旅行与文化

受过教育的年轻人离家外出求学和踏入科场，对仕途的追求则把官员们派送上了更加频繁而又不可预知的旅途中。这些旅程可以用大三角尺描绘出来，这幅图把他们的任职地、籍贯、京城或他们的下一个目的地连接了起来。与范成大自嘲在 13 年内在 11 个不同地方度过中秋类似，陆游把他的家比作屋檐下的燕子，年年都要筑新巢。[1] 在宋代士大夫不断移动的生活背景下，我们转去看看他们具体的旅行经历。

---

[1] 《剑南诗稿》，卷 6，168 页。

第二章 旅行的基础设施

——水路与官道

始入沌，实江中小夹也。过新潭，有龙祠，甚华洁。自是　43
遂无复居人。两岸皆葭苇弥望，谓之百里荒。又无挽船，舟人
以小舟引百丈，入夜才行四五十里，泊丛苇中。平时行舟，多
于此遇盗，通济巡检持兵来警逻，不寐达旦。[1]

1170 年陆游前往夔州担任通判，他详细记录下了沿长江一条小
支流上行的经过。有一天，陆一行人穿过了一个人烟稀少的地区，
令他沮丧的是，没有小牵拖船的帮助，大船根本没法前行，而且他
们一行人也害怕潜伏在盘根错节的密林里的盗贼——陆的担忧是有
根据的。这并不能让我们下结论说，12 世纪在长江上航行对旅行者
来说是很艰难的。实际上，陆对这一天的记载与他《入蜀记》的绝
大多数条目不一样。在书中他把这次沿着长江往上游的航行描述为
相当顺利和平静。陆游和其他许多作者关于旅途的描写给我们考察
宋代旅行设施和旅行生活提供了大量的材料。

像陆游和他的同事们所走过的那样的水路和陆路网络，数个世
纪来一直在修建中。整个中华帝国时期，中央政府一直优先发展和　44
维护交通和通信系统。毕竟，没有哪项国家重要任务，包括税收的
征收和运送、维护政治社会秩序以及高效的防卫体系的运行，在缺少
了驿站、道路和水路系统等功能性设施的情况下能够完成。独特的政

---

[1] 陆游：《入蜀记》，卷 47，2444—2445 页；张春树和 Smythe：*South China in the Twelfth Century*，136 页。

治、经济和军事环境要求宋代统治者要比他们的前辈更多地关注这些网络系统。中央和地方政府面临的一项挑战是成千上万的科考举子和官员拥塞了各条道路及宋朝往京城运送粮食的交通系统，因此要采取措施在中国南北的主要运河和自然河道上全年运行大型船队。此外，宋朝不时地遭受北方和西部边境敌对邻国的侵扰，因此军队和补给运输也是极其重要的。为了加快政府人员流动、粮食及其他物资的供给，宋朝别无选择只能继续修建和维护它从前代继承下来的道路和运河。

这种基础设施对中华帝国长久维持下去的重要性得到了普遍的承认。对水路和陆路交通系统以及驿站系统的重要研究论著证明，唐宋时期这些系统变得日益复杂。[1] 伊懋可认为，相比于前代，"唐以后的地面交通使政府在帝国范围内能更有效地运送官员和传递文书"，而且"这对唐宋统一帝国的整合和维持贡献巨大"。[2] 技术发展确保了这种趋势在一年四季都能持续。首先，中国的船舶修造技术在唐宋已经很成熟，"其特征是修造业门类齐全，工艺高超，在国内和海外交通运输中起到重要作用"；其次，宋代航海和内河航运技术不仅导致海外和内陆贸易的扩大，不断增长的关于航道、河床改变、领航、水流速度和风向控制的知识也使得水上旅行变得更为安全；第三，随着京城开封的建设，宋代陆上交通系统的基础设施有了很大的变化，

---

[1] 见白寿彝：《中国交通史》；伊懋可：*The Pattern of the Chinese Past*，方豪：《宋代河流之迁徙与水利工程》，255—282 页；高荣：《本世纪秦汉邮驿制度研究综述》，2—10 页；葛平德（Peter Golas）："The Courier-Transport System of the Northern Sung"，1—22 页；劳幹：《论汉代之陆运与水运》，69—91 页；罗传栋：《长江航运史》；彭瀛添：《两宋的邮驿制度》，111—220 页；全汉昇：《唐宋帝国与运河》；席龙飞等：《中国科学技术史》；严耕望：《唐代交通图考》。有关中华帝国晚期情况的研究，见卜正民："Communications and Commerce"，579—707 页；苏同炳：《明代驿递制度》；王士刚：《长江航道史》；吴秀良（Silas Wu）：*Communication and Imperial Control in China*。

[2] 伊懋可：*The Pattern of the Chinese Past*，131、133—134 页。

帝国北方、西北部和西南部的道路系统得到了延伸和发展；第四，考虑到连接中国南北的运河系统的重要性，对该系统的修建、维护和管理一直是宋廷的当务之急，南宋特意投入了更多的资源去绘制帝国更为复杂的水路网络地图。[1]

对水陆交通网络的研究及对中华帝国在维护和扩展网络上所发挥作用的研究，主要涉及这些网络的技术和制度因素以及他们在商品交换和服务上的日益重要的地位。当时的旅行者对这些网络的详细描述大部分都已经无从考知了。[2]本章接着会强调官员旅行者在旅行基础设施中的经历，这些设施使他们频繁而漫长的旅程得以实现。船舶和陆地旅行不仅使精英旅行者通过日常观察而获得具体而实际的知识，旅行中的士大夫也会滋生出一种自我感觉，这种感觉不可避免地会和他们的旅行经历连接在一起。实际上，宋代士大夫越来越多地把他们的仕宦生涯看作是他们的许多旅途一样，沿途上不断地悲叹他们在"官路"上所经受的艰辛。

这种方法也将解释，当宋朝将其受过教育的政治精英流动起来时，国家要权衡的各种因素。如果中央政府要吸引有上进心的年轻人进入仕途，并且能够把官员分派到帝国各个角落，那它必须确保交通能够快速运行，可以安全地维持地方行政的完整性，使定期的长途旅行能维持适度的吸引力。像陆游的日记条目所显示的，宋代

---

[1] 见席龙飞等：《中国科学技术史（交通卷）》，75—136、325—330、340—344、350—443、450—454、479—488、524—525、623—627 页；曹家齐：《宋代交通管理制度》，75—94、153—209、263—284 页。并非所有人都用这样积极的眼光来看待这些网络，贾志扬发现"传播与交通系统，经过复杂而高度的组织化，已经变得缓慢而缺乏效率了"。贾志扬：*The Thorny Gates of Learning*，18 页。如笔者在后面对旅行者的社会和文化关注点的讨论所说，由于旅行者没有经常赶往目的地的动机，所以会出现这种缺乏效率的情况。

[2] 卜正民对商业文化发展、商人及政府使节利用交通系统的背景下的明代交通系统进行研究是一个例外。见卜正民：*The Confusions of Pleasure*。

官员们对仕途赖以提升的基础设施表达了某种矛盾心理，他们对交通设施的安全性和其他问题并没有保持沉默。在这方面，陆游的著作以及他的同行的诗文，使我们可以用来评估频繁旅行对官员所产生的情感和心理影响。

由于宋代大多数官员的旅行从国家对其任命官职开始，国家对精英和社会的控制也必须考虑到水陆交通网。通过成功地动员全国的受过教育者，并为旅行者提供各种财政支持，宋朝要把其官员塑造成多才多艺的，熟悉各地自然、社会和经济情况的管理者。频繁的官员旅行极大地促进了这个目标的实现。宋代旅行文学把士大夫们描绘成对地方民情风俗好奇而细心的观察者，而且他们随后所获得的知识有助于增加对这个自己生活和工作的多元化国家的感性认识。

长江：宋代交通系统的生命线

对宋代旅行基础设施的讨论必须从水路开始。因为从唐朝开始，水路交通就在地区内外贸易和人员流动中扮演越来越重要的角色。[1] 尤其是在两宋之际，国家的政治、文化和经济中心已经南移。在中国的南方，长江及其支流成为王朝的生命线，连接起国家的西南和东南部地区。[2] 从北方到南方，大运河把北宋京城开封和其南方及东南部的粮食供应地连接起来。大运河最重要的部分是永济渠

[1] 除了上述提到的专著，马正林的研究也强调了宋代水路交通的作用。见马正林：《中国历史地理简论》，436—453 页。
[2] 长江主要支流包括岷江、沱江、嘉陵江、乌江、汉水、湘江和赣江。

和汴河（通济渠），延绵 300 里。[1] 南宋时期，由于华北被女真人占据，宋廷迁移到了东南部的杭州，长江及其无与伦比的水路网络甚至成为国家政治、经济和文化生活的中心。[2] 全年可通航的水网，以及发达的造船技术、完善的水利工程和对效率的讲究都促进了这种发展。[3]

长江一般被称为江或大江，和它的各条支流一起构成了横跨中国南方的大交通网络的骨干。早在东周中期，长江就已经是一条繁忙的水道。秦汉时期，这条江河的商业和军事用途继续扩展。随着大运河的开通，坐落在长江和大运河交汇点的扬州（在今江苏），不仅成为唐代最大和最繁华的江河和航海港口，而且也是最重要的造船业中心之一。[4] 有一本重要的研究专著发现，宋代在造船业方面

---

[1] 席龙飞等：《中国科学技术史》，453 页。关于大运河的其他研究，见陈正祥：《大运河》和《中国文化地理》，171—180 页；全汉昇：《唐宋帝国与运河》；罗传栋：《长江航运史》，153—171 页。刘光临对商税数据的研究表明，水路交通通常有重要意义，而大运河在贸易中意义尤其重大。刘发现，从 1077 年起，宋代的商业所得税的 77%，也就是 576 万贯，来自于内陆江河沿岸的城市。"从夔州（在今重庆）到大海的长江主干道担负的贸易量比例相对较低，只有宋代商税的 7.4%。实际上宋代长途贸易最大的转运中心几乎都坐落在大运河沿岸。"刘进一步得出结论："在长途贸易中以开封为中心的主导地位的存在证明，11 世纪晚期华北在长途国内贸易中仍能与南方竞争，这是由于其强大的水路网络。"北宋之后华北水路网络失去作用，刘把这归咎于 1194 年一场人为的洪水，这场洪水导致华北水运交通的骨干——运河网络的毁坏。刘光临：*Wrestling for Power*，260、262、265、281—284 页。
[2] 传统上，中国南方是指淮河以南地区。另外几个术语主要被用来指称中国南方的部分地区，如东南、中国东南部、长江下游流域，这些术语一般包括现代江苏、浙江以及安徽、江西的部分地方，而长江中下游，除了上面提到的地区，还包括现代湖北、湖南省。有关南方在经济和商业上的重要性日益显现，见张家驹：《两宋经济中心的南移》。
[3] 《宋会要》的"方域"门罗列了许多这样的成就。见徐松：《宋会要辑稿》，《方域》，14—17 部分。陆游提到了一个仁宗时期（1022—1063）完成的工程——有 30 万人被征调去四川蜀州清理河道。陆游写道，当他 1170 年到那儿的时候，人们还能从这个工程获益。《入蜀记》，卷 24，2429 页；途经公安（在今湖北）时，陆游也注意到"隄防数坏，岁岁增筑不止"，《入蜀记》，卷 47，2447 页。
[4] 罗传栋：《长江航运史》，182—191、202—205 页。

远远超越唐朝。宋代官营和私营的造船场不仅能造出供内河和远洋航行的又大又安全的船舶，而且航行在水道上的船只数量也大幅增加。[1] 宋元时期（960—1368）的材料提到船的种类共有21种，依据功能分为不同等级。这些船包括有客船、货船、运送肥料的船、渡船、运粮船、战舰和其他种类船舶。[2] 最大的航海和内河航运客船的载重量达到5000担（斛），或500人，这证实了造船技术的发达程度以及商业和私人旅行的日益增长对船舶的需求。一艘中型的船舶载重量能达到3000担或载客200到300人。较小一些的船只，由6到8支船桨操纵，可以载客超过100人。[3] 宋代的文学创作，尤其是诗词，经常提到千斛船，表明2000斛以下的船很可能是长江及其支流上最为普通的船舰。《入蜀记》的记载也支持这种猜测。陆游在1170年的长江航行中，第一次提到他坐的船是一艘56尺长、有26根桅杆、载重量为2000斛的船只。当陆游逆流而上来到江河中段时，他换乘了一艘较小的载重量只有1600斛的船只。[4]

官府对长江的利用使这条江河的交通更加繁忙。宋朝政府拥有整年航行在这条江河上的船队，同时也定期雇用商业船只。这些官营或雇用的船只的主要用途是漕运，就是将粮食运送到北宋的京城和北方其他大城市，供应军队和居民。随着南宋的建立，漕运的中

---

[1] 席龙飞：《中国造船史》，132—182页。

[2] 斯波义信（Yoshinobu Shiba）：*Commerce and Society in Sung China*，5—6页。对宋代航运业的全面的研究，特别是各类船舶特点的描述，见斯波著作的4—15页。有关造船业和造船工场的发展，也见伊懋可：*The Pattern of the Chinese Past*，135—145页。

[3] 吴自牧：《梦粱录》，卷12，16b—18b。到南宋时，人工摇桨船也在江河的下游使用。最大的船"有长三十六丈、广四丈一尺、高七丈二尺五寸"，陆游：《老学庵笔记》，卷1，2页。

[4] 《入蜀记》，卷45，2430页；卷47，2449页。

心转移到了新京城杭州。[1] 我们应该在此说明，尽管南宋的领土只有北宋的三分之二，供应军队和大都市地区的粮食需求量和北宋大致一样，约为 600 万石。[2] 城市和边境地区的这种粮食需求使得造船业中心非常繁忙。宋真宗时期（998—1022），每年为漕运而出产的船舶达到了 2900 艘。仅虔州（今江西赣州）和吉安就负责建造了 1100 艘运粮船。南宋末，温州（在今浙江）和明州（今浙江宁波）在造船业中的地位越来越重要——两地的船舶总产量达到了 600 艘。另外，泸州（在今四川）、叙州（今四川宜宾）、眉州（今四川眉山）和嘉州（今四川乐山）也都是重要的造船业中心。[3]

除了运送粮食的船只，官府还雇用大量船舶，目的是从四川向下游运送马匹。南宋时期尤其如此。当时从西北获得马匹变得很困难。12 世纪 60 年代，每年要从今藏区购买 9000 匹马并分派到长江沿岸各地；接下来的 20 年里，这个数字增长到大约 13000 匹。[4] 为了适应南宋的这个发展，四川 4 个州——叙州、泸州、眉州和嘉

---

[1]　在其关于淮南（淮河之南）由一个繁华的贸易和农业地区变为前线一部分的研究中，马瑞诗揭示，作为南宋和金之间激战的后果之一，淮南这个北宋时期交通基础设施的重点地区，其功能"不再是主要向北方运输粮食，而是为跨境的外交、商贸活动以及军队的快速进入提供安全保障"。马瑞诗："From Battlefields to Counties: War, Border, and State Power in Southern Song Huainan"，243 页。

[2]　沈括：《梦溪笔谈》，卷 12，137 页；张邦基：《墨庄漫录》，卷 4，8b—9b；王辟之：《渑水燕谈录》，卷 5，60 页。曹家齐估计南宋时期运送的粮食数量是唐代的四倍。有关从南方往北方运送粮食的更多信息见《宋史》，卷 94，2327、2351、2364、2375 页；卷 95，2379、2380、2384 页；卷 175，4250—4261 页。官府在各地购买粮食的综述，见刘光临：*Wrestling for Power*，332—339 页。有关汴河在确保北宋京城粮食供应中所起的作用，见罗传栋：《长江航运史》，228—241 页；吴海涛：《北宋时期汴河的历史作用及其治理》，101—105 页；吴建磊：《北宋汴河的漕运》，19—20 页。

[3]　席龙飞：《中国造船史》，140—141 页。

[4]　罗传栋：《长江航运史》，237 页。北宋四川茶马贸易有关的政治的深入研究见史乐民：*Taxing Heaven's Storehouse*。

州——运送马匹而造的马船的数额达到了每年 170 艘。[1]

尽管淮河成了金和南宋的分界线，但长江沿岸后来也驻扎了重兵。官府随后渴望把长江当作可资利用的军事资源。在前往四川的旅途中，陆游感受到了当地的军事存在，并对江河上航行的战船和士兵的数量多次表达自己的看法。陆游旅居鄂州（今湖北武昌）时，与数千观众观看了一场水军操练。陆对参加操练的战船印象深刻，这些船只"皆长二三十丈"。他写道：

> 上设城壁楼橹，旗帜精明，金鼓鞚鞳，破巨浪往来，捷如飞翔。[2]

陆游也对航行在长江的商船数量感到惊讶。由富有的商人和政府官员共同拥有的船只从事着跨区域贸易，这些船只运来了盐、茶、米、陶器、丝绸以及各种地方特产。[3] 陆所乘的船只要穿过许多狭窄的河道。[4] 在杭州，他和随行者花了一整天来通过河道上的水闸。水闸内"船舫栉比"。[5] 鄂州是另一个重要贸易中心，"沿江数万家，廛闬甚盛，列肆如栉。酒垆楼栏尤壮丽……货物之至者无不售。"如所期望的，等候起航的船只排队达数里。[6] 在一首名为《估客乐》的诗中，陆游以生动的笔触描绘了他对繁忙的河道景象的着迷：

---

[1] 罗传栋：《长江航运史》，218 页。

[2] 《入蜀记》，卷 46，2441 页。

[3] 罗传栋：《长江航运史》，244—256、261—266 页。

[4] 《入蜀记》，卷 44，2416—2417 页；卷 45，2429 页；卷 46，2438、2440、2441 页；卷 47，2444 页。

[5] 《入蜀记》，卷 43，2407 页。

[6] 《吴船录》，卷 2，16a。

长江浩浩蛟龙渊，浪花正白蹴半天。

轲峨大艑望如豆，骇视未定已至前。

帆席云垂大堤外，缆索雷响高城边。[1]

蜀舟、江船和海船在船型和物理特性上是不一样的，他们分别垄断了长江上游、中游和下游的河道。在一个地方通常可以看到来自另一个地方的船。许多旅行者注意到在长江各地都能看到四川的船只（蜀舟）。11世纪50年代苏轼在长江旅行时注意到"北客随南贾，吴樯间蜀船"。[2] 一个多世纪后，陆游遇到了同样的景象：刚离开江州（今江西九江），他就很惊奇地看到许多四川的船只航行在他的船旁边，[3] 许多从江西到湖北去的四川人和他们的船只尤其引起陆游的注意。[4] 陆在湖北一个镇子上看到，当地人口十个有九个不是本地人，大多数是四川人。[5] 他发现鄂州的四川人数量最多：

49

> 居民市肆，数里不绝。其间复有巷陌，往来幢幢如织。盖

---

[1] 《剑南诗稿》，卷19，568—569页；华兹生（Burton Watson）编：*The Old Man Who Does as He Please*，33页。

[2] 《苏轼诗集》，卷2，62页；英译见傅君励（Michael Fuller）：*The Road to East Slope*，70—71页。

[3] 《入蜀记》，卷45，2432页。

[4] 《入蜀记》，卷47，2448页。

[5] 《入蜀记》，卷47，2450页。陆游并没有进一步提供他如何了解到当地人口多数是四川人的信息。其中的一个信息来源可能是他船上的船夫，这些人显然给他提供了许多有关当地民情风俗中的特别信息，另一个来源可能是陆与当地居民的交谈。宋朝精英们很少提及他们在理解地方方言上有什么困难，大概是因为他们一直有随从和地方官员的从旁帮助，但这并不意味着他们对当地方言没有感受。在这种环境中，旅行对宋朝精英的地方认同起到了很大的促进作用。

四方商贾所集，而蜀人为多。[1]

　　陆游和苏轼所观察到的四川船只的情况证明长江上的商业活动的繁华和远距离跨区域迁徙变得多么的司空见惯。两人看到如此多的四川船舶可能与这样的事实有关：陆游在往四川的旅途中因此倾向于关注四川的事物，而苏轼本来就是四川人，就更可能留意自己家乡的船只。刚离开家乡而对熟悉的事物或陌生事物的敏感性，我们也能在范成大的经历中看到：范在成都返回苏州的长途旅行快要结束时登上了一艘叫作"舴艋"的小船，他此时的内心反应也体现了这种敏感性。范注意到，只有当他转换到平底而低矮的"舴艋"船时，他才意识到他到家了。当然，和他为长途旅行而定制的大型船只相比，"舴艋"船不可能完成长途旅行，然而，恰恰是这艘小船的地方特性唤起了范内心离家五年最终从"天外"返回到家的感觉。[2]

　　旅行者忙于观察长江沿途的景色，吸取各种信息，他们参与的各个层次的活动也给他们留下了所在地经济兴旺、人口繁多的印象。这种情形不仅仅是临安和鄂州等大城市有，例如，陆游观察到在较小的城市中心和市镇，及大规模的市场中小商铺和小商贩共处一地，服务于当地居民和旅行者。刚离开秀州（今浙江嘉兴），陆游一行人经过了一个叫合路的小镇，陆描述道：

---

[1] 《入蜀记》，卷 47，2444 页；张春树和 Smythe：*South China in the Twelfth Century*，135 页。在迁移而来忙于事务的四川人中还有僧侣。这么多的人往长江下游区朝拜，以至陆游引用了一句俗语："下江者疾走如烟，上江者鼻孔撩天。"（也就是说他们很势利。）陆提到有两个和尚搭乘他的船只顺路回四川。《入蜀记》，卷 47，2448 页。张春树和 Smythe：*South China in the Twelfth Century*，141 页。

[2] 《吴船录》，卷 2，25b。

居人繁夥，卖鲊者尤多。……小舟叩舷卖鱼，颇贱。[1]　

　　每当陆进入一个他所认为的"居人繁夥"的小镇[2]（他可能会把这样的镇形容为"居民市肆颇盛"[3]）时，他都会记录下类似的评述。他曾提到一次亲身经历：他们一行人曾因天气极其恶劣，行走了 3 天都吃不上蔬菜。[4] 除此之外，他们很少遇到缺少必要的供给和食物的情形。

水路旅行、安全保障和祈祷神灵

　　宋代旅行者对在长江航行的感觉比较复杂。一方面，在长江中下游航行通常是快速而安全的。这可以解释了范成大关于一日疾驰数百里的记录[5]，甚至逆流而行通常也是相当平稳的。陆游曾提到，他们一行的船只在吃早餐前就航行了 150 里。[6] 更重要的是，长江不仅有着辉煌的过去，而且还为旅行者提供了珍贵的历史和文化遗迹，因此在这一点上沿长江旅行有着很大的吸引力。另一方面，在长江中上游的某些江段航行至今还有较大的挑战性。尽管一直采

---

[1] 《入蜀记》，卷43，2409 页；张春树和 Smythe：*South China in the Twelfth Century*，44 页。

[2] 《入蜀记》，卷43，2410 页；张春树和 Smythe：*South China in the Twelfth Century*，45 页。

[3] 《入蜀记》，卷43，2411 页；张春树和 Smythe：*South China in the Twelfth Century*，47—48 页。

[4] 《入蜀记》，卷47，2445 页。

[5] 《吴船录》，卷 2，1a—b，2b—3a。笔者没有发现水路上有系统性的航速规定。宋代的一个案例表明，运粮船顺流航行已经达到约 100 里，一艘货船的船员和管理者因为花了 45 天才走了 1500 里而受到了惩罚。《名公书判清明集》（以下简称"清明集"），卷 3，72—73 页。

[6] 《入蜀记》，卷 45，2429 页。在另一个例子中，他们在 4 天半时间里才航行了 700 里。《入蜀记》，卷 45，2431 页。

取各种措施确保河道的安全，但是旅行者还是担忧河道的危险。这也在 1116 年颁布的一道诏书得到证实。徽宗（1100—1125 年在位）在这道诏书中说，过去的 3 年时间里镇江附近有 500 多艘船只失事，诏书估计"人命当十倍其数"[1]。如果在下游江水平缓易于航行的航道以每隔一天发生一起沉船事故的速率来算，我们可以想象危险性较高的航道上每天发生沉船事故的数量。因此，至少从北宋初年起就有大臣上书要求："乞险恶津渡置船救溺。"[2]

可能失事沉船中包括许多小渡船。陆游和范成大的记载中都没有目击重大沉船事故伤亡的情况，但他们提到了一些相反的情况。陆和范都爱抱怨的是船舶航行的延期，而不是发生了人命事故。像我们前面所看到的，陆游曾讲到因水流太猛，以至于他的船只不得不由江边的人们沿江牵拉而行。在这种情形下，他们一行只能一天航行 40 到 50 里；有时候甚至被限定在一天只走 15 到 16 里，大大低于他们平常的航速。[3]

51 　　像逆流一样，强风（特别是夏季的狂风）也在宋人旅行文学中被反复提及。1170 年的 6 月 9 日[4]，陆游写道："晴而风，舟人惩昨夕狼狈，不敢解舟，日高方行。" 7 月 3 日晚，陆看到"晚大风，舟人增缆"以系牢船只。8 月 2 日，情况又是如此。陆一行人"行未二十里，忽风云腾涌"，于是他们"急索缆，俄复开霁"。[5] 有时候风太猛烈，船只要等候数天：范成大顺江东行，曾写了 7 首诗来

---

[1] 《宋会要》之《食货八》，36b。

[2] 《全宋文》，卷 347，85 页。

[3] 《入蜀记》，卷 44，2424 页；卷 45，2431 页，卷 46，2437、2439、2440 页。

[4] 该书所出现的古代记月记日日，皆为农历。

[5] 《入蜀记》，卷 1，2409、2416 页；卷 45，2430、2431 页。

叙述被强风持续地阻挡的情形。[1]

自然地，对行进在另一个方向的旅行者来说，反向而行者们的抱怨诅咒可能就是他们的运气。陆游观察道：

> 是日便风，击鼓挂帆而行。有两大舟东下者，阻风泊溆浦，见之大怒，顿足诟骂不已。舟人不答，但抚掌大笑，鸣鼓愈厉，作得意之状。江行淹速常也，得风者矜，而阻风者怒，可谓两失之矣。[2]

由于船员和官员旅行者经常碰上不良天气，因此这样的小插曲，必定是一件无害、有趣的事件。

但是，预测和避免类似事情的方法似乎已经成了常识。北宋学者沈括（1031—1095）写道：

> 大凡夏季风景，须作于午后。欲行船者，五鼓（早晨 3 时至 5 时）初起，视星月明洁，四际至地，皆无云气，便可行。至于巳时（上午 9 时至 11 时）即止。

然后沈括加了一句官员所说的话："平生游江湖，未尝遇风，用此术。"[3] 我们有理由相信沈括的忠告是很管用的。和通常情形一样，陆游和范成大的船午夜或凌晨起航，中午停泊。有迹象表明南

52

---

[1] 《范石湖集》，卷 19，276—278 页。类似的材料频繁出现在其他著作里。例如杨万里经常抱怨遭遇强风阻挡。《诚斋集》，卷 8，1a；卷 13，5b—6a；卷 16，11a—b，16a—b；卷 18，4b；卷 19，1b。

[2] 《入蜀记》，卷 44，2420 页。

[3] 《梦溪笔谈》，卷 25，《杂志二》，252 页。

宋的熟练船员相当严格地遵守这个规则。[1]

　　总的来说，陆游和范成大对交通繁忙、航行平稳、航速惊人的长江中下游航道的旅程是很满意的，但是，当到达峡谷、险滩集中，几百年来一直威胁着旅行者的上游时，他们的记载笔调有了变化。陆游看到，由于水位低，上游有些江段从十月到次年二月几乎不能航行[2]，甚至在可通航的季节，不同江段的安全通行对江水的条件有不同的要求。范成大注意到，为了通过瞿塘峡，他们需要等待水位上涨，但在巫峡，只有江水水位降到 100 英尺时，船只才可能通过。[3]难怪，在范的朋友，先于他从桂林前往成都的林光朝（1114—1178）写给他的信中，特意问范是否要经过三峡。林的看法是，如果有别的选择，范应该避免从三峡走。[4]

　　最终，范两次成功地穿过峡谷，陆也一样。两人都留下了他们这趟历险的详细记载。关于滟滪堆，范成大写道：

　　　　早遣人视瞿唐水齐，仅能没滟滪之顶，盘涡散出其上，谓之滟滪撒发。人云如马尚不可下，况撒发耶！是夜，水忽骤涨，浮及排亭诸篁舍，亟遣人毁拆……同行皆往瞿唐祀白帝。[5]

　　范一行人通过瞿塘峡后，他写道：

---

[1] 《入蜀记》，卷 43，2407 页；卷 45，2429 页。《吴船录》，卷 1，2b—3a，4b—5a，6a，7a。

[2] 《入蜀记》，卷 48，2456 页。

[3] 《吴船录》，卷 2，7a—8a。

[4] 林光朝：《艾轩集》，卷 6，11a—12b。

[5] 《吴船录》，卷 2，6b. 英译见何瞻：*Riding the River Home*，134 页。陆游这样描写滟滪堆："关西门正对滟滪堆，堆碎石积成，出水数十丈。土人云：'方夏秋水涨时，水又高于堆数十丈。'"《入蜀记》，卷 48，2459 页；张春树和 Smythe：*South China in the Twelfth Century*，171—172 页。

水平如席。独滟滪之顶，犹涡纹瀺灂，舟拂其上以过，摇
橹者汗手死心，皆面无人色。盖天下至险之地，行路极危之时，　53
傍观皆神惊，余已在舟中，一切付自然，不暇问。[1]

范成大继续记录道，他们的船速经常失控，以至于"帅司遣卒
执旗，次第立山之上，下一舟平安，则簸旗以招后船"[2]。

经过三峡12天的惊险航行，船员们纷纷欢庆，感到他们终获再
生。范成大写道："舟师、篙工皆有犒赐，上下欢然。将吏以刺字通
贺，不待至喜亭（今湖北宜昌）也。"[3]

经历这样的危险也激发起陆游内心极度的狂喜：

百夫正谨祝鸣橹，舟中对面不得语。

须臾人散寂无哗，惟闻百丈转两车。

呕呕哑哑车转急，舟人已在沙际立。

雾敛芦村落照红，雨余渔舍炊烟湿。

故乡回首已千山，上峡初经第一滩。[4]

要经常地应付旅途中的延期、不确定性和危险情况，似乎让宋
代旅行者相信，他们的安全旅行不能简单地依赖运气。[5] 在旅途开

---

[1] 《吴船录》，卷2，7a—b。英译见何瞻：*Riding the River Home*，134—135页。陆
游这样描写瞿塘峡："两壁对耸，上入霄汉，其平如削成。仰视天，如匹练然。水
已落，峡中平如油盎。"张春树和Smythe：*South China in the Twelfth Century*，
171页。

[2] 《吴船录》，卷2，7a—b。英译见何瞻：*Riding the River Home*，134—135页。

[3] 《吴船录》，卷2，13a。英译见何瞻：*Riding the River Home*，143页。

[4] 《剑南诗稿》，卷2，47页。华兹生：*The Old Man Who Does as He Please*，6页。

[5] 关于商人在路途上遭遇到的危险的研究，见梁庚尧：《南宋商人的旅行风险》，99—
131页。

始前和旅途中，他们和船员们经常要祈求法力或大或小的神灵的保佑[1]，由此我们就可以明白何以长江沿岸各地广泛分布着佛教、道教寺观和诸如龙王庙、水神庙等庙宇。[2]如我们在本章开头所看到的，甚至在一个叫百里荒的地方，陆游都看到有龙王庙。考虑到陆游那时候对自己安全的担心，他很可能在那里祭拜过，尽管他在书中没有这么记录。陆提到在不同场合向神灵祈祷：在他们一行人进入三峡之前，"舟人杀猪十余口祭神，谓之开头"。[3]

在其他宋代作家的记录中，祭拜龙王庙是一种很惯常的做法。经过江西的一座龙王庙时，一位旅行者观察到："士大夫及商旅过者，无不杀牲以祭，大者羊豕，小者鸡鹅，殆无虚日。"[4]实际上，南宋一位官员承认，在长江航行4次，经历了一次沉船事故，于是出于安全考虑他每次航行经过龙王庙时都进行了献祭，但并没有看到什么异样。[5]

关于神灵法力的传说肯定极大地鼓舞了人们祈祷和献祭的热情[6]，而另一位旅行者用以下方式讲述了他的经历：

我昔南行舟系汴，逆风三日沙吹面。

---

[1] 许多神灵得到了宋代国家的承认，朝廷给予它们封号并对其庙宇修建予以资助。例如，长江之神被封为王的头衔，负有安全、救助和平抑江河之职。张端义：《贵耳集》，卷2，35a。有一份湖州地方拥有的各类较为流行的宗教庙宇名单，见韩森：*Changing Gods in Medieval China*，179—200页。

[2] 《入蜀记》，卷44，2414页；卷45，2426、2429页；卷46，2437页；卷47，2444、2449页；卷48，2454、2456页。

[3] 《入蜀记》，卷47，2450页。

[4] 方勺：《泊宅编》，卷2，83页。

[5] 《清波杂志》，卷2，3页；卷7，3页。

[6] 韩森揭示，"灵"是南宋大众宗教的明显特征。"一般民众根据灵验与否来选择神灵和僧道"，并且"神灵越受崇拜，其法术就越灵验"。韩森：*Changing Gods in Medieval China*，75、160页。

舟人共劝祷灵塔，香火未收旗脚转。

回头顷刻失长桥，却到龟山未朝饭。[1]

像宋代旅行者所评论的，这种广为流行的祈祷和献祭活动对地方经济也有很大的影响。对最普通的祭品猪肉和羊肉的需求，给地方带来了许多生意，以至于四川的一个小镇拥有的肉铺多达100多间，每年用于祭祀而宰杀的羊有5万头。相应地，对这些肉铺征收的商税成了地方官府最重要的收入来源。[2]

关于灵异事件和旅行者活动的奇闻逸事的记载中，我们也可以看到宋代一些旅行者对他们航行的水道是较为畏惧的。[3] 在这些逸闻里，据说鬼神们会向旅行者索要祭品，如果谁不给就会遭到惩罚。洪迈记录这样一起事件：3个官员赴京，途中遇到一座庙宇，船夫建议他们祭拜，他们拒绝了；这天夜里，3人做了同样的梦，梦见他们因为不遵从当地风俗向神灵献祭遭到了神灵的斥责，这位神灵责问他们："今欲航巨浸而傲我不谒，岂礼也哉？"

这位遭受冒犯的神灵的威胁话语可不是虚张声势。甚至在官员道歉认错后，神灵还是极为震怒，以至于掀起风浪将船打沉，还好他们的性命都保住了。[4]

人们甚至认为江湖神灵是人间品行的好判官。一位姓蔡的官员和他的随行者在蕲口（今湖北蕲春）遭遇风暴，乘坐的船只沉溺，蔡和他的家人紧紧抓着漂浮的木板才得以生还。据这则逸事的

55

---

[1] 《苏轼诗集》，卷6，289—291页。

[2] 《吴船录》，卷1，3a—b。

[3] 这么多人相信祭拜神灵的灵验，以至于船上跳上一条鱼都会被认为是鱼精。曾敏行：《独醒杂志》，卷5，39页。

[4] 《夷坚志》，乙，卷4，417页。

记录者说，蔡能死里逃生是因为这条江河的神灵以宽恕清官而出名。[1] 对于经常面对大风和江河的现实威胁的旅行者来说，这个故事的寓意再清楚不过了：既然河神会保佑清官，那么清官们自然就应积极行善、勤勉为民了。当然，这类故事也会被类似事故的幸存者篡改为乃是因为他们的道德高尚才使他们得以生还。由于从致命的风暴中幸存下来，蔡自然就成了一位官德模范。

这类故事的流传说明，精英旅行者们因长途旅行和应对江河上的危险情况而感到疲倦时，现实和想象中的力量激起了他们意识中的某种渴望。[2] 除了祈祷和献祭，他们也给神灵附上一些符合他们兴趣和爱好的特征。据洪迈的说法，刚被解职的官员想要渡过长江，7 天之内会被大风所阻止。他的一位船夫经历过这类情况。一次这位船夫建议过江的官员向江神祭拜，满足其需求。官员想要过江，于是献上砚台、虎帐，都不起效。这时有人告诉他，江神想要一把著名书法家题写唐诗的扇子，官员认为这很荒唐，当他最终把扇子投入江中，风马上就停止了。[3] 和其他逸事中的河神只是作为索要祭物和进行道德判决者的形象不一样，这个故事里神灵的爱好品味和贪欲与士大夫一样。当宋代精英旅行者们冒险到一个陌生地方并遭遇未知的神灵时，他们有充分的理由欢迎那些有可能对他们友好的未知力量，甚至以自己的兴趣爱好来想象这类力量。

---

[1] 《夷坚志》，之五，卷 4，2073 页。

[2] 地方官任职期间要处理多起类似事件。见鲍菊隐（Judith Boltz）："Not By the Seal of Office Alone: New Weapons in Battles with the Supernatural"，241—305 页。

[3] 余嘦：《宋人小说类编》，3，笑谈，7b—8a。

陆路旅行

> 行衡永间，路中皆小丘阜，道径粗恶，非坚坡即乱石砌处。
> 又泥淖，虽好晴旬余，犹未干，跬步防踬，吏卒呻吟相闻。大   56
> 抵湘中率不治道。[1]

显然，范成大对 1173 年初湖南路况并不是很重视。尽管宋代（特别是南宋）水路交通的重要性日益提升，陆上交通一直是交通系统的重要组成部分。像宋代交通系统图所显示的，在这个国家的部分地方陆上旅行是不可替代的选择，而在其他地方，陆上道路的使用要比江河航运有效，甚至在那些使用水路最便捷的地方，陆路仍然是官府和私人出行的基本方式。例如，从白杨到鄂州（都在今湖北），沿着弯曲的河道要航行 30 里，陆路只有 10 里。同样地，从万州（在今重庆）到成都（在今四川），走陆路不到 20 天，走水路则不止 20 天。[2]

宋代旅行者有个有趣的特点：他们抱怨水路航行条件不好，都归因于自然的力量；而他们对在官道上旅行的抱怨——例如范在上面所提到的——经常是很直接地认为地方官府对道路的维护负有责任。更重要的是，他们描述陆路系统所用的严厉词语更多地与官府道路所承担的特殊用途有关：宋代作家在谈论他们的职业生涯时总是用到一个术语"官路"，他们对官路是很有感情的。官道上常见的路标不仅被视作旅行者仕途追求上的隐喻，而且也强烈地暗示了旅

---

[1] 范成大：《骖鸾录》，卷 1，19a；何瞻：*On the Road in Twelfth Century China*，198—199 页。范还写了一首诗补充到其旅行日记的条目里。诗里把这路描述成很脏、碎石很多，以至于脚踝都被泥水淹没了，甚至脚踩着碎石都受了伤。

[2] 《入蜀记》，卷 46，2440 页；卷 47，2446、2448 页；《吴船录》，卷 2，5a—b。

行者在旅途和仕途上所遭遇到的艰难。"倦游"虽然不是一个新词，但士大夫们发现自己为追求科举和仕途的成功而不断竞争时，这个词已经成为宋代文学的一个标准表述。

陆上交通系统

对有效发挥作用的陆路交通网络进行维护一直是历代中国政权关心的一个主要问题。最近的研究显示，早在周代，政府就已花费大量的心思去确定京城的选址，最常选择的是那些可以和各地进行联系的地方。[1] 早在秦代就进行了全国性的路网基础工程建设[2]，随着京城咸阳（在今陕西）成为路网的连接点，秦代道路系统地把被征服的六国和其他地区连接在了一起。[3] 路的宽度据说有 50 步，沿途每隔 30 英尺种一棵树。[4] 汉代继续秦朝的路网基础结构的建设，但其发展速度更快，路网一直扩展到西北、西南、南方等边疆地区。[5] 到了唐代，官道以京城长安为中心向 6 个方向扩展，从曾

57

---

[1] 李峰（Feng Li）: *Landscape and Power in Early China*，35—40、60—62 页。

[2] 有关先秦时期路网的简要介绍，见席龙飞等：《中国科学技术史》，574—585 页。

[3] 秦代的一个主要成就，就是统一了车辆的轴距，这反映了他们有意维护陆上交通路网。因为道路是用碎土所修造，车辆轴距不一，很快就会损毁道路，特别是在雨天。日本德川幕府时期（1603—1868 年）也有同样的问题，幕府担心官道难以维护，于是就禁止车辆通行。Constantine Vaporis, *Breaking Barriers*, 45 页。好几代中国政治家们都知晓修造和维护道路系统所花费的人力成本。王安石曾写道："想当治道时，劳者尸如丘。"王安石：《王安石全集》，《诗集》，卷 13，78 页。

[4] 《汉书》，卷 51，1101—1102 页。

[5] 范晔：《后汉书》，卷 76，2459 页。见席龙飞等：《中国科学技术史》，586—602 页有秦汉道路系统地图。伊佩霞："Social and Economic History of Later Han"，613—615 页。劳幹：《论汉代之陆运与水运》，69—71 页，该书也提供了许多自汉代起道路交通基础设施的详细信息。

78   行万里路：宋代的旅行与文化

经成为京城数十年的洛阳向 5 个方向扩展，距离达到 5 万里。[1] 整个唐代，路网主干道的路况一直保持得相当好。一位日本和尚圆仁 9 世纪中叶时游历了中国的东部，从未对路况有所抱怨，也没有提及过相关的安全问题。[2]

宋朝最初接收了唐代的道路系统，并没有进行大的修整。北宋期间，长安还保持着重要中心的位置，以至于从京城往西或西南去的旅行者在他们启程去往目的地之前都要绕道去长安[3]，但是，国家政治中心从长安迁往开封改变了宋代路网的基本形状。许多州府，特别是位于今河北、河南和山西的州，直接和开封相连。另外，在整个两宋时期，地缘政治因素对陆上交通系统的建造和维护产生了极大的影响。由于在宋与辽、西夏的军事冲突中所具有的战略地位，通往北方和西部地区的诸如河间（在今河北）、正定（在今河北）、太原（在今山西）和延安（在今陕西）等府的道路变得越来越重要。结果，华北各地的城镇相互间的联系比唐代时期更密切。

宋代陆上交通系统的结构包括 6 条主要道路，到北宋末年总长约 85000 到 90000 里，比之唐代扩展的幅度相当大。向西，它连接长安、凤翔（在今陕西）、兰州（在今甘肃）和西宁（在今青海）。京城北面地区的路网把开封和河北边疆地区以及辽国的南京连接起来。向东，道路系统延伸到了山东半岛的青州（在今山东）和登州（今山东蓬莱）。往东南，它跨越今天的 6 个省份（河南、安徽、江苏、浙江、江西和福建），终点到达福州、泉州和漳州（皆在今福建）。从开封往远南地区的广州（在今广东）的道路延绵 2100 里，

---

[1]　席龙飞等：《中国科学技术史》，610—614 页。

[2]　有关唐代道路和旅游情况的更多信息，见赖世和（Edwin Reischauer）：*Ennin's Travels in T'ang China*，138—152 页。

[3]　见白寿彝：《中国交通史》，90 页。

而往西南成都（在今四川）的路程则达3400里。[1]

　　一般而言，北宋的道路工程修建比南宋的更频繁。北宋初年尤其如此，此时的新政权正努力克服自晚唐和五代十国以来的混乱局面所造成的疏忽和破坏。有另外两个理由使北宋时期的陆上路网的地位更加重要：首先，由于宋朝时常要应对与北方和西北邻国的军事冲突，路网的战略重要性更加突出；其次，北宋新京城的位置意味着中国中北部的道路会更加繁忙。南宋时期发达的水路交通以及南方新都城的设立使陆上旅行的重要性降低，但持续的军事对峙迫使南宋政府扩大其在淮河西边和西北边的防卫体系。因此，修建了连接襄阳（在今湖北）和兴元（今陕西南郑）的主干道工程，据说四川也进行了同样的新路建设。

　　宋代官府文书和文人的作品把路网称作官道（或官路），并提到道路沿途中不断进行的各种美化道路的举措。中央和地方官府都认为植树是道路系统的重要组成部分，这些树木种植的目的部分是为行人遮阴蔽日，另外的目的是提供官府使用的木材。[2]似乎地方官府很乐于接受这项政策。据说有位县官在道路边种植了一万棵松树，为行人遮蔽烈日。[3]范成大的游记也记载，从京城远至桂林的路上都"夹道高枫古柳"，恰"如安肃（今河北徐水）故疆及燕山外城（靠近今北京）"。[4]

　　除了树，用碎土做的里程数柱子，被称为"堠"或"里堠"，也很常见。这些堠不但是距离里程的标志，也是两个行政区划单位之

---

[1] 彭瀛添：《两宋的邮驿制度》，111—220页。

[2] 《宋会要辑稿》，方域，卷10，1b—2b。

[3] 吴曾：《能改斋漫录》，卷11，268页。

[4] 范成大：《骖鸾录》，卷1，22b—23a；何瞻：*On the Road in Twelfth Century China*，203页。

间的边界标志。[1]汉代资料提到过粮食、驿站、客栈的分布情况，对道路沿途的里程标志却没有提及，而到了唐代，里程标志已经很常见了。日本旅行者圆仁，9世纪时游历了大部分地区，他有如下记述：

> 行五里立一堠子，行十里立二堠子。筑土堆，四角上狭下阔，高四尺或五尺不定，曰唤之为里隔柱。[2]

宋朝继续在道路上每隔五里或十里设立里程标柱。每个里程柱通常刻着地名、与相邻各个方向的行政区域的距离以及设立柱子的日期。宋代文献很少提到这些标柱的形状，但几乎没有理由相信它们与唐代类似物品有什么明显不同。

由于里程标柱系统是计算旅行距离的可靠资料，因此对沿途标柱上数字的篡改有可能让旅行者迷惑。有一则逸事说，北宋政治家寇準（961—1023）曾前往道州（今湖南道县）旅行，他被贬谪到那儿。湖南当地人相信寇的敌人将派军队来追杀寇，于是他们每五里移走一个里程标柱，这样追杀的士兵走了十里就会认为才走了五里。这个故事的记录者解释说，这就是为什么湖南的里程标柱和其他地区不一样，每十里才设一个柱的原因。[3]一些里程标柱是用石头而不是用土做的，其目的是为了公布官方的有关规定。湖南有这样一块刻字的石柱：

---

[1] 关于内陆和边疆"堠"的研究，见彭瀛添：《两宋的邮驿制度》，111—220页；曹家齐：《关于南宋斥堠铺、摆铺的几个问题》，19—26页。

[2] 圆仁：《入唐求法巡礼行记》，68页；英译见赖世和：*Ennin's Travels in T'ang China*，143页。

[3] 《独醒杂志》，卷2，16页。

[当行人两者在路上相遇时，] 贱避贵，少避长，轻避重，去避来。[1]

县官命令把石柱竖立在县内各地，上面的柱子就是其中之一，柱子文字要求行人出于礼貌要给对方让路，当然要依据双方的官阶。制定并公布这样一个规定的事实揭示了官道，特别是大路交通的繁忙程度。不同的官员旅行者在路上相遇互相询问官阶并给高官者让路的情形说明了在旅途中旅行者地位的重要性，相关问题我们会在第四章进行讨论。

宋代精英旅行者们对里程标志如此的熟悉，以至于他们可以在
61 文学作品中描绘出更多的距离刻度和相关信息，和这些事物有关的作品经常描写里程柱所在之地与旅行者对其远离家庭或从政坛高位跌落的情感反应之间的关联性。有这样一则逸事，说的是一位前宰相在被贬谪往南方的路上，每经过一个里程标柱都题了同样一首诗：

我是里堠，奉白子厚。山陵归后，专此奉候。[2]

在表达诗人希望尽快恢复原职的愿望方面，这首诗与诗人在贬谪之路上的其他作品的差别不是很大。该诗的特别之处是把里程柱比拟为旅行者旅途和心声的见证人，显然这些柱子对他们充满了同情。实际上，宋代的精英旅行者总把里程标柱和无尽的旅行生活联系在一起。对那些踏上归乡之路的官员来说，这些标柱证实了他们

[1] 陆增祥：《八琼室金石补正》，卷 121，24a—26b。
[2] 陆游：《家事旧闻》，卷 2，204 页。

在离乡多年后越靠近家乡越急切的心情；而对于那些远离家人和朋友的人来说，遇到这样一个标柱经常会引发他们对自己的职业、走过的旅程以及经历过的艰辛和失落等复杂情感。范成大曾经写道："墙上浮图路旁堠，送人南北管离愁。"[1]杨万里的诗中也隐含着一种内疚之情：

> 莫欺山堠子，知我入江东。[2]

杨和范是试图通过把里程标柱描绘为给旅行者寻求安宁的方式来减轻因公务而带来的痛苦，而其他人对这些土制建筑的观察才是较为客观的。一位姓吴的官员写了一首广为流传的诗，把里程标柱比拟为人格化的中立的旁观者："行客往来浑望我，我于行客本无心。"[3]

陆游擅长描写官员旅行途中的艰辛，他经常把里程标柱作为主题插入其作品中。在"果州驿"中，他表达了与杨万里和范成大类似的情感，"驿前官路堠累累，叹息何时送我归"[4]，但陆也显示了他自嘲幽默的一面。在一段对话中，他以一位旅行者嘲笑里程标柱的口吻写道：

> 道边相送驿边迎，水隔山遮似有情。岁晚无聊莫相笑，君方雨立我泥行。[5]

---

[1] 《范石湖集》，卷2，35页。
[2] 《诚斋集》，卷13，16a—b。
[3] 《墨庄漫录》，卷1，10a。
[4] 《剑南诗稿》，卷3，70页。
[5] 《剑南诗稿》，卷3，81页。

不论被描述的里程标柱是否具有人一样的情感，对这些路边伴侣的文学描写有助于把旅行者的感受转达给官府。宋代旅行者就像评价他们在获取功名和仕途追求上所付出的代价一样，一路上也用同样的视角和目标来描述他们生活和职业上的困境。他们每天需要克服的心理负担和路途的坎坷使他们产生了如此强烈的情感，这毫不奇怪，是可以理解的。

路况和抱怨

和以前一样，宋代的地方官在驻扎于驿站的乡官和士兵的协助下，负责道路的维护。[1]一个地区道路系统的质量严重依赖于地方的财政状况和管理者的能力。[2]进行长期维护特别困难的一个因素是地方官频繁调动，一项道路工程要花一或两个季节才能完成；这就意味着工程的完成要受不止一个地方官员的监管，从而使工程的质量和进度难以预料。[3]另一个使我们难以理解宋代路况的因素是，宋代文学作品、地方史和官府文书等文献中关于学校的修葺、官衙的建造以及桥梁的修整等的资料很丰富，而对于道路修建很少能提供详细的记录。我们对道路施工方面的有限信息一般只涉及自然资源和人力资源的花费。在一首名为"慎县（在今安徽）修路者"的

---

[1] 《宋会要辑稿》，方域，卷10，1a—3b，4b。

[2] 《宋会要辑稿》，方域，卷10，10a—b。有关路况和地方官对道路的修复，也见伊懋可：*The Pattern of Chinese Past*，131—133页；马伯良：*Village and Bureaucracy in Southern Sung China*，68页。

[3] 例如，12世纪50年代连接凤州（陕西凤翔）和兴州的一条道路，涉及两个管财政的负责官员。第二任负责官员在工程接近完工时，会很谦虚地把功劳归功于前任，甚至要上报朝廷要求提拔其前任。《全宋文》，卷661，111—112页。

诗里，王安石写道："畚筑今三岁，康庄始一修。"[1] 考虑到这一类工程需要各方的协调，王的描述可能是真实的，但劳动力的大量使用在地方官的成本估算中与占用的工程时间具有一样的重要性。向朝廷上报的奏疏中，他们通常强调很关心修路给当地百姓和驿站士兵带来的人力和财政负担。[2] 在奏疏中我们了解到，从 1057 年开始，连接凤州和兴州（都在今陕西）的道路有 51 里长，500 多个劳工花了整整一年才修好。[3] 这份奏疏也揭示，相比于老路，新路更加安全，并且缩短了 33 里。于是老路上的一个驿站就要被裁撤掉，当地官府因此可以少供养 156 个驿站士兵和相应的马匹，这相当于省下了 5000 石粮食、1 万捆干草和 30 多个劳力。[4]

道路维护可能存在的艰难并没有阻止大多数地方官府履行他们的职责，因为路况是其上司关心的第一要务，而且他们的同僚在旅行中也会对路况有所议论。糟糕的道路施工说明了地方管理水平的低下。范成大概括性地描述了湖南糟糕的路况，然后煞费苦心地批评负责道路维护的地方官：

> 不知何人治道，乃乱置块石，皆刓面坚滑，舆夫行泥中，则浆深汩没，行石上则不可着脚，跬步艰棘，不胜其劳。[5]

在一个类似的例子中，范比较了江西两座桥的状况，然后评述道，只要跨过桥进入某个辖区，就能看出这个辖区官员的

---

[1] 《王安石诗集》，卷 16，97 页。

[2] 《宋会要辑稿》，方域，卷 1，1b。

[3] 《全宋文》，卷 661，111—112。

[4] 《全宋文》，卷 661，111—112。

[5] 范成大：《骖鸾录》，卷 1，15a；何瞻：*On the Road in Twelfth Century China*，194—195 页。

管理能力。[1]

　　由于大多数道路都是碎土所造，因此多数的道路损毁似乎都被归咎于暴雨。[2]在一份要求立即修复京城开封以北各县道路的奏章中，北宋官员首先抱怨："多有积水冲注道路，五七步到百十步，泥淖沮洳。往来车马阻滞甚多。"奏章还告诉我们，该官员没有更多地埋怨路况，而是批评那些该为此负责的人及官府的政策，"是致因循64如此"，因为"盖由官司拘文，非时不敢辄差人夫"。他引用了一句俗语，"九月除道，十月成梁"，然后进一步指出：

　　　　近制秋夏税赋输纳之际，亦常举行治道路、修桥梁之令，此皆民事之先急，当官者宜为之预虑也。[3]

　　这份奏章证实，尽管对道路修复一直有相应的政策规定，道路上的坑洼泥淖还是屡见不鲜，而且官府的政策规定，修路施工只准许在一年中的某个时间进行。由于道路系统在维持交通、通信和转运财税收入中具有重要作用，这促使奏章的作者请求朝廷下令开封府的地方官去"检视道路"，"应有水积泥淖阻滞处，并许量事差遣人夫如法修叠"，他进一步指出："须令高广，使往来者两不相妨。"这说明，不但交通拥堵是个问题，路基也受到了注意，官府要求修造的路基得高于地平面，以便防止下雨天积水。

　　如果靠近京城的地区都要忍受质量糟糕的道路，我们似乎就有理由推断，南方地区的大雨有可能产生更为严重的问题。张孝祥在湖南行走半个月都没有遇到一个晴天，对路况多有抱怨，然后他写

---

[1] 《范石湖集》，卷13，163页。

[2] 《宋会要辑稿》，方域，卷10，2a、2b、5a。

[3] 《全宋文》，卷1321，49页。

道："客行苦淫潦，道路渺不分。十步九掀淖，眷言仆夫勤。"[1] 为解决这个司空见惯的问题，官府下令在路边开挖沟渠，以便排除积水，但是这项政策实施的效果到底如何我们并不清楚。[2]

范成大的《骖鸾录》给我们提供了有关中国南方地区路况的最系统性的观察记录，该书写于 1173 年他从家乡苏州前往桂林的旅途中。范对南方地区的路况评价比较低，他认为道路缺少适当的维护以及暴雨是路况差的罪魁祸首，他还经常提到浙江、江西和湖南地区的泥泞道路使旅行变得很痛苦。关于在浙江的经历，他写道："三日晴泥尚没靴，几将风雨过年华。"[3] 在江西，范同样抱怨道："自离宜春，连日大雨，道上淖泥之浆如油。"[4] 他最生动的描述是其一首题目很长的诗，其诗名为《自冬徂春，道中多雨，至临江（今江西清江）、宜春（在今江西）之间特甚，遂做苦语》，诗中描写了与他同行的人"略似鸭与猪，汩没泥水阑"，当这群人最后进入山区时，终于如释重负。如范所言，这些人在泥泞没过马鞍的泥沼中前行非常疲惫，以至出了泥泞走在崎岖的山路也不觉得石子扎脚了。[5]

但有时范和他的随从也因一段高质量的道路而留下深刻印象。他们在浙江南部发现一条官道是"砖街"，一行人的行走"无复泥涂之忧"，大家都很惊喜。经了解，这条高质量的路不是地方官所造，而是当地两户人家的杰作。范写道：

65

---

[1] 《于湖居士文集》，卷 4，44 页。

[2] 《宋会要辑稿》，方域，卷 10，1—3 页。

[3] 《范石湖集》，卷 13,165 页。范还有类似的一句诗："门外泥深蘸马鞍"，卷 5,61 页。

[4] 范成大：《骖鸾录》，卷 1，15a；何瞻：*On the Road in Twelfth Century China*，194—195。

[5] 《范石湖集》，卷 13，162、165、169、170 页。

异时，两州各有一富人作姻家，欲便往来，共甃此路。[1]

据推测路网的维护是地方官的职责，因此很难估算地方精英参与工程建设的程度有多深，他们可能不只是偶尔地参与和资助工程。袁采（活跃于 1140—1195）在 12 世纪晚期的著作中向地方名门望族建议道：

> 乡人有纠率钱物以造桥、修路及打造渡航者，宜随力助之，不可谓舍财不见获福而不为。且如造路既成，吾之晨出暮归，仆马无疏虞，及乘舆马、过渡桥，而不至惴栗者，皆所获之福也。[2]

袁的《袁氏示范》是为富贵人家写的一本最实用的指南。该书
66 很清楚地揭示，地方精英们越来越多地参与到传统上属于地方官府职权范围的工程建设中。[3] 这种参与不仅提高了他们的声望，而且还能获得直接的经济利益。从前面所提到的那份论述凤州和兴州之间的新路建设的奏章中，我们了解到，1004 年修造的类似的一条路，由于青泥岭的土豪用"花言巧语"影响了地方官，以至于现在靠近青泥岭的那段路被废弃了。奏章的作者乐雷发（1210—1271）（作者

---

[1] 《骖鸾录》，卷 1，7a—b。

[2] 袁采：《袁氏示范》，卷 3，71 页。英译见伊佩霞：*Family and Property in Sung China, Yuan Cai's Precepts for Social Life*，319 页。

[3] 关于精英参与地方事务的重要研究成果，见韩明士：*Statesmen and Gentlemen* 和柯胡：*Portrait of a Community*。林文勋和谷更有对唐宋富民家族的研究强调了这些精英在地方赈灾所扮演的角色，林文勋和谷更有：《唐宋乡村社会力量与基层控制》。张文最近对宋朝慈善活动的研究显示地方精英也很留意路桥建设工程，中国东南地区的精英特别喜欢参与桥梁和堤坝建设。张文：《宋朝民间慈善活动研究》，80—102 页。

应为雷简夫——译者注）解释道："且驿［因新路修成］废，则［由地方精英拥有的］客邸、酒垆为弃物矣。"雷简夫进一步描述道：

> 小人居尝争半分之利，或睚眦抵死。况坐要路，无有在我，迟行人一切之急，射一日十倍之资，顾肯默默邪？造作百端，理当然尔。向使愚者不怖其诞说，贤者不惑其风闻，则斯路初亦不废也。[1]

毫无疑问，袁和雷的著作告诉我们，宋代精英在道路建造和维护上具有重要作用。雷批评自私自利的青泥岭土豪影响地方官的修路路线规划，而袁则呼吁这个群体在心中要坚持自己的集体利益。对袁来说，道路维护使旅行者（也包括他的读者）免遭行路的困苦，减少了内陆旅行的艰辛。在中国南方，这显然是指泥泞之路和山路。范成大 1173 年前往桂林时，穿行在森林和山坡上的道路使得他的行程变得缓慢。他评述道：

> 数日行江西道中，林薄逼塞，蹊径欹侧。[2]

范一行走到永州（在今湖南）较为顺畅的道路时，他写道："役夫至相祝贺。"[3]

让我们暂停一会儿，把注意力转到旅行者范成大身上。范的描述反映了宋代时旅途中的真实情况吗？或者他的批评只是一种文学 67
手法？宋代作家通常使用这种手法来表达他们的"倦游"感觉。由

---

[1] 《全宋文》，卷 661，111—112 页。

[2] 《骖鸾录》，卷 1，15b；何瞻：*On the Road in Twelfth Century China*，195 页。

[3] 《骖鸾录》，卷 1，19a—b；何瞻：*On the Road in Twelfth Century China*，199 页。

于有了几次到各个不同地方的长途旅行，范确实有资格对他在各地的不同经历进行比较。像范成大这样经常感叹旅途的艰辛和无聊的旅行者，可能都会有点诗意的夸张。1175年范成大来到成都，他给朋友写了一封信：

> 成大自正月起离广西，六月七日，方入成都府……在路恰四个月以上，川陆相半，受万千辛苦艰险……成大止存四茎骨，乌皮包裹，其不仆于道途者，天也。[1]

这封信讲述了一个衣衫褴褛的旅行者克服了重重困难终于成功到达目的地。考虑到范的长途跋涉，以及克服了路途的艰辛和水路上的危险，他从桂林到成都的旅途确实是够累人的。我们可能没有怀疑过他对旅行的描述是否真实。在信中，他描述了他的两个兄弟，身体状况良好，也很适应旅途生活。即使我们忽略范的身体状况，他的描述中的夸张成分还是很明显。作为一个旅行的地方大员，范不仅享受着政府官员所获得的最大的特权，他的旅行也得到各地地方官员的照顾。他有意不提受到的盛情接待，通过把"天意"（就如他成功通过瞿塘峡）强调为他成功完成旅程的关键因素，从而为他的旅行赋予道德意义。就像在前面所提到的超自然故事里，一个正直官员在沉船事故中幸免于难一样，范的形象也从虽精疲力竭但最终成功到达目的地的叙事中浮现出来了。这样做会让人怀疑他有关南方地区路况叙述的真实性。

官道和水路系统的功能和安全性是宋代国家确保吸收受过教育的精英群体成员进入政府官员体系的至关重要的因素。中国历史上

---

[1] 孔凡礼：《范成大佚著辑存》，108页。

第一次出现成千上万的年轻学子离开自己家乡涌到学堂和科举考场，陆上和水路网络能确保和帮助他们实现仕途上的追求。尽管有许多抱怨，但几乎没有旅行者说过穿行在帝国陆路和水路的旅途阻碍了他们的追梦之旅。同样地，交通网络也使得宋朝国家能够贯彻官员必须广泛地参与旅行的朝廷政策，而这样做也不用担心地方行政会陷入混乱。

　　由于旅行所花费的大量时间，宋代精英们行走过的同样的驿路和水路都被他们视为常见风景了。作为一个实实在在的有形建筑设施，旅行者不仅在利用交通系统进行旅行时获得了丰富经验，而且他们在现实中经受的艰辛和不确定性也成了他们进入仕途的代价。陆上和水路网络也为精英们提供了大量的机会去体验和观察本国广大地域上的风土人情，同时也让他们收获了书本上无法获取的专门知识。通过这种直接体验的方式，这些旅行者们经常与他们旅行时熟悉起来的风景景观之间形成一种内在联系。似乎很自然地，宋代的旅行者们离开家人、家乡奔赴远地履职时，他们会通过"官道（仕途）"来认同自己和自己的职业。

第三章　准备起程

——公文与手续

贫不自支，食粥已逾于数月；幸非望及，弹冠忽佐于名州。 69
孰知罪戾之余，犹在怜悯之数。[1]

    1169 年冬，陆游被任命为夔州通判后写下这份文书。陆对在中国西南部任职并没有感到非常高兴，但他还是接受了这个职务并为表忠诚而上书表达自己的感激。实际上直到半年后，他才启程前去履职。

    本章集中论述和旅行相关的官府手续问题。在新官能够履职之前，宋代官员们都还要履行相应的正规程序。除了循例要上表感谢之外，按规定他们要到各个官衙报到，参加朝廷的各种仪式。只有满足了规定的各项要求，他们才能安排行程，才有资格在路途上获得官府的协助。宋代旅行者很少会怀着兴奋的心情把他们要办事情的程序写下来，但这样一些繁文缛节的程序对我们理解宋代官员旅行是非常重要的。为了成功地把成千上万的官员分派到岗位上去，就要求各个官府机构在监督现任官员的调任、罢黜以及在继任者的选择上进行紧密的合作，但是，当新任官员启程赴任时，中央和地方官府努力使他们能从旧职平稳地过渡到新职，于是这套人事任免制度也对行政体系构成了长久的挑战。结合下一章关于官府对官员旅行者的协助的论述，对旅行准备的讨论将阐明朝廷在监督和帮助官员旅行上所扮演的重要角色。此后的中华帝国官员定期轮换政策 70

---

[1]　陆游：《渭南文集》，卷 8，2038—2039 页。

一直延续着，这证明了人事管理制度的成熟。该制度的延续也表明，中央政府不同部门以及其地方上的分支机构之间进行的协调达到了很高的程度，同时也表明了他们在监管这些频繁发生的官员调动事务上的能力。

问题确实是存在的，最突出的困难可能和官僚机构的效率有关。由于缺少大多数官员被任命的具体日期、在任官员结束任期的时间以及新任官员赴任的旅行记录等系统性的资料，对官僚系统进行精确评估是非常困难的。有两个问题需要特别注意：第一，暂时停止任命和重复任命可能是不可避免的；第二，因路上的旅程所花时间是以周或月而不是以日来计，为旅程进行的准备也必须花费大量的时间。更重要的是，如后面章节所揭示的，宋代旅行者经常沉迷于路上的社会和文化活动，他们在途中实际消耗的时间几乎没能精确地反映他们所行走的道路上应该要用多少时间。

向各个官僚部门的报告

官府旅行者要想享有各种特权，出发前必须拿到有效的官府文书。现存的官方史料，如《宋史》、《宋会要辑稿》和《庆元条法事类》等并无有关旅行生活的制度性规定或记载，宋人的各类著作和选集也缺少这方面手续的详细记录。很少有旅行者抱怨制度上的冗长烦琐和混乱，这说明宋代官员们能够以相对轻松的心情应对解职和获得新任命。实际上，从年轻时候开始，他们中的大多数人已经长时间地与家人在官方旅行中相伴以及与同事交往，这必然有助于他们熟悉这些旅行程序。

一般来说，政府官员都要在其任期结束时把自己的权力象征

（最重要的是他们的官印）交给临时或长久的继任者，然后回到京城，等待下一次的新任命。实际上，高品级和低品级官员直接从旧职位被派往新职位并不罕见，像欧阳修（1049、1050、1067、1068和1069年）、王安石（1050和1058年）、洪迈（1155、1157、1170和1177年）、陆游（1165年以及1172—1179年之间几乎每年）以及范成大（1156、1175和1181年）都是如此。因生病、政治上的党争、家庭问题而导致的临时休职和停职也是在任官员在京城以外地方迁移的原因，但是因这类旅行而产生的官府文书和行程安排并不会减少。为了说明正规的旅行准备程序，笔者将以宋代京城为例进行讨论。

启程前的关键步骤之一是新任官员要向几个官府衙门报到。在吏部，他要登记和汇交本人的任命文书，包括告身和黄牒。[1]这两份文书都是在官告局监督下由书铺印制的。[2]告身确认了官员的品级，如果官员之后被任命为同一品级的官位则告身也不用重新发放。黄牒里包含有官员现任官职的信息，必须准备一式两份，一份给新官位的候任者，另一份由吏部存档，该文书确保在中央政府审核之后地方官府能承认新任官员。[3]这里需要解释一下，文书的印制需要花费数月；其印制成本不菲，都由政府支付。因此，当告身持有者急于用钱时可以把告身抵押出去。981年的一道朝廷法令禁止官员将告身用作于赔付债务，也对违反者的惩处做了具体规定：政府将没收告身文书，但不补偿违反者的损失。然后违反者别无选择，只

---

[1] 《夷坚志》，乙，卷4，417页。对那些不回京城的人来说，任命书和解职书都通过邮驿传送。《夷坚志》，丁，卷1，1804页。

[2] 显然，官员被准许自己书写文书。唐代的颜真卿（709—784）就经常这么做。他的部分告身直到宋代还存留着。《容斋随笔》，卷3，68页。

[3] 见罗文：*An Introduction to the Civil Service of Sung China*，187—189页。

能自己花钱再印制一份新的。[1]

考虑到获取这些官方文书的等候时间、文书所包含的经济价值及其在赴任中的重要性，我们可以很有把握地猜测，这些文书受到了相当高程度的重视。伪造文书和冒充官员的事是闻所未闻的。[2] 为了防止这类事件的发生，告身文书除了详细记录官衔和所担负的职责之外，还记述了官员的年龄和身体特征。[3] 另一项防止伪造文书的措施是文书中使用特殊材料，不仅是用于制作文书的丝织品是专供官府使用的，其品质和纹理——还有其造价——也要根据官员品级而有所不同。单在公元 1000 年，朝廷就发布了 4 道诏令详细规定告身文书的颜色、品质和类型。[4] 尽管很注意文书的印制过程，还是有错误出现。南宋的一位学者观察到，熟悉这些文书内容的官员经常能发现文书上的错误并要求书铺改正，但武职的候任官就很难做到这点。[5]

除了告身和黄牒，新任官员还会从吏部收到一种叫历子（或叫历纸、印历和印纸）的文书。这份文书实质上是一份由官员的直接上司（经常是地方长官）逐年填写的成绩单，到任期结束上司们就要填写好。[6] 历子内容高度程式化，它包括诸如官员任期内的户口数量的增减、他在任的主要成就以及所犯的过错；空白的地方是供

[1] 《全宋文》，卷 66，96 页。从另一项规定中我们可以看出告身的价值。1030 年发布的一项法令规定，五代时三品以上的官员的儿子和孙子可以用父祖的告身来获取保护。《全宋文》，卷 950，196 页。

[2] 北宋的一份资料记载，有告身的官员未经许可而印制告身是要被拘捕的。苏辙：《龙川别志》，下，89 页。

[3] 王明清：《挥麈录》卷 3，116—117 页。

[4] 《全宋文》，卷 216，425—426 页；卷 217，8—9 页。共使用了 5 种不同的材料，每种甚至细分到 12 个级别。

[5] 《容斋随笔》，三笔，卷 4，764 页。

[6] 见《宋史》，卷 155，3604 页；《宋会要辑稿》，职官，卷 59，4a、5a、6a；罗文：*An Introduction to the Civil Service of Sung China*，181、188—189 页。

填写补充说明的。当官员任期结束，文件档案将被封存并被送到京城——有时候由官员自己运送——作为他任职成绩评价的重要组成部分，他的下一个任命将以此为基础。[1]

随着上述文件到手，即将上路的旅行者就可以向礼部索要他任官的权威象征——官印。[2] 当然，对那些新候任官员来说，他们可以在京城拿到官印，而那些在任的官员结束任期还得把官印及时地送返京城。实际上，官印的顺利移交不是一件简单的事，通常在任官员结束任期返回京城后把官印留在了当地。[3] 因违法而被解职的官员被明确要求在接到解职法令后马上把官印交给代职者[4]，代职者然后负责报告礼部官印所在的地方[5]。结束任期的官员没能按时返回京城，其他官员旅行者就可以受托递送官印。杨万里曾经用这种方式传递过官印，由于接任者在杨被免职10日之后还没有到达，他只能待在原地，但委托另一位返回京城的旅行者把官印传递过去。[6] 有时，结束任期的官员要么等候继任者到来[7]，要么把官印装在一个可靠的盒子里，通常放置在州府官衙里[8]，然后地方长官负责将情况报告礼部[9]。南宋时期，延迟递送官印及忘记报告官印

---

[1] 《全宋文》，卷66，103；卷70，202、214页。

[2] 《庆元条法事类》，卷5，3a；关于宋代官印的参考文献见《宋史》，舆服六，3590—3594页；《梦溪笔谈》，卷1，31页；张舜民：《画墁录》，27b、29a；周必大：《二老堂杂志》，卷4，70页。也见曾广庆：《宋代官印制度略论》，52—58页。

[3] 一位官员曾这样描述他被免职的心情："吏擎双印出，便觉此身轻。"李昂英：《文溪存稿》，141页。

[4] 《庆元条法事类》，卷5，13b。

[5] 《庆元条法事类》，卷5，1b、3a、13b。

[6] 《诚斋集》，卷12，23a—b。

[7] 一位观察者描述了权力的移交仪式：把官方文书和官印呈交给继任者后，结束任期的官员退回左边。不这么做的官员会成为同僚的笑柄。《画墁录》，13a。

[8] 《庆元条法事类》，卷5，13b。

[9] 《庆元条法事类》，卷5，1b、3a。

所在而遭受的处罚与对延期递送官府文书的处罚是一样的。[1]

拿到官印后，根据其官品和职位，候任官员还可获得相应的公文用笺、砚台和一些皮制包囊。[2] 上述物品都拿到手后，候任官员就成为正式官员，并可以上路了。邮寄给他们的邮件的地址将直接根据他们所走路线写上驿站或他们目的地的名称。[3] 事实证明，预测旅行者行走的具体所在位置，特别是长途旅行中旅行者的位置，是非常困难的。陆游提到，1170 年的一次旅行中，他在京城住了好久并在途中停留了好几个城市后，到池州（今安徽池州市）时收到了"公移"，这说明官府更希望官员及时收到邮件，而不是让邮件跟着官员走。[4] 虽然如此，官员旅行者不论何时需要公文都能及时送达，中央政府这方面的能力需要政府人事系统、交通和邮驿系统以及旅行者本人等三者都要很好地配合才能实现。

上表谢恩

在循序拿到一系列文书时，还有一系列惯常仪式。新任官员要在皇宫向皇帝表示感谢（朝谢），然后在宰相的府衙向宰相表示感谢

---

[1] 《庆元条法事类》，卷 5，1a。

[2] 《庆元条法事类》，卷 5，1a—b。这些皮制包囊用于收发官府文书，但是机密程度高的公文的传送会用更为稳妥的方式。有一条史料记载说，一位官员携带机密公文时，用蜡封好公文，系在大腿内侧里。赵升：《朝野类要》，卷 3，11a；卷 4，12a。

[3] 有关邮驿制度的综合研究，见葛平德："The Courier-Transport System of the Northern Sung"，1—22 页；彭瀛添：《两宋的邮驿制度》，111—220 页；赵效宣：《宋代驿站制度》；曹家齐：《宋代交通管理制度研究》，《南宋对邮传之整饬与更张述论》，37—44 页；以及《宋代急脚递考》，87—91 页。

[4] 《入蜀记》，卷 45，2431 页。

（堂谢）。[1] 几乎所有的官员，从最高品级的到被贬谪的，都要举行这个谢恩仪式。这两个感谢仪式，要进行谒见和上谢表后才算最后完成。

相比于留存至今的大量谢表，宋代史料对谒见并没有提供更多的细节，可能是因为这类仪式太常见了，但这个高度仪式化的场景对官员奔赴地方上任和象征权力从皇帝转移到官员手上具有重要意义。[2] 我们可以想象得到新任官员们受到皇帝召见的情形，他们感谢君主的信任并表达自己会勤勉侍奉皇帝的愿望，皇帝一个个地勉励新任官员们要修身养德，体恤民生。

晋见宰相对普通官员来说同样是一个难得的机会。这些官员跟宰相府因此变得很熟悉，以至于朝廷不得不下令禁止官员非公事来访，"免妨政事"，但是规定也允许官员到宰相私宅拜访，这种拜访一直很流行。[3] 例如我们知道，宰执的府邸每天只接待固定数量的人，其他人都被拒绝。为了能顺利见到宰相，官员们有时还借助于向看门人行贿等手段。陆游的舅父，曾见过访客们行贿的丑行，从此决定以后再也不参加皇宫的召见和拜访宰相。[4] 朝廷想及时阻止腐败行为，说起来容易做起来就难了。没有正当的理由而想略过朝廷的召见这一环节是不可容忍的，最常见的不想被召见的借口是生病。朝廷的政策规定，那些在预定召见的日子生病的官员必须得到宰执和礼部的允许才可以不参加召见。吏部还会对有疑问的官员进行核查，以便确定该官员是否真的生病了以至于不能参与召见，此

[1] 赵升：《朝野类要》，卷 4，10a；在一些案例中，当官员在京城以外任职，接到新的任命时他不需要到京城参加这样的仪式。《庆元条法事类》，卷 5，17a。
[2] 有关朝廷仪式细节所代表的权力的综合性研究，参见司徒安（Angela Zito）对 18 世纪皇家祭祀的研究，司徒安：*Of Body and Brush*。
[3] 《全宋文》，卷 51，234 页。
[4] 陆游：《家事旧闻》，卷 2，222 页。

外还要查看其病情是否严重到不能赴任和履职的地步。[1]

对赴任官员的召见通常是集体召见。对试图吸引君主特别注意的旅行官员来说，这不是个很理想的见面时刻。下面这则故事将给我们介绍这个难得一见的场景中，皇帝的个性和参与召见者是如何影响召见活动的进程。有一条材料记载，在宋孝宗召见要辞别的官员前，宦官提前劝告皇帝见到长相不好看的官员不要发笑。如果官员们什么也不说，孝宗可能也不会注意到，但这时他的好奇心起来了。他扫视了众大臣，找寻那位长相丑陋的家伙。终于看到这个人了，皇帝笑了起来。为了维护帝王的尊严，皇帝匆忙结束了召见，命令那位丑官员完成规定的程序后离开宫殿。这个可怜的人还不知道发生了什么，误以为皇帝对他另眼相看。[2]考虑到宋代官僚，特别是低品级官员的数量规模，对普通官员来说，得到皇帝召见必然是极为难得的事情；但同样的事情对君主来说却是很单调乏味。例如，通常相貌特别者的出现可能会引起皇帝的注意，或者皇帝愿意和宦官一道试着使活动变得不那么无聊——出现这样的情形一点也不奇怪。

召见的同时或在这之后，新任官员会呈上谢表，这就标志着他们留居京城的结束。大量的谢表存留至今，因为这些官员所写的感谢文书不仅有给皇帝的，还有给宰相和其他曾推举过他们的高官。例如，北宋中期的胡宿（995—1067）曾给皇帝、他的上司和同僚写了55份感谢文书[3]，余靖（1000—1064）写过22份[4]。欧阳修和

[1]《庆元条法事类》，卷5，13a。

[2]《贵耳集》，卷3，56—57页。

[3]《全宋文》，卷464，155—171页；卷465，172—183页。

[4]《全宋文》，卷557，238页；卷566，9页。

苏轼在他们漫长的官宦生涯中写的谢表数量甚至更多。[1] 有时，官员还让别人替他们写谢表，北宋中期的刘邠（1022—1088）就为他的同僚写过20份这样的谢表。[2]

政治上的被贬谪者，就和常规的候任官员一样，也要呈上谢表。有3份苏轼11世纪90年代所写的关于他被贬往惠州（在今广东）和海南的谢表，强调他感谢朝廷饶他性命，自己戴罪之身不敢有什么祈求，但这3份奏章主要集中叙说他在如此危险和落后的地方旅行和流放期间所经受的艰难。[3] 关于他在海南的生活，苏轼哀叹道：

> 臣孤老无托，瘴疠交攻[4]。子孙恸哭于江边，已为死别。魑魅逢迎于海外，宁许生还。[5]

除了抱怨一番自己的个人痛苦，谢表一般来说都是高度格式化的文章。现存的这类文章的样品显示，它们一般由两到三部分构成。本章所引用的陆游的谢表，就是谢表第一部分的很好典范。在文章中，陆通过掩饰他的学问和能力来传达他的谦卑，并竭力强调他是多么了解自己配不上所要担任的职位。诸如"不才"、"愚鲁"、"乏远见"等表述时常在文章中重复运用[6]，甚至天才而多产的苏轼也

---

[1] 见《欧阳修全集》，四六集，卷1，677页；卷4，772页。苏轼的部分谢表，见《苏轼文集》，卷23，651—655、656—657、658—661页；卷24，690、704、706、707、716—719页。

[2] 《全宋文》，卷1496，57—105页。

[3] 《苏轼文集》，卷24，706—707、716—719页。

[4] 宋代作家使用"瘴"、"瘴疠"、"瘴气"来指代我们现在所知的热带、亚热带疾病，特别是疟疾。

[5] 《全宋文》，卷1865，191—192页。

[6] 比如余靖，他往桂州（今广西桂林）、潭州（今湖南湘潭）、青州（在今山东）和广州（在今广东）任职时写的谢表，都严格使用这种表述格式。《全宋文》，卷566，6—9页。

在奏章中说他因缺少写作的实践以至于砚台都沾满了灰尘。[1]谢表的第二部分通常是感谢朝廷将本人从偏远而贫困的地方提拔上来，然后称赞上面的英明和理解。第三部分作者表示保证尽忠朝廷造福百姓，这部分还包括新任官员表示努力克服艰难达成使命的愿望。

76　　这些奏章里的情感可能是真的，但表述得很刻板。得到升官，获得了一个特别满意的官职，或等候了很长时间终于获得任命等都是上表感谢的理由。奏章作者可能好多时候都有特别的理由表达感恩。苏轼写于1075年的一份奏章，除了表达谢恩和谦虚，还诚恳地表示，想要调到密州（今山东诸城）任职，原因只是为了能离他的兄弟苏辙（1039—1112，当时也在密州附近任职）近些。当皇帝满足他的愿望时，他上奏道，他将行善政，教化百姓以报答皇恩。[2]

行程安排

　　为了确保地方行政管理的延续性，新任官员安全如期地到达任所是至关重要的。一般来说，给予宋代官员旅行的时间是很充足的，然而，在有关旅行的政策中，对时间长度的限定可能是最难执行的，至少这样的情形也很难见到。延迟起程那是太常见了。旅途中的迎接、送别宴会和沿途的观光（我们将在第五章到第七章论述）广为流行，而且也花费了不少时间。旅行拖拉的另一个理由是官员候选者人数过多。为了应对"冗官"问题，朝廷经常要在现任官员结束

---

[1]　《苏轼文集》，卷23，651页。
[2]　同上。

任期之前不久就要下达新的任命了。在我们所论述的官员旅行的背景下，这就意味着新任官员会有充足的时间进行旅行准备。这些因素结合在一起，要对旅行前准备和旅行期间进行准确的评述就变得极度困难。

北宋初年开始，政府就一直重申有关旅行时间的政策规定。1011 年颁布的一道诏书清楚地规定，被免职和重新任命的地方官"令即离任"，未处理完的公务留给临时代理的官员来处理。[1] 1023 年发布的另一道诏令，规定新任官员要在其被任命后的两个月内到任 [2]，而新任官员赴任要行走的路程也都被考虑进去了。1007 年朝廷的一道诏书特地规定，允许往广南（今南方的广东和广西）赴任的新官员在大约 3 个月的时间内到任。这项诏令进一步说明：

> 海隅之地，炎瘴实繁，方赖众官，往司民政。如闻暑月，　77
> 冒涉长途，或遘沉疴，岂忘矜恤？自今广南官并春夏季内定差，
> 许至秋冬到任。[3]

这说明皇帝和中央政府是很照顾旅行者的福利，诏令进一步揭示了两件事：第一，在正常情况下，即使是从开封前往南方的广东和广西都要不了 3 个月时间；第二，延期起程和行程拖拉意味着不仅是人力的损耗，对地方行政管理的正常运转造成了长时间的干扰，而且也对船只、住宿、招待等方面花费更多的政府资源。延迟就职和借口不按时到任是要依法受到惩处。在延期赴任的借口中，

---

[1] 《全宋文》，卷 240，93 页。
[2] 《全宋文》，卷 945，69 页。
[3] 《全宋文》，卷 229，282 页。

生病肯定是非常普遍的，以至于朝廷需要就此专门颁布诏令；1014年朝廷规定："……文武官……在道属疾者，所至遣官验视，给公据……"当旅行者到任时，他们要把因病治疗而延期的证明转交给上司。[1]

为了限定旅行时间以及限制官员旅行时对官府资源的使用，朝廷出台了极其严格的措施。11世纪初就发布一项规定，凡在四川、广东、广西和福建任职的官员不能因父母亡故而回家奔丧。如果不增加从西南和偏远的南方地区前往官员家乡的旅途上的时间和经费支出，就会很难招到人往那些偏远地区任职。[2]

尽管这些特殊规定是为了限制旅行时间，但是旅行者在路途上的逗留还是值得关注的问题。直到南宋，问题变得很严重，以至于周辉（1126—1198）要怀着思旧之情回顾北宋的情形。他写道：

78
> 旧制：凡罢官，三月不赴部选集者有罚。辉见耆旧云："承平时，州县多阙官。得替还乡，未及息肩，已竭蹶入京，授见次，即趣赴上。一季、半年，已为远阙。到国门，即入朝集院，支俸，差剩员，破官马，事事安便，与今异矣。"[3]

周辉描述了官员旅行者匆匆进出京城的情形，他把北宋描绘为一个朝廷政策得到严格而有效执行的时代。周强调他的北宋先辈们并不只是因为害怕惩罚才匆忙上路，而是因为他们有向京城汇报情况的积极性，这样他们才能很快地得到下一个新任命。这与政府职

---

[1] 《全宋文》，卷248，257—258页。

[2] 不久之后，又决定，由于四川不是太偏远，那里的官员可以回家奔父（母）丧。《燕翼诒谋录》，卷1，9页。

[3] 《清波杂志》，卷1，26—27页。

106   行万里路：宋代的旅行与文化

位的供需平衡有直接关系。他们愿意"不息肩"（"息肩"这个词大概有不必肩挑行李的意思，实际上官员本来就不用自己肩挑行李）也是因为为旅行官员服务的系统给他们的旅行提供了便利。周的言下之意是说，随着士大夫们对朝廷规章的态度逐渐变化，南宋的整个官员任命和轮换体系已经变得有些不正常了。

周所认为的曾经便捷而高效的时期即便存在过，那也是很短暂的。北宋建立之后的几十年，冗官的数量使得官员调任的过程变得极为缓慢，在任官员卸任要等候几个月甚至几年已不鲜见。[1]另一个缺乏效率的迹象是担任闲职的人数越来越多，闲职先前是给予高官的一种荣誉性头衔，从11世纪晚期开始朝廷授予闲职的人数就不断增加。到了南宋，国家实力削弱，国土面积只有原来的三分之二时，情况变得更糟。[2]官员供过于求对地方行政管理的全面影响需要做进一步的研究。周认为，漫长的等候任职时间至少是部分地损害了士大夫的士气。他这个看法揭示了问题所在，换句话说，预料到在京城要等候很长时间以及等候期间的实际花销，在任官员们就不会特别积极地想返回京城等待下一个新的任命，新任官员们也不总是立刻开始他们的行程。想到漫长等待的每一个步骤，人员大大超编的官员队伍的士气因此而受到打击，其效率也受到了更大的影响。

上述问题在南宋关于旅行时间限制的政策中也有所体现。12世纪末编撰的《庆元条法事类》没有提到陆上旅行中马和车的使用，　79

---

[1] 1040年代，甚至有一个州拥有三个朝廷任命的长官的情况。《齐东野语》，卷8，13b—14a。

[2] 《宋史》，卷170，4080—4082页。宋代的冗官现象还衍生出了许多其他问题。见沈青松：《北宋文人与党争》，特别是1—12页；刘立夫：《论宋代冗官之成因》，44—48页；文畅平：《宋代冗官现象的形成及其原因》，62—64页；祖慧：《宋代冗吏溢员问题研究》，92—100页。

而是集中介绍了船舶的预定和行程的安排，它揭示了这个时期水路旅行居于主导地位。更重要的是，相比于他们的北宋同行，南宋官员旅行者获得了更多的时间去准备和奔赴目的地。例如即将上路的旅行者在计划出发日期前 30 天就要预定船只了，定好船 10 天之后就可以出发了。[1] 如果 10 天时间不够做长途旅行的准备，还可以有宽限期，从 30 天（限于任职地较近的）到 60 天（限于任职地在四川、广东、广西和福建的）。[2] 一旦出发，大多数官员有一年的期限向京城或其所属官衙报告情况。来去广东、广西和福建的官员还可以增加 3 个月时间。[3] 这些规定说明，旅行时间期限的宽裕主要是根据距离的远近来确定的；如果考虑到给予旅行准备的宽限期，情况特别如此。上述时间限期在南宋初年规定得尤其宽松，由于军事行动和道路阻隔，无法前行的官员甚至被允许可以在 3 年内去赴任。[4]

上述这些政策也规定了对违反者的处罚措施。延迟向京城或上司报告者会面临罚薪的处罚；而且，超期到达者在个人政绩评价时会处于不利地位。[5] 在其他事例里，无正当理由延迟起程或未向吏部和宰执报告而超过宽限期者面临着从鞭笞到监禁一年的处罚。[6]官员旅行者不但要因违反规定而受罚；在地方上，知州和通判也必须向吏部汇报新任官员没能及时到任的情况。这些监督者提交报告也必须在规定的期限内，例如旅行距离达到 1000 里的，报告必须在3 个月内送达京城。[7]

---

[1] 《庆元条法事类》，卷 11，19a。
[2] 《庆元条法事类》，卷 5，10b。到福建的旅行后来也宽限到 30 天。《庆元条法事类》，卷 5，11a。
[3] 《庆元条法事类》，卷 5，14a。
[4] 《老学庵笔记》，卷 6，81 页。
[5] 《庆元条法事类》，卷 5，14a。
[6] 《庆元条法事类》，卷 5，9b—10b、12a。
[7] 《庆元条法事类》，卷 5，12b。

有人可能以为，官府旅行者因十分害怕字面上规定严格的政策和惩罚措施而匆匆赶往他们的任职目的地，但是现有史料对这个假设并不能提供强力支持。仅有少数几个事例证明，政府官员因违反旅行规定而受到惩处，只是，官员们因此而受罚的似乎不是很多。陆游和范成大 12 世纪 70 年代的旅行日记就记载得很清楚，两人都尽可能地在沿途的大城小镇逗留，在各处都受到了朋友和同行的招待。陆游很享受如此轻松悠闲的旅程，以至于用了 42 天时间才来到离他的家乡仅 800 里远的金陵——这座位于帝国最便捷的水路上的城市。如果他不在途中过多地停留，用不了几天就能走完这段距离，接着他又用了半个月重访了他所喜爱的金陵名胜。[1]

　　1172 年和 1173 年范成大从家乡苏州前往桂林的旅途也同样轻松。他只是偶尔担心过自己的行程安排，于是决定不再游览离主干道约有 25 里远的有名的武康（今浙江德清）梅花。[2] 除此之外，范的《骖鸾录》充斥着有关他游览名胜、会见官员和朋友的记录。5 年后，他又用了 4 个多月时间从成都返回到苏州，他的归途行程因较长时间地逗留在峨眉山、归州（今湖北秭归）、武昌（在今湖北）和金陵而不时被打断。显然他的归途有三分之一是很悠闲的，尽管是顺流而下，范成大竟然用了两个月的时间才到达现在的湖北地区。[3]

　　陆游和范成大在路上用的时间都差不多，都在一年的时间期限内完成了旅程。这说明宋代政府的政策很重视诸如糟糕的天气、水

---

[1] 《入蜀记》，卷 43—44，2406—2423 页。

[2] 《骖鸾录》，卷 1，3b—4b。范写道："闻自此过武康才二十五里，道间有梅花村，以千万计。客行有程不得住。"

[3] 另一位南宋学者张孝祥甚至走得更慢。张特地把其旅程安排为从九江（在今江西）到池阳（今安徽池州），一段不到 200 英里的距离，走了 30 天。因为他打算要去游览庐山。《于湖居士文集》，卷 7，64 页。

陆条件、各种延期情况，以及观光和交友所花的时间等因素，但人事体系实际上可能也考虑到这些因素。每当在任官员完成任期，要进行两段旅程：一段是离任返回京城，另一段是离京上任。如果我们考虑到一个官员可能会为家事而请假的各种原因——最重要的是服父（母）和祖父（母）丧期，官府在与离开官衙的官员保持联系上就面临着巨大的后勤保障压力；如果不降低旅行的保障条件，官府根本没法满足这类旅行需求。另外，合格的官员候选者的供过于求以及候任者人数的过多等因素使人很难知晓地方上官员交接过程会是什么样。一个官员等候一个职位平均要多长时间？在现任官职任期结束后有多少人选择返回家乡？因某种原因而留在京城会缩短获得新官位的过程吗？当一个官员获得任命时，是否意味着这个官位确实是空缺的或者该位置急切地需要人来履职？这些问题的答案都可能会影响新任官员按时起程旅行的积极性。

81

　　洪迈的经历很清楚地说明了官员任命的复杂性和旅行安排的不可预测性。1145 年洪迈中进士后，首先在京城任职。因涉嫌卷入其父洪皓（1088—1155）的谋逆案，洪迈被调出京城。朝廷指派他为福州州学的教授，要求 1145 年 11 月到任。然而洪并没有前往福州，而是返回家乡侍奉父亲，在家待了一年。1147 年其父被贬谪，他随父前往虔州（今江西赣州），接着又到了英州（今广东英德）。直到 1148 年 11 月，他都没有前往福州上任，此时离他获得正式任命已经整整 3 年了。[1]

　　我们可能再也没法确切地知道是什么阻止了洪迈在获得任命后

---

[1] 王德毅：《洪容斋先生年谱》，415—419 页。除了王德毅的洪迈生平研究，Alister Inglis 对洪迈《夷坚志》的研究专著里，导论部分对洪的生平有专门介绍。见 Inglis: *Hong Mai's Record of the Listener and Its Song Dynasty Context*，1—20 页；也见张复蕊："（Biography of）Hong Mai"，364—378 页。

去赴任。教授虽然声望不是特别高，对新晋的进士来说也是一个比较体面的官位，而且他任职的地方福州，也是新任官员最为向往的地方之一。有一种解释是，洪被任命那个官位时，可能已经有另一个人在那上任了。相比于洪迈，范成大赴任前做了更多的准备，也没有受到什么大的阻碍。1167 年 12 月范收到了处州（今浙江丽水）知州的任命，直到次年的 8 月才赴任。范在那待的时间很短——他不久被召到京城，1170 年作为特使被派往金国。然后 1172 年 8 月朝廷命他前往桂林任知府，直到 12 月他才登船赴任，1173 年的 3 月才正式到任。与洪迈的仕途生涯形成鲜明对比的是，范的官位转换速度还是相对较快，但是，我们不可能准确地评估两人之间的官位转换时间。

对官方旅行的制度性规定都很仪式化，无疑也有点烦琐，但却是宋代政治制度的基石。这套规定的结构设计精良，它规定了官员旅行者的地位，要求他们必须服从国家的安排。官员旅行者们只有在参加了初步的仪式，拿到了权力象征物之后，才彻底地成为皇家忠实的仆役，但是必须要在人事管理制度、官僚队伍的士气和旅行基础设施的条件等因素都能处于正常状态，并且相互结合在一起，才能使这些规定发挥作用。大体上说，旅行准备中的有关礼仪规范和政策规定给了旅行者相当大的灵活性，以至于很少有官员会急匆匆地前往任所赴任，而且，当官员上路后，他们还可以享受中央和地方官府提供的各种旅行好处。官府所给予的帮助形式和便利措施是下一章论述的重点。

82

第四章　政府对官员旅行的帮助

——挑担军人、交通工具和住宿

赵阅道（名抃，1008—1084）为成都转运使，出行部内。唯携一琴一鹤，坐则看鹤鼓琴。尝过青城山，遇雪，舍于逆旅。逆旅之人不知其使者也，或慢狎之。公颓然鼓琴不问。[1]

我们可能没法知晓这个故事的真实性。故事显然是要褒扬赵抃这位高官，因为他在巡视的路上保持了谦卑的态度。沈括发现这则逸事很有趣，而逆旅中的房客们都没有发现赵的真实身份，这似乎说明官员有相当的勇气敢于微服旅行是很不寻常的。其他宋代学者也持同样的观点。《夷坚志》里的一则故事告诉我们，一位远离家乡在外任职的官员曾梦见自己的父亲去世了，当确信梦里的事实是真的时，他非常忧伤，以至于灵魂离开了身体而返回家乡去了。结果，他的家里人见到他的第一反应，不是问他讣闻都没有发出他怎么就知道父亲去世了，而是惊异于他这么一位知县居然没有一位随从相伴就回到家了。[2]

这两则故事揭示了一个被一般大众视为当然的事实：政府官员（包括那些低品级的）即使有过单独旅行，那也是很少的，相反，他们大多是前呼后拥地上路。如果赵抃的上述微服旅行确实发生过，那也确实不符合朝廷对官员出行的要求。笔者对政府官员所获得的交通方式和其他后勤帮助的研究就是要解释宋代如何为旅行提供物

[1] 《梦溪笔谈》，卷9，108—109页。
[2] 《夷坚志》，三之四，卷3，2552页。

质层面支持。更重要的是，本研究将揭示宋代士大夫作为国家的代表，是如何享受中央政府和地方上的东道主所提供的慷慨招待。朝廷的政策不仅给官员旅行者提供了交通和住宿，而且还给他们配备了许多挑夫兼卫士的士兵，这些特权使得官员旅行者们可以在旅途上专注于学问和构建自己的官僚人事关系网。同时，通过提供上述的好处（品级高的官员得到的更多），中央和地方政府随时监视着所有旅行着的官员[1]，这些措施也使官员旅行者有别于其他百姓。与普通百姓不一样的是，官员旅行者出行时是前呼后拥，各地都会给他们提供客栈、驿站和车船服务。这些设施上飘扬着的官旗，象征着帝国统治的无所不在。

挑担军人——安排给旅行官员的士兵

宋朝的政策规定，旅行官员可以享有各个衙门提供的随从人员等相关服务。现存史料没有北宋这方面的制度性规定，而南宋时期的具体材料在《庆元条法事类》中有记载。旅行者的随从包括通引客司的代表（负责安排沿途的停靠地点）、书表司的吏员（负责起草文书）、茶酒司的代表以及帐设司的人。范成大、赵抃，同属于高品

---

[1] 当然这不是中国独有的现象。Constantine Vaporis 在其关于日本德川时代的旅行状况的研究中认为，国家非常清楚控制交通联络网和旅行者的重要性，同时他还详细介绍了大名和普通人利用该网络系统的方法。见 Vaporis：*Breaking Barriers*。与中国的同行相比，日本大名所担负的前往京城的旅行费用更重。实际上，幕府命令大名到江户来，千方百计地想让他们花费大量收入用于旅途。塚平利夫（Toshio Tsukahira）关于参勤交代制度的研究显示，大名正常开支的百分之七十到八十用于参勤交代之上。塚平利夫：*Feudal Control in Tokugawa Japan*，101 页。

行万里路：宋代的旅行与文化

级官员行列，他们享受着有关衙门提供的随从人员的服务。随从中有 6 个人来自通引客司，2 人来自书表司，15 人来自茶酒司。陆游有两个随从是通引客司和书表司派出，负责官员饮食的部门派出了 5 人。[1] 这些高度等级化的政府补助项目可以说明为什么赵在客栈没有得到应有的招待，以及为什么一位应该有资格享受和陆游一样待遇的县官的灵魂没有携带随员返回家乡时会让家人震惊。

在官府提供给旅行官员的必备护卫人员中，最常见的是军士，他们绝大多数被当作搬运工和保镖。宋代的官府文书及文人作品把这些人称作"兵卒"、"铺夫"（或"铺兵"）以及"夫"。《庆元条法事类》规定，跟随官员出行的步行和骑行士兵的数量从 5 人到 330 人不等。作为一位负责军事的官员，范成大 1177 年的一次出行有 330 个挑担军人随行。分配给低品级官员的随行兵士数量大幅减少。陆游担任通判时，有资格配备 40 个兵士随行。[2]

随行兵士可以从禁军也可以从地方军队中选拔[3]。实际上，多数人来源于宋代数量逐渐激增的地方军队[4]。范成大和陆游的游记清楚地说明，挑担军人并不是全程跟随他们。根据旅行者的品级官

---

[1] 《庆元条法事类》，卷 10，16a—19a。我们要记住，《庆元条法事类》主要对水上交通作了规定，船舶一般被用作住宿设施。由于不论陆上旅行者何时在客栈停留或就餐，他们已经得到了客栈提供的仆役和士兵提供的服务，因此对他们可能就不提供这种住宿设施了。

[2] 《庆元条法事类》，卷 10，14a—19a。

[3] 《庆元条法事类》，卷 10，13a。

[4] 宋代一直维持着一支数量庞大的军队。1045 年的一份奏折就说："今天下兵已逾百万，比先朝几三倍矣……养兵之冗，未有如今日者。"《全宋文》，卷 636，44—45 页。有关这一问题的最近一个研究认为，由于宋代军队大多数士兵被用于执行完全非军事的任务，包括给高官旅行充任随从，军队至少有五分之一是多余的。游彪：《宋代特殊群体研究》，349—364 页。关于宋代地方军队的规模及其运作，也见王玉济：《北宋冗兵析》，38—43 页。

位，州府和地方转运使司具体负责挑担军人的分派。[1] 这些按地区分派的士兵通常会跨越州境，由州分派的士兵则通常只待在一或两个下辖的县份里。陆游在《入蜀记》里提到，当他到达荆南（今湖北江陵）附近时，来自夔州的部队已经在那等候他了。[2] 范成大的随从跟随他行走了好长一段距离，那些来自成都的挑担军人护送着他一直到武昌（在今湖北）。[3]

宋代的政策限制官员雇用挑担军人，目的是为了防止政府资源的滥用和浪费。《庆元条法事类》有关于滥用兵士的处罚规定，其中一条规定，如果旅行的官员走过了原定的目的地，他不仅要给士兵提供饮食，而且还得给他们另付 20 钱 1 天的费用[4]，随行兵士达到后还不准备出发的官员将被处以轻微鞭笞的惩罚。同样地，在到达目的地后的 15 天内不返还随行兵士的官员将因未经许可雇用军队的罪名而被处以官品降级的处罚。[5]

官员的频繁旅行就意味着几十甚至数百个挑夫挑运行李和各种奇形怪状的物品。笔者没法找到每个人可能搬运的行李数量的具体

---

[1] 如果某个地方官府缺少军人，官员可以雇佣商用的护卫随从。《庆元条法事类》，卷 10，19b。县衙的都保丞负责派送军人之事。《宋会要辑稿》，食货，卷 14，40b—41a；卷 66，31a—b。见马伯良：*Village and Bureaucracy in Southern Sung China*，65 页。不管何时得到地方派送的士兵的跟从服务，旅行者都要向上汇报他们得到士兵跟从服务的时间以及士兵走的路程，沿途的地方官员仍要在其管辖范围内负责保护旅行者的安全。《庆元条法事类》，卷 10，12—13 页。

[2] 《渭南文集》，卷 47，2449 页。

[3] 范说，由于许多士兵携带货物进行贩卖，他在把一半士兵遣送回成都前给了他们三天时间去处理其货物。《吴船录》，卷 2，16a。范让随行士兵携带货物获利，还乐意给他们时间做买卖。这种大度说明官员旅行与贩运贸易是同时进行的，实际上，应试举子也经常沿途进行贸易活动，政府官员也这么干。宋初（977 年）的一份奏折已经开始关注这些事了，同时要求朝廷"禁约中外臣僚不得因乘传出入赍轻货邀厚利"。程民生：《宋代地域文化》，20 页；《全宋文》，卷 63，31—32 页。也见全汉昇：《宋代官吏之私营商业》，199—254 页。

[4] 《庆元条法事类》，卷 10，11b。

[5] 《庆元条法事类》，卷 10，10a—12b。

信息，也找不到一份旅行者所携带的财物和食品的完整清单，但我们可以凭经验做一个猜想。由于宋代官员经常要和家庭成员、亲属和学生一起旅行，并且他们跨越的地区气候条件各异，我们可以确定，他们的行李大部分是衣服和被褥等日常用品。这些物品中旅行者最重要最不可割舍的，无疑就是书籍了。苏轼曾提到，在他去往海南的路上，携带了许多书籍，包括带有他自己批注的《书经》、《易经》和《论语》，一路上他都担心这些书掉到海里去。[1] 回程途中，他不但仍带着这些书，还带回了四箱子的砚台（这些东西后来在一次沉船事故中丢失了）。[2]

86

考虑到分派来做挑夫的士兵人数，我们可能很想知道旅行者带了多少行李，我们有理由相信他们行走时是带着很重的行李的。一位从湖南来的县官曾说他雇了两艘大船来运送行李。[3] 另一位同时代的人也提到，当一位低品级的官员带着十"车"行李赴任时，遭到了家中长辈的批评，长辈称他只能带 3 车东西去，更重要的是，他回家时仍然带着同样数量的行李，说明他在任时还没有积累够足够的财富（因此也是个清官）。[4] 用官方的说辞来说，这样节俭的行为值得鼓励。南宋初的一位官员曾因只携带"蒲团、纸帐"像个和尚一样上路而受到宋高宗的赞扬[5]，但是这类在本章开头引用的故事提醒我们——由于轻装旅行是不常见的，所以这些事被准确地记录下来了。另外一条史料加强了这个假设：一位匆忙离开京城只携带了少量行李的新任官员，请求地方官衙提供服务时，最初他不仅

---

[1] 苏轼：《东坡志林》，卷 1，1 页。南宋政治家张浚携带大量书籍前往贬所的事例也很有名。罗大经：《鹤林玉露》，甲编，卷 1，5—6 页。
[2] 《老学庵笔记》，卷 5，66 页。
[3] 《夷坚志》，丁，卷 12，1213 页。
[4] 范公偁：《过庭录》，卷 3，30 页。
[5] 《老学庵笔记》，卷 3，35 页。

被断然拒绝，甚至被怀疑是冒充官员的骗子。[1] 只携带一只鹤一把乐器旅行在官员中并不普遍，也没有官员只带一件行李并且完全没有挑夫就上路了，相反，有随行挑夫帮着挑着各种物品是官员地位的体现。

多数地方官大概都是携带着比他们来的时候要多的行李离任的。收取同僚和下属的临别赠礼（这将增加行李的重量）似乎是个严重的问题，依法会受到惩处。[2]1038 年的一份奏疏揭示，官员离任时通常携带着大量行李，以至于要征用当地人和牛只来运送。奏疏特别批评"向西诸路、州军臣僚"，这说明陆上旅行者中这种现象非常普遍。[3]

87　　奏疏也证实，在很多时候，随行士兵的数量满足不了旅行官员对人力的需要。其实士兵们不仅要挑提行李，保护官员及其财物的安全也是他们的首要责任。士大夫并不时常会遭受身体伤害，但时不时会遭遇到艰难和危险。笔者已经提及过不利的水上航行条件、恶劣的天气和不能令人满意的道路，其他的危险来自自然和社会。就如在第一章所引用的陆游的记载所证实的，南宋时期长江沿岸的抢劫还说不上是闻所未闻，租船旅行的官员也会因船夫的贪婪而遭遇意外的危险。例如，陆游乘坐的一艘船，由于船上运送到四川贩卖的瓷器超载，导致船只沉入河床，两天后船夫们终于卸下整批货物，也只有这样，他们才能拉着船渡过险滩。[4]

陆上旅行者也有他们的安全担忧。范仲淹（989—1052）提交的一份有关让官员尸体运送回家的奏疏说，"陕府界贼盗颇多"，越来

---

[1]　庄绰:《鸡肋篇》，卷 2，75 页。
[2]　《全宋文》，卷 565，370 页。
[3]　《全宋文》，卷 554，172 页。
[4]　《入蜀记》，卷 48，2455—2457 页。

　　　　　　　　　　　　　　　　行万里路：宋代的旅行与文化

越多的官吏和士兵被派去那，"免致疏虞"。[1] 稗官野史的记载甚至更有戏剧性。有一个讲述孙姓官员和他的家属旅行的故事，说他们留宿在官府客栈时，被外面的嘈杂声吵醒。他们担心被盗贼盯上，但后来发现其实是窗外有只老虎在徘徊滋扰。[2] 另一个故事讲的是一个姓刘的人，完成在江西的任期后，把自己的家人留下，自己只带着一个儿子和一个仆人前往京城。结果在杭州的客栈等候新的任命时三人一起被人杀害。[3]

上面这几个故事都没有提到护卫的士兵。低品级官员旅行不携带随从吗？或者士兵虽然在场但是没有尽到责任？我们无从得知。总的来说，宋代旅行作品很少提到旅行者和他们的随从（结果他们总是作为无名仆役出现）之间的交流。笔者只找到一条史料提到官员对其随行士兵表示同情，对湖南极其糟糕的路况，范成大写道："灵泉路吃蹶，仆夫告颓肩。"[4]

除了担当挑夫和护卫，士兵也被用作信使。陆游记载自己曾派随从递送信息，当他还在荆南地区（今湖北江陵）时，陆派了几个士兵到夔州去报告他的行踪。[5] 陆可以通过邮驿系统去把他到达的消息通知夔州的官员，但他却选择让自己的随从去通知。这足以说明旅行者对士兵拥有最高的权威。可能陆游只是认为，地方官员们应该尽可能精和提前地知道新任官员达到的消息。

大量使用挑担军人时另一个必须考虑的问题是成本。在车辆和

88

---

[1] 《全宋文》，卷 376，201 页。
[2] 《夷坚志》，之丁，卷 4，1918 页。
[3] 《夷坚志》，之甲，卷 3，1396 页。
[4] 《范石湖集》，卷 15，188—189 页。宋代官员旅行者甚至面对挑夫时都很少当面感谢他们。笔者很惊奇地发现一则逸事，说一位极其诚实和勤快的挑夫由于生前一直帮助那些出事的同行和旅行者，死后被尊为社神。刘昌诗：《芦浦笔记》，卷 4，33 页。
[5] 《渭南文集》，卷 47，2446 页。

畜力广泛使用的时代，国家还是选择使用人力去运送官员的行李。这说明廉价劳力的使用还较多，在这个事例中，也说明了地方军队数量的众多，而且，朝廷政策规定，如果官员过度使用挑夫，他们得按人按天给予挑夫提供粮食和报酬。我们可以假定，付给健壮劳力的报酬是以市场价为标准的。这意味着国家为每一个像陆游那样的中等品级官员每天支付 1 贯钱来雇用 40 个挑担军人供其使用。而政府给范成大的花费是中等品级官员的 8 倍。

交通方式

> 赵颁之朝散，自京师挈家赴凤翔通判，子弟皆乘马，女妾皆乘车，独一妇以妊身，用四兵荷轿。[1]

宋代官员不仅由中央和地方政府花钱而获得了挑担军人的帮助，政府也提供给他们舟、车、马和轿等交通工具。前面的描述显示，在宋代，依据旅行者的性别、（可能是）年龄和旅行条件可以使用各种交通方式。[2] 当时的旅行文学经常捎带提到政府这方面的帮助，作家们通常用"舟车鞍马"这样的术语来描述，而不是具体说明哪种交通方式。这可能是由于交通方式已经融入经常旅行的官员的生活中了，以至于他们对此都不再觉得惊奇或对此大表称赞了。因此，笔者选择以马、驴、轿而不是这些交通方式的物质层面来作为旅行的代表进行重点论述。本节的讨论揭示，宋代旅行者很谨慎地把自

---

[1] 《夷坚志》，补卷，卷 21，3422 页。
[2] 陈荣捷（Wing-tsit Chan）对朱熹旅行记录的研究揭示，朱熹称他旅行的方式有徒步远行、乘车旅行以及更经常的是骑马。陈荣捷：《朱子新探索》，151—157 页。

　　　　　　　　　　　　行万里路：宋代的旅行与文化

己和某一种交通模式联系起来，因为这样的选择给人一种特别的印89象并且成为一种个人宣言。一些人试图把自己的形象描绘得很坚强，而另一些人在其记载中通过刻意的描写给人以谦谦君子的印象。最后，旅行者们所使用的丰富隐喻反映了他们对待仕途生涯的态度，就如他们以文学、艺术和情感等方式来反映公务旅行。

船只

给官员提供交通方式并不是宋朝建立之初才开始的。[1] 宋初最早的诏书中有一道发布于 1018 年，它允许到真州（今江苏仪征）、楚州（今江苏淮安）和泗州（今江苏泗县）赴任的官员可以使用"系官空闲杂般船"。[2] 从那时候起，官员旅行者通常能够依据其官品而获得形状大小和数量不一的官府船只。北宋没有这方面的制度性规定，但是 1056 年制定的一项政策允许地方官府给死于途中或任所的官员的遗属安排船只。[3] 南宋时编的《庆元条法事类》把官员按其使用船只的资格分为 6 个等级。最高一级的，是如范成大这样的制置使、转运使等官员，可以使用 4 艘客船和 1 艘行李船。[4] 次一级的官员可以使用 3 艘客船和 1 艘行李船。陆游 1170 年任通判（属于第五个等级），可以用 1 艘客船和 1 艘行李船，他在路途中对此待遇

---

[1] 宋初，政府只给高官享受获得指派船只的待遇。魏泰：《东轩笔记》，卷 6，13a。多数官员不能使用马匹，因此他们经常要靠步行。许多人靠着手杖支撑着走到任所，鞋子都穿坏几双了。尽管妇女的待遇要好于男人，如果她们即使骑驴也会被看作是过于奢侈了。《燕翼诒谋录》卷 1，9 页。

[2] 《全宋文》，卷 256，10 页。

[3] 《全宋文》，卷 885，212 页。

[4] 《庆元条法事类》，卷 10，8a—b。

显然很满意。最低一级的朝廷官员一般只能享用 1 艘客船。[1]

这项政策也考虑到了特殊情况。例如，如果没有客船，官员有时会分到货船；死于任所的地方官也能获得 1 艘船以运送其棺材和本人物品返回家乡；而且，如果官员在赴任时因某种原因没有使用官府船只，他们可以在以后使用时得到优惠。《庆元条法事类》也详细规定了官员运送其家人时的有关安排。[2]

官船在全国各地的水路客栈都能获得，船只由士兵操作。由于同一时间有数以百计的官员在路途上，官船系统的派船安排还得应付大量的欺诈情况。当旅行者需要临时停留而当地无法安排时，那就该是地方官员而不是旅行者来负责提供必要的设施，并要查看一下船、车和轿子是否破损需要修补[3]，这使得地方官府成为最大的船舶租赁代理商。1170 年陆游的旅途有很长一段，是由地方官府租了 1 艘大船才使得陆游一行人能顺利航行的。陆游不仅记下了船主的姓名，还记录了掌舵的船老大的姓名。[4]

让地方官员负责安排意味着为身处异地的旅行者省时省事，但旅行者往往不全都遵守朝廷的规定。从私人船主那租用船只证明了这种做法在当时官员旅行者中特别普遍，陆游曾提到他出于观光和执行地方公差等目的经常乘坐小船。有一次，他们一行人被困于暴风雨中，于是他们租用了 1 艘小船渡河过去买肉。[5]

90

---

[1] 《庆元条法事类》，卷 11，20a—21a。

[2] 根据官员旅行者的品级，官府给了其部分家属提供住宿、交通，通常是给予一到两艘船只。如果恰巧家属中有人在稍后也获得任命，则他在以后使用相关旅行设施时将会获得优惠。如果被派去接家属的士兵在到达官员家后 15 天内不返回，官员会因此而受罚。如果借用了太多的船只用于接送家属，官员也会被罚。《庆元条法事类》，卷 10，6b、8b—9a；卷 11，9a。

[3] 《庆元条法事类》，卷 10，20a。

[4] 《入蜀记》，卷 47，2449 页。

[5] 《入蜀记》，卷 43，2406、2407、2414 页；卷 45，2425、2431、2446 页；卷 47，2446 页；卷 48，2452、2456 页。

行万里路：宋代的旅行与文化

对长途旅行的旅行者来说，换船是旅途生活中必不可少的。在沿着长江逆流而上的旅途中，陆游至少换了 4 次船。最初陆游的船是由转运使司提供的，在镇江他要换 1 艘嘉州（今四川乐山）籍的船只，接着在荆南又换了 1 艘。当到达长江中游的沙市（在今湖北）时，他又换了 1 艘，这次换了 1 艘小的。最后，为了渡过浅滩，陆游一行换到了 1 艘轻便的、平底的四川船。[1]

从宋代文学作品中，我们了解到，官员旅行者有时候不用官派的船只，而是另想他法。1177 年，范成大准备乘船返家时，他并没有申请官府指派船只，也没有租借船只，其做法很是让人吃惊：他在叙州造了艘大船。我们不知道这艘大船的实际大小和建造所用的时间，但这艘船必定相当大，因此才可以替代官派的 4 艘客船和 1 艘货船的载重量。[2]

高品级官员在旅行中享有的自由与政治上被贬黜者获得的待遇形成了鲜明的对比：被贬黜者即便要用船，也只能接受官府分派的船只。黄庭坚（1045—1105）被贬往广西的路上，长沙一位官员，大概是他的崇拜者，借给他 1 艘大的官船。随后，该官员被人告到朝廷，差点被弹劾罢官。黄被迫雇了艘小船以便装载他的 16 个随行者。[3]

陆游、范成大和黄庭坚所获得的不同待遇更清楚地显示出官府 91
对旅行官僚的帮助。首先，这些待遇是有着严格的身份导向的。一个人的品级越高，获得官府的支持就越多。处在官僚梯队最高层的尤其得益。因为高官们掌控着大量的政府资源，他们可以进一步利用自己的特权使规则有利于自己，如范成大就是这么做的，他选择

---

[1] 《入蜀记》，卷 43，2412、2414 页；卷 47，2448 页；卷 48，2457 页。
[2] 《吴船录》，卷 1，12a。
[3] 胡仔：《苕溪渔隐丛话》，前集，卷 48，328 页。

修造大船返程而不是按其品级雇船旅行。其次，这些政策与朝廷对官员的工作表现和忠诚度的期望是密切相关的。官员品级越高，他想证明自己的能力和侍奉君主的意愿就越强烈，因此他也就更值得获取这些特权。处于这个等级制底端的是被贬黜和遭降级的官员，由于他们令人失望的政绩或遭到了诽谤，甚至背叛，他们就被剥夺了政府给予官员旅行者的正常待遇。用这种方式，旅行帮助成为政治控制的有效工具。

马匹

从中华帝国早期开始，马匹首先是与军事行动和边疆防卫联系在一起。一直到中国历史时期的较晚阶段，骑马在上层阶级里都不大常见。6世纪时的颜之推（531—约595）评论道：

> 至乃尚书郎乘马，则纠劾之。及侯景之乱（548—551），肤脆骨柔，不堪行步，体羸气弱，不耐寒暑，坐死仓猝者，往往而然。建康（今江苏南京）令王复性既儒雅，未尝乘骑，见马嘶喷陆梁，莫不震慑，乃谓人曰："正是虎，何故名为马乎？"其风俗至此。[1]

生活在战乱频仍、政治不稳定时代的颜之推，一直对南朝统治阶级的身体羸弱和精神萎靡而有所警醒。相反，与非汉人族群联姻

---

[1] 颜之推：《颜氏家训》，卷11，156页。英文翻译见邓嗣禹（Teng Ssu-yu）：*Family Instructions for the Yen Clan, An Annotated Translation*，116页。

　　　　　　　　　　　　　　　　　行万里路：宋代的旅行与文化

且以善战为荣的隋唐王朝的建立者们，认为在自己的支持者中提升其"有教养"的行为是很重要的。唐初的两位皇帝军事经历都很丰富，同时也是有名的骑手，但他们都认为朝廷官员乘车是一个很适当的行为。伊佩霞观察到，对精英生活方式看法上的改变导致了宋代"男子气概普遍向文人转型"，这更多的是由于"文人学士形象的流行无疑得益于印刷术的推广，教育的普及，科举制在选拔人才上的胜利以及儒学的复兴。这种文化转变可以从多方面看出来，从轿子的使用增多到收藏古董，精美瓷器成风，狩猎不再流行了[1]"。结果，宋代士大夫给人以书呆子的形象，还带有端坐不动、近于阴性的特质。

92

尽管变化还在继续，骑马旅行在宋代士大夫中还是相当常见的行为。说到宋代政府对官员骑马参加朝觐的要求，南宋学者赵彦卫（活跃于 1195 年）评论道："古以乘车为礼，骑为不恭，今人以骑为礼，乘车为不恭，古今异宜如此！"[2] 赵对宋朝政府重视官员骑马的观察，值得我们在研究影响日益扩大的文人理想时加以考虑。伊佩霞认为，这类观念的流行说明部分宋代受教育者试图强调"汉人和他们的北方对手突厥、契丹、女真和蒙古人以及所有更为尚武的人群之间的明显差异"。宋朝统治精英从来没有怀疑过"汉人对非汉人在文化上具有的优越性"，但宋朝无法成功地平定北方邻国引发了宋人的焦虑感和紧迫感。骑马不但有象征意义更具有实用性，也能引起朝廷和文人的注意。

宋朝并不缺少大胆而豪迈的人物，他们通过骑马、狩猎和冒险来体现其阳刚之气，但这些行为给当时的政治形势带来了一些冲

---

[1] 伊佩霞：*Inner Quarter*，32—33 页。
[2] 赵彦卫：《云麓漫钞》，卷 4，65 页。

击。例如，因金国对华北的征服和对南宋持续的威胁而引发的耻辱成为陆游作品的写作背景，陆游试图把自己描绘为一位猎手兼勇士。1172 年写于四川的一首诗中，陆游宣称："上马能击贼。"[1] 陆自夸其狩猎之技，梦想率军收复被金人占领的失地。更特别的是，他不满于只能呆坐在马车帘帐内，表示自己一直向往着身着短衣射杀老虎的生活。[2] 他也结交了许多有共同志趣的人，曾深情地回想起自己的一位善于射箭的朋友，这位朋友喜欢收藏名剑和骑马。[3]

现代学者研究诸如陆游和辛弃疾（1140—1207）这样的爱国诗人时经常强调这些人对宋廷的忠贞和收复北方失地的决心。[4] 陆和辛在人生追求中充满了朝气，我们从其他角度也可以看得出来：花费了数年甚至数十年时间进行科举考试的准备，踏上仕途后，宋代士大夫们可能已经意识到，成为一个有修养的人是要以损耗自己的阳刚之气作为代价的，毕竟，这些人经常会负责军事事务。即使是被称为"田园诗人"的范成大，不仅在马背上写作军旅诗，而且也是一位地区的军事长官。范多数时间身体不好，曾抱怨坐轿子太累，但作为一位军事指挥官，他写下了"牙门列校具剽锐，檄与河边秃发知"[5] 这样的诗句。范自认是一位马上骑手而不是一个端坐轿子的人，是一位军事长官而不是一个死读书的书呆子，他舍弃了自己的有修养的绅士形象以强调自己的尚武精神。

笔者要在此说明，众所周知，由于边境地区的紧张局势，宋代

---

[1] 《剑南诗稿》，卷 3，77 页。华兹生：*The Old Man Who Does As He Pleases*, 8。
[2] 《剑南诗稿》，卷 3，85、93 页；卷 5，141、147 页；卷 8，235 页；卷 10，281、292 页；卷 11，301 页；卷 14，392 页；卷 28，766 页；卷 38，986 页。
[3] 《剑南诗稿》，卷 11，311 页；卷 14，403、405 页。
[4] 20 世纪所写的许多陆游和辛弃疾的传记都赞扬他们的爱国精神。见郭光：《陆游传》；齐治平：《陆游传论》；邱鸣皋：《陆游评传》；夏承焘：《辛弃疾》；邓广铭：《辛弃疾传》。
[5] 《范石湖集》，卷 17，242 页。

良马短缺。[1] 北宋的一条史料说，每个县只拥有 10 匹良马，[2] 南宋甚至更少，经常迫不得已去购买劣马。[3] 很有可能分派给非军事用途的马不是标准的军马，当时多的是驯良的马匹，而不是难以驾驭的烈马，这部分地解释了为什么文人们似乎有着丰富的骑马经历。甚至像陈亮（1143—1194）这样的主要生活在浙江的南方人都知道怎么骑马，在前往拜访担任浙江的军事长官的辛弃疾的路途上，陈不但全程骑马，而且在逃命时刻还成功地偷了一匹马。[4]

马匹特别是驴被拴在数以百计的马铺中，这些马铺分布在全国各处的驿站里。[5] 由于《庆元条法事类》编撰于南宋时期，对水上旅行有较多的记载，因此我们缺少有关不同品级的官员旅行时可以分派的车、马数量的系统性信息。根据我们对挑担军人和船只规定的了解，我们可以猜测，依品级的不同，当要使用马匹投入交通时，官员们的待遇也一样存在差异。

同样地，宋代旅行文学经常提到官员旅行者坐着未详细说明的马拉车旅行，这最有可能是因为他们这么做太常见了，以至于被视为理所当然。偶尔文献中也会有较为详细些的信息出现。陆游曾记

94

---

[1] 见史乐民：*Taxing Heaven's Storehouse*；林瑞翰：《宋代边郡之马市及马之纲运》；刘复生：《宋代"广马"以及相关问题》，85—93 页。

[2] 苏辙：《龙川略志》，卷 4，22—23 页。

[3] 尽管朝廷官员注意到这个问题，但对马的需求一直困扰着宋朝的统治者和政治家们，他们敏锐地感觉到足够的马匹供应关系到宋朝国家的安全。例如北宋初的宋祁多次上书论及这个问题。宋祁：《景文集》，卷 30，8a—13a。范成大曾建议，为了朝廷能获得良马，各地方官府的马匹配额必须停止，这样宋朝官员才能选到最好的马。《范成大佚著辑存》，24—25 页。为了解决马匹短缺的问题，南宋政府从西南边境购买的马匹数量不断增加。周去非：《岭外代答》，卷 5，7a—9b。陆游对南宋马匹（绝大多数从西南输入）的一般品质和北宋的马匹（从西北输入）进行了比较。陆游写了一首诗赞赏北宋画家李公麟所画的一幅马，他平生所看到的马中，这匹马是如此的"瘦骨"和"离立欲不禁风吹"。《剑南诗稿》，卷 5，147 页。

[4] 《宋人小说类编》，乙论，卷 4，a—b。

[5] 葛平德："The Courier-Transport System of the Northern Sung"，1—22 页。

载，有位知州乘坐着一辆 5 匹马拉的马车，对于这个品级的人来说这种情形大概是很少见的。陆也提到当他在中国的西南和西北部旅行时曾乘坐过带有毡子的车[1] 和卧舆[2]，这些告诉我们在官道上能看到的各种类型的马车，说明旅行者想方设法让他们的旅行变得更加舒适。

陆游的描述揭示了地区间的差异以及他个人对马车跨越地区边境的关注，这个问题也引起了中央政府的注意。宋代官方政策严格禁止平民乘坐使用过多马匹牵拉的装饰精美的马车，试图保持阶级身份，特别是士大夫和商人阶级之间的身份的区别[3]，然而经济的繁荣和生活水准的提高显然给人们提供了更多的奢侈享受，这其中就包括骑马。宋代的史料显示，各种背景身份的人们都能骑马，甚至是妇女，前面所引用的故事里都说到她们乘马车和坐轿子，她们骑马的身影在城市和乡间都能看得到。[4]

宋代旅行文学中，骑马人的形象也慢慢发生变化，逐渐代表了旅行者的地位和个人品味。范成大在其 1177 年的游记中就努力塑造这样的形象，他一生都在抱怨自己的病弱，甚至要求提早致仕养病，因此我们可以猜测他会坚持使用马车和轿子，但范选择骑马离开成都，他在前往峨眉山访游的 10 天里也是骑着马的。更令人惊讶的是，尽管范旅行时有许多好心人、弟子、家人和挑担军人相随，但范形容他在路途上很多时候是"单骑"。[5] 他的日记特地把骑马人和其他人区别开来，总把他自己放在了发号施令者的位置上。

---

[1]　《剑南诗稿》，卷 14，410 页。

[2]　《剑南诗稿》，卷 11，322 页；卷 12，356 页。

[3]　《宋史》，卷 153，3573—3574 页。

[4]　《夷坚志》庚，卷 8，2289 页；乙，卷 15，595 页。

[5]　《吴船录》，卷 1，1b。在峨眉山等地游玩时，范成大提到有几个门徒跟从他，数十名挑担军士抬轿子。《吴船录》，卷 1，15a、18b。

如果范成大要把自己塑造成一个杰出人物的形象，那就会掩盖掉其他人的亮点。宋代文人旅行者经常描述他们自己带着"一马二童"孤独地走在路上，以这种方式来象征着他们旅途中的谦卑和孤独。[1] 在第一种情形中，自我贬低似乎是一种特意要传递的信息，因为旅行者肯定带着更多的同行者，而最大的可能是他们即使有更多的旅伴也会这么说。这种程式化表达出来的谦卑为他们博得了逍遥隐逸，远离官场干扰和屡见不鲜的腐败，态度谦和的学者名声。同样一个给人强烈印象的形象是瘦弱的羸马，它经常被用来形容一个人仕途的失意。1061 年，苏轼第一次前往凤翔（在今陕西）赴任。他以"瘦马"一词为这次离京旅行定调，同时也表达了他不愿意与弟弟苏辙分离的心情。苏轼也用"瘦马"这个形象来表达他仕宦生涯中因压力而导致的身心疲乏，就如他在 1076 年所写的"病马已无千里志"。11 世纪 90 年代末，苏轼在惠州遇到了仕宦生涯的最低潮，他写道："穷猿既投林，疲马初解鞍。"对其未来流露出相当悲观的看法。[2]

在上述的诗文中，马匹实际的使用情况几乎不会有这样的问题。当范成大被一群随从围绕时，他以"单骑"来形容其离任的场面宏大，并极力突出他作为一位成功的军事长官已经完成任期。如果范要描述他的马，它一定是一匹雄壮的公马。而苏轼诗中的羸马则代表了疲惫、无助的旅行者离开家人和朋友，去远地就任一个不是那么重要的职位或被贬黜到那儿。这也可以解释为什么苏轼一旦得知他获得了提升，随即改口道："病疮老马不任羁，犹向君王得敝帷。"[3]

[1] 《于湖居士文集》，卷 23，235 页。
[2] 《苏轼诗集》，卷 3，95—97 页；卷 14，696 页；卷 15，713—714 页。
[3] 《苏轼诗集》，卷 16，791 页。

驴

　　宋代官员使用交通工具来提升其特殊的自我形象的意愿，在他们提及骑驴的材料中也可以看得出来。这方面，他们特地从唐代人物中汲取了灵感。在所有受到过称赞的唐代诗人中，李白（701—762）尤其以骑驴而著称。一则广为流传的宋代逸事说，李白经过淮阴（在今江苏），骑驴进入县衙时，遭到了责骂并被赶了出去。和前面提到过的一个县官的魂魄赶回家乡奔父丧但没有携带随从出现在家人面前的例子一样，李白遇到的那位唐朝县官无法想象他的同行会骑着这样一只低等的动物出现在他的面前。这则逸事最后说，李白表明了自己的身份后才得到了善待。[1]

　　宋代旅行者假想着和唐代同行一起旅行时，他们会保持着这种形象。对他们来说，李白骑驴一点儿也不降低他的身份；如果说有什么区别的话，那就是李白的驴子成了一种故意而为的怪癖、若无其事及特别谦卑的标志。范成大说他在山间旅行使他想起了诗人贾岛（779—843）骑驴推敲诗句的用词，他这是在表达对贾岛的崇敬和并把自己与贾相提并论的愿望。当范把自己比作"骚人"时[2]，他这种与名人怪癖相比的想法显露无遗。

　　陆游在其诗作中也使用了这样的技巧。[3] 他曾把自己描述成一

---

[1]　刘斧：《青琐高议》，后集，卷2，109页。

[2]　《范石湖集》，卷22，316页。同样地，南宋学者刘克庄（1187—1269）说他曾很欣赏唐代诗人孟浩然（689—740）骑驴的形象。刘克庄：《后村集》，卷4，12b。谢伯采声称他30年来一直骑驴代步，甚至居住在京城时也是这样。谢伯采：《密斋笔记》，卷3，13a。

[3]　《剑南诗稿》，卷3，84页；卷7，195页；卷8，231页；卷13，365页；卷14，403页；卷50，1237页。

头驴，沿着他的唐朝前辈李白和杜甫（712—770）的足迹穿过剑门关进入四川。[1] 他对旅程的叙述还影响到了其他人，南宋后来的一首诗"读放翁《剑南诗稿》"，以"五载栖栖客蜀郡，骑驴日候平安信"的评语来赞颂陆游的生平。[2] 陆游、李白和杜甫很可能在逗留四川时都不经常骑驴，然而，通过不断地提及骑驴，陆游成功地把自己比肩于唐代名人。实际上，当阅读其同时代人的作品时，我们可以发现，这种努力使陆游的形象永久地留存在宋代的记忆里。杨万里盛赞陆游的文学成就和品格，把陆和杜甫相提并论，甚至说"千载诗人拜蹇驴（杜甫所骑的驴）"。[3]

骑驴和骑马形成了强烈的对比，特别是陆游和范成大大大提升了它们的英雄形象，毕竟骑驴不是富贵人家的常见骑行方式，这就解释了为什么这类骑行被如此广泛地用来象征旅行者的谦卑。两位宋代名人，司马光（1019—1086）和王安石，他们的个人形象被人牢固地与骑驴联系在一起。众所周知的一个事例是司马光在政坛失意后，经常骑驴行走于洛阳和他的山西老家之间，只有几个仆人相随，路上都没有人认出他来。[4] 王安石致仕回金陵后也因骑驴而出名。日常家居中他还曾骑驴出游钟山（附近的一座风景优美的山峦）。[5] 苏轼从黄州（今湖北黄冈）到汝州（在今河南）的途中经停

---

[1] 《剑南诗稿》，卷3，84页。

[2] 刘应时：《颐庵居士集》，上。

[3] 《诚斋集》，卷20，6a—b。

[4] 马永卿：《嬾真子》，卷2，4a—b。据说司马光即使身居高位，所用的随从护卫也很少，而且骑马时也不喜欢在头上张盖。有人告知他这种出行方式有些不便于人们认出他来，司马道："惟求人不识尔。"邵伯温：《邵氏闻见录》，卷11，115页。朱熹曾说过司马光每次出行，只坐一辆车，拒绝门人和仆役跟从。尽管他去过很多地方，人们都不知道他何时来何时走。黄幹：《勉斋集》，卷36，13b。

[5] 叶梦得：《避暑录话》，上，5a—b；《二老堂杂志》，卷5，86页；王铚：《默记》，卷2，24页。

金陵时，王穿着便服，骑着驴前去拜访他。作为回应，苏免冠接待了他。以骑驴而不是骑马或坐轿去拜访他的前政治对手苏轼，王安石显然是要表明他已经不再是有权势的宰相了。苏也明白，他以不穿官服来回应，以示和解姿态。[1]

通过选择不同的交通方式，宋人不仅表明了他们对生活和职业的态度，而且也表明了仕宦生涯的不可预测性。在他的一首诗里，苏轼清楚地表明了他的观点：

> 老僧已死成新塔，坏壁无由见旧题。
>
> 往日崎岖还记否，路长人困蹇驴嘶。[2]

嬴马、蹇驴、老僧、长路等让我们联想到的是一位仕途失意的老练官僚的形象。苏对疲惫旅途和旅行者克服艰难的焦虑的描述与同时代其他人的作品的记载很契合。张孝祥经常提到骑驴，他也抱怨自己骑着"蹇驴"，"夜入定山寺"。就如苏轼不可能会骑着一匹跛马去做长途旅行，张对自己的形象的描述也具有艺术和政治的意味。在诗的后面，他明确阐述了问题的要点是"宦情全薄"。问题的另一个要点是诗人自己对追求世俗成功的厌倦，以及对自然和无忧无虑的生活状态的向往。[3]

---

[1] 《曲洧旧闻》，卷 5，151 页。赵令畤：《侯鲭录》，卷 8，195—196 页。

[2] 《苏轼诗集》，卷 3，96—97 页；英译见傅君励：*The Road to East Slop*，99 页。

[3] 《于湖居士文集》，卷 6，51 页；卷 10，90 页。

轿子

　　骑驴和骑马在宋代文学中具有很明显的含义，而轿子也成了一种广受欢迎但颇具争议的交通方式，这方面的一个迹象是宋代作品对轿子的起源及使用的记载。宋代的一则材料把轿子的发明上推到传说中的夏代（前 21 世纪至约前 16 世纪，或约前 2070—前 1600），并断言千百年来它只是被用于运送礼器。这则故事更进一步认为，东汉时期，坐轿子的人会被人比作臭名昭著的暴君桀，而桀曾用人来抬运自己。[1] 上面这则故事基本说明了历史上轿子这种交通方式不大受欢迎，而到了帝制时代的中期到晚期，人们日常行走和长途交通中轿子越来越普及了。颜之推在 6 世纪晚期认为：

> 梁世士大夫，皆尚褒衣博带，大冠高履，出则车舆，入则　　98
> 扶侍，郊郭之内，无乘马者。[2]

　　颜对奢侈之风及久坐习惯的批评言论出现得太晚，并没有影响到轿子使用习俗或贵族式行为方式的传播。唐代和北宋初坐轿子的人会被认为过于残忍。学者程颐（1033—1107）曾说："吾不忍乘，分明以人代畜。"[3] 王安石也表达了类似的观点，他说甚至是古代的腐朽君王和贵族都拒绝以这样的人力替代畜力。[4] 对程颐和王安石来说，以人力替代畜力只是一种不道德的行为。

　　但是轿子却越来越流行，甚至在非贵族和非精英的阶层中也是

---

[1]　孔平仲：《珩璜新论》，59a—b。

[2]　《颜氏家训》，卷 4，涉务第十一，156 页。

[3]　程颢、程颐：《二程全书》，外书，卷 10，3a。

[4]　《邵氏闻见录》，卷 11，115 页。

如此。北宋建立 20 年后，宋太宗下令禁止平民，特别是商人对他们的马鞍进行豪华装饰，也不许把轿子修造得过于奢华。平民尽管不得坐四抬或八抬的轿子，但可以乘车或坐两人抬的轿子。[1] 很难判断这些规定能执行到什么程度，但这些严厉措施也表明豪华轿子在北宋初年被广泛使用，同时也说明轿子被统治者视为社会地位的象征。

这并不是说中央政府鼓励，甚或准许官员使用轿子。有一条宋代史料指出，京城官员起初并不被准许用轿子，同样地，有帘子的马车也被禁止使用。[2] 官员们被要求骑马去觐见皇帝。公元 1000 年的一道诏令列举了各级官员路经时要下马、下轿的各种地方和场合。[3] 京城之外，规定似乎不是很严，但是 1032 年的一道圣旨特别禁止广东、福建、江西和浙江的官员坐轿子，除非所经之地的山太过于危险而难以通过，或者旅行者因病无法骑马。[4]

有充足的证据表明，南宋的朝廷官员和平民百姓对轿子的使用
99 已经很普遍了。[5] 有一则材料记载了南宋高宗和他的大臣们骑马时被一场暴雨淋了个透之后，皇帝如何正式准许官员们使用这种交通方式。另一个解释是这样说的，当北宋灭亡后，高宗驻跸扬州时，

---

[1] 《宋史》，卷 153，3573—3574 页。

[2] 《贵耳集》，卷 1，15b—16a。

[3] 《全宋文》，卷 216，422—423、424 页。老、病者是例外。例如王禹偁（954—1001）和司马光生病时就享受了这个例外。《全宋文》，卷 147，344 页。《却扫编》，卷 2，1a。

[4] 《全宋文》，卷 953，241 页。

[5] 巫仁恕最近的研究发现，直到明末，轿子已为各阶级所使用。轿子的广泛使用有几点原因：第一，马在明代极其昂贵；第二，劳力很便宜；第三，观光旅游的兴起促成了轿子的流行；第四也是最重要的一点，坐轿子成为政治和社会地位的象征。为此，明朝政府对官员坐轿子颁布了具体的规定。巫仁恕：《明代士大夫与轿子文化》，1—68 页。

命令官员们坐轿子，因为雾天砖砌的街道路面太滑不利于骑马。[1]
京城和跨州越县的官员很快喜欢上这种流行的交通工具了，甚至陆
游的随行护卫的指挥官，一位低品级的军官，在他急着要回家奔母
丧时也是坐轿子的。[2] 南宋时期平民（特别是妇女）坐轿子的事例
同样也很常见。[3]

    除了一般的属性术语"轿"，宋代文献提到轿子时也称为"篮
舆"、"竹舆"、"肩舆"和"小轿"。[4] 范成大在两处地方描述过他乘
坐过的轿子。第一处，他写道：

> 廉纤假篮舆，以板为底，上起四柱，篮缺其前，以垂足于
> 空虚，有雨雪则以僧笠覆其上。[5]

    第二处，范的轿子同样地很简陋，没有盖子，因此范只得用扇
子来遮挡太阳。[6] 轿子的支撑力没有问题，他乘坐如此简陋的轿子
一定意味着在偏僻的地方没法找得到豪华而舒适的轿子。相比于马
拉车子，轿子似乎不太舒适，尤其是对长途旅行来说，但在糟糕的
路况下，特别是在山区，坐轿可能比步行更好些。从桂林到成都的
旅途中，泥泞、坎坷的道路使范成大的旅行变得很痛苦，以至于他

---

[1] 《贵耳集》，卷 1，15b—16a；《朝野类要》，卷 5，7b；《却扫编》，卷 2，1a；《建炎
  以来朝野杂记》，甲，卷 3，100—101 页。北宋京城开封的街道大多数是用沙土所造，
  和开封不一样，杭州的街道都是用石板铺盖的。这可能会对骑马不利。《梦粱录》，
  18b—20a。
[2] 《入蜀记》，卷 43，2410 页；卷 47，2449 页。
[3] 《夷坚志》，甲，卷 9，144 页；乙，卷 17，630 页。
[4] 《入蜀记》，卷 48，2445、2456、2459 页。《剑南诗稿》，卷 5，232 页；卷 10，288、
  290 页；卷 11，325 页；卷 12，383 页。《范石湖集》，卷 4，41、50 页；卷 5，64 页；
  卷 6，67 页；卷 7，86 页；卷 15，258 页；卷 21，398 页；卷 31，421 页。
[5] 《骖鸾录》，12a。
[6] 《范石湖集》，卷 13，171 页。

不得不坐上轿子，而且还借助其他人的帮助来推拉轿子，才过了难关。[1]

由于轿子需要两个人抬，大多数情况下是 4 到 6 人，这显然是一种效率低下的交通工具，但是在帝制时代，对有钱人和妇女来说它依然是一种重要交通方式。有关宋代乘坐轿子的费用的资料很少，但我们可以相当肯定地推测，劳力成本很低，以至于想乘坐多人抬的轿子的人能够付得起钱。同样的道理可以解释挑担军人的使用。雇用数十名挑夫去做牛和马很轻松就能完成的推拉活，说明家畜的缺乏和便宜劳动力资源的充足。

住宿选择

> 我昔旅游秋雨细，建平城东门欲闭。主人迎劳语蝉联，小妇春炊缟衣袂。长年三老半醉醒，蜀估峡商工算计。须臾灯暗人欲眠，泊船卸驮犹相继。[2]

上面这首诗，是陆游于 1205 年所写，记录了 1170 年代住宿在一间客栈的一个夜晚的所见。这间客栈正好位于夔州长江边上，为社会各阶层的人们提供住宿，住客包括在江上谋生的船夫、本地和附近地区的商人以及像陆游这样的士大夫。陆的《剑南诗稿》里有数十首题目包含有客栈字眼的诗，很多诗，例如上面所引用的这首，题目中并没有特别标明客栈字眼，但很显然都讲述了作者的住宿经

---

[1] 《范石湖集》，卷 15，205 页。

[2] 《剑南诗稿》，卷 63，1521 页。英译文见华兹生：*The Old Man Who Does as He Pleases*，63 页。

历。陆游和他的同僚的作品描述了一般旅行中的许多人文景点和建筑，尤其是旅行者的住宿经历。

宋代旅行者有多种住宿选择。水上旅行者只有把船停泊在税场、市场、码头和港湾后才能歇息。[1] 在繁华的都市中心如开封、杭州以及像洛阳、金陵和鄂州等大城市会有豪华的商业旅馆，较小的和较为实用的客栈分布在各个旅游观光点。[2] 实际上，客栈这么多，以至于在有些地区住宿业竞争很激烈。[3] 佛教寺院对官员住宿者也很有吸引力，因为他们可以提供各种服务，特别是饮食和沐浴，[4] 由于寺院分布广，旅行者就不必急于在某个时间节点赶到前方的客栈。单在《入蜀记》里，陆游就记载了他曾走访了近60座寺庙，与住持及和尚们共同进膳。[5] 尤其要指出的是，佛教寺庙在容留宋代旅行者留宿方面所起的作用更多地反映了官员们与僧侣之间的个人的、学术的和宗教方面的关系网络，而不仅仅是偶尔地、功利性地将寺庙设施用于供人借宿。事实上，很难找到哪位宋代名人没有佛教僧侣朋友，或没怎么去过寺庙的。[6] 在前往四川的旅途上，陆游与各地的数十位和尚聊起了宗教和学问。这些和尚中，有金山寺的宝印和尚，他在陆游经过镇江时陪同陆一起出游。[7] 到了金陵，因

---

[1] 陆游注意到他 1170 年前往四川的旅途上遇到过许多这样的事例。见《入蜀记》，卷 45，2424、2427、2429 页；卷 46，2438 页。

[2] 林立平：《唐宋之际城市旅店业初探》，82—90 页。

[3] 见王福鑫：《宋代旅游研究》，241—262 页。

[4] 见方豪：《宋代佛教对旅游之贡献》，171—206 页。黄敏枝：《宋元佛教的接待庵院》，151—199 页。黄的研究特别揭示，佛教寺庙在接待各类旅行者中扮演了重要角色。

[5] 具体事例见《入蜀记》，卷 43，2408、2409、2412 页；卷 44，2418 页；卷 45，2424。也见《吴船录》，卷 1，2b、6a—b、9a—10a、12b—19a。

[6] 对佛教与宋代士大夫之间的关系的研究，见何复平（Mark Halperin）：*Out of the Cloisters*，及张培锋：《宋代士大夫佛学与文学》。后者包括了数十则两宋时期的名人案例。深受佛教影响的宋代最有名的名人可能是苏轼。见管佩达（Beata Grant）：*Mount Lu Revisited: Buddhism in the Life and Writings of Su Shi*。

[7] 《入蜀记》，卷 43，2413 页。

第四章 政府对官员旅行的帮助——挑担军人、交通工具和住宿

为与光孝寺的一位和尚相识，陆游有机会看到了一把甚至连当地知府也未曾见到过的很珍贵的铁笛。[1]经常提到的寺庙里的壁画和雕塑，以及和僧侣们一同品茗，给了我们一个印象：和尚与文人之间的交往多么的惬意。在某些时候，南宋士大夫们给予僧侣们的尊重肯定是超过了官府认为僧侣们应该得到的程度；留存至今的一些法规规定官员在路途向和尚鞠躬会遭受惩罚[2]。

官府客栈

尽管官员旅行者可以留宿在商业性客栈、佛教寺庙，甚至私人住宅里（事实上他们也经常这么做），但官府客栈也非常频繁地出现在宋代旅行文学中。和服务于各阶层旅客的私人客栈不一样，官府客栈只对两类旅客开放：公务旅行中的官员和奔波于本籍和京城之间的应试举子。[3]这类官营住宿机构的吸引力并不仅是因为在此食宿的花销由官府付费，更重要的是，如本书其后的章节要讲述的，官府客栈使住宿的官员可以和本地官员接触，并提供娱乐，同时住宿者有机会进行学问探讨，这些吸引力是私人客栈，甚至寺院都无法具备的。

官府出资的食宿机构早在周朝时候就有了。春秋战国时期频繁的人口地域流动和政治斗争过程中，客栈成了外交官们展示经国济

---

[1] 《入蜀记》，卷45，2428页。

[2] 《庆元条法事类》，卷4，23b。

[3] 从969年开始，举子也可以入住驿站。他们还能享受地方官府的优惠。《燕翼诒谋录》，卷1，5页。当苏轼和他的父亲、兄弟11世纪50年代踏上前往京城应试的旅程时，他们在陕西找到了一个这样的驿站入住，但由于官府设施的条件不够好，他们去找了一家商业性客栈。《苏轼文集》，卷11，375页。

行万里路：宋代的旅行与文化

世精神、讨论各种治国方式优劣的场所。在秦国进行一系列改革的政治家商鞅（约前390—前338），据说因为他无法证明自己的身份曾经被客栈拒绝入住，具有讽刺意味的是，这条规定却是商鞅所制定的。[1] 秦汉时期，邮驿系统已经分布于全国各地了，每10里一个食物供应站（亭），每30里1个住宿站（馆）。[2] 唐代将邮递、住宿、食物供给等整合为一个单一的系统，这些设施通常被称为"馆驿"，大概每30里建有1间。[3] 唐代总共有1279间陆上馆驿，260间水路馆驿，86间水陆馆驿。[4]

宋代大体上采用了唐代的制度。[5] "故驿"这个词经常出现在文人的作品中，说明宋代的许多设施不是唐代所建就是遗迹仍然依稀可辨的早期驿站。宋初馆驿名称改变的记录表明，许多馆驿建筑在宋朝建立前就已经存在了。最早被提到的馆驿改名事例是977年时京城的怀信驿被改为都亭驿，这个名称的改变也标志着政府决定把负责接待外国使节的馆驿改变为供官员住宿的设施。该事例以及当时的评论都说明宋初京城开封的住宿客栈比较短缺，并非所有的旅行官员，只有最高品级的官员才有资格使用这些设施。987年的一道诏书准许帝国最偏远地区（如广东、广西、四川和福建）的官员

---

[1] 司马迁：《史记》，卷68，2236—2237页。

[2] 据江绍原的研究，这些亭馆不对平民开放。供平民使用的客栈叫"逆旅"，江绍原：《古代旅行研究》，65—71页。

[3] 驿是官道主干道上的住宿设施，而馆位于分支路上。高承：《事物纪原》，卷7，9b—10b。

[4] 白寿彝：《中国交通史》，112页。另一位学者统计了唐代陆上馆驿的数量是1293间。郑焱：《中国旅游发展史》，82页。宋代没有这样的数据可资利用。

[5] 曹家齐认为，宋代的主要发展是邮、驿网络的分离，相互独立。曹家齐：《宋代交通管理制度研究》，3页。赵效宣对宋代邮驿制度的研究集中在公文和物资的递送上，而不是在官员的交通上。他的研究包括官府客栈的建筑及其维护，挑担军人的分派，食物和其他供应物资的花费。赵效宣：《宋代驿站制度》。也见王靖：《宋代中央客馆制度》，48—52页。

旅行时可以住宿官府客栈。[1]1001 年所有的官员旅行者终于都可以
入住官府客栈，那时京城最大的客栈朝集院建成。这个机构在两宋时
期都是用同样的名称，考虑到京外官员到京需住馆驿，因此该客栈的
客房超过 100 间。想必他们因公到开封时，住宿都是自掏腰包的。[2]
自然地，这些住宿设施的需求量一直都很大，该馆驿于 1035 年扩
建，但规模还是不够大以至于不能满足所有因公到京出差的官员的
住宿需求。[3]其他的重要城市也存在同样的问题，在洛阳，客房经
常短缺，结果，官员旅行者还得住在朋友处以及商业性客栈中。[4]

官府客栈还有另一个服务目的——他们允许有关部门记录哪些
官员在京城。当官员旅行者登记入住后，就会分派给他们随从军士。
在官员们住宿期间，这些随从跟随着他们到各个衙门拜访、参与各
种仪式。显然，参与这些活动也有不利的一面：住客们因此少了很
多到京城和附近地区漫步的自由了。许多官员在到官府客栈报到前
尽可能地住在亲戚或朋友的家里。从比较正面的角度来说，待在官
府客栈的官员们可以交友、与别人交流各地的信息，以及和同行一
起从事文学和艺术活动。[5]

1059 年颁布的《嘉祐驿令》标志着中央政府首次对驿站的住宿
进行规范。[6]这部 3 卷 74 条的法令今已失传，但我们可以从这部法
令的颁布推断，官员住宿体系已经在整个帝国建立起来。除了京城

---

[1] 《宋会要辑稿》，方域，卷 10，13b。1029 年发布的另一道诏令重申了同样的政策。
[2] 《宋会要辑稿》，方域，卷 11，4b。
[3] 《燕翼诒谋录》，卷 5，55 页。
[4] 文莹：《湘山野录》，卷 2，38 页。
[5] 《燕翼诒谋录》，卷 5，55 页。
[6] 《宋会要辑稿》，方域，卷 10，4b。

的客栈，每个县至少设立一所住宿的驿站。[1] 南宋一份作者不详的材料提到，官道沿途上售卖的地图都标明了所有的官府客栈，说明这个体系已经在稳定地发挥作用。[2]

每个县有一个客栈并不意味着这些客栈平均地分布在各地。路况的差异和政区的大小导致了这些设施的分布间隔不是很合理。下面这则北宋中期的王回（1048—1101）的记载揭示，由于官府客栈分布的不合理，周围州县的旅行者要到寿州（今安徽寿县）地区时被迫绕道去使用现存的住宿设施，位于霍邱的另一所客栈给出巡的官员提供了前往寿州的捷径。王说，霍邱"距京师八百里"，而且：

> 比而环者七州。七州之途皆出于驿，以达于寿。霍丘居最径，然独无驿。每使客之过者，无所归宿，则驰盖偃节，混于逆旅，或寓其孥于浮屠氏之馆。[3]

王的记载说明，位于旁道歧路的县经常缺少维护良好的驿站。行政区之间的距离似乎是影响官府客栈总体分布的一个重要因素。　104
有一则史料计算出从开封到金国的最初的都城御寨（在今黑龙江）

---

[1] 例如，在南宋时期，《吴郡志》记录了苏州13个这样的驿站，《景定建康志》记载了建康（今江苏南京）有26个，《宝庆四明志》记载四明（今浙江宁波）有17个。范成大：《吴郡志》，卷7，19b—20b；周应合：《景定建康志》，卷16，18b—22a；罗濬：《宝庆四明志》，卷3，30b—32a。

[2] 傅璇琮：《全宋诗》，卷3758，45322页。宋代文献很少提到地图的使用，主要是因为官员旅行得到了随从和地方官员的帮助，而当商人旅行人数增多时，商用地图才在明代逐渐流行起来。见卜正民："Guides for Vexed Travelers: Route Books in the Ming and Qing"，32—67页。宋代地图的绘制和流通的信息见《中国古代地理学史》，24，301—309页；江小群和胡欣：《中国地理学史》，137—140页；王成祖：《中国地理学史》，76—81页；陈正祥：《中国地图学史》和《中国古代地图之发展》，131—168页，特别是147—155页。

[3] 《全宋文》，卷1515，375页。

之间有 68 个馆驿。据测算，两个馆驿之间最近的距离是 25 里，最长的距离是 100 里。[1] 另一例子中，尽管金（今陕西安康）、洋（今陕西洋县）之间交通不是很繁忙，但是馆驿却每 10 里 1 个。对这种现象的一个解释是，一些官府客栈建于唐代，当时该地靠近京师，交通流量大。与陕西地区馆驿密集相比，从鄂州到襄阳 700 里的距离据说相隔 70 到 80 里才有 1 个馆驿。[2]

宋代旅行者经常计算着他们行走的旅途需要的天数，其算法常用到术语"程"。一个人一天行走的距离一般是 45 到 60 里，他们依据自己的假定的速度来计划其旅途。李昂英（1201—1257）估计广州到杭州间的距离是 4000 里，或是 70 程。[3] 而实际行走时会根据旅行条件对距离进行必要的调整。尽管从成都到凤州（今陕西凤翔），然后到兴州（今陕西略阳）的官道距离只有 409 里（原文如此—译者注），但是行程却有 10 程，而且沿途配备 10 个官府客栈。因为路况很差，中间有 24 里的距离被分为两程。[4] 当各程有变化时，官府客栈的分布也随着改变，朝廷曾经下令废弃了 1 间客栈，原因是 120 里的路程中有 3 间客栈。[5]

和唐代不一样，宋代的馆驿由士兵而不是役夫来维护。这个改变始于太祖时期，11 世纪初推行全国。[6] 就像使用士兵来护卫官员旅行者一样，这种从役夫到士兵的转变一定有部分原因是出于政治的考量。地方军队日益庞大，其行事变得越来越实用。宋代驿站平

---

[1] 《云麓漫钞》，卷 8，139—140；《贵耳集》，卷 2，15b。

[2] 《夷坚志》，志丁，卷 1，1683 页。

[3] 《文熙存稿》，页 49。

[4] 《宋会要辑稿》，方域，卷 10，3a—4b；卷 10，5a—b。

[5] 《宋会要辑稿》，方域，卷 10，16a。

[6] 《燕翼诒谋录》，卷 1，5 页。

均雇用大约 20 个士兵，但位于交通中心的馆驿则有上百号人。[1] 士兵们的任务和那些日常服侍官员旅行者的挑担军人一样，包括晨起叫醒住客和点灯，下厨做饭上菜，以及客栈的定期维护。

凭着枢密院所颁发的"驿券"，官员旅行者就有资格入住并享用客栈的各种资源。[2] 这些资源包括入住的客房、食物和其他服务。由于多数馆驿都是为接待各类客人而设计，因此客人通常都能找到他们需要的客房，然而在享受馆驿的服务时，拥有权力和地位的客人还是占有很大的优势。当高官出现时，低品级的官员就容易被馆驿所忽视。[3] 杨万里的一首诗的题目就很恰当描述当时情形。该诗题为"将至萍乡，欲宿为重客据馆，乃出西郊"，他在诗中述说道，因为一些贵宾的到来，他想在馆驿痛饮欢歌的愿望落空了，只能出馆西行寻找其他客栈。[4] 杨的失望在同行中必定是屡见不鲜的：就如下属在路上遇到上司应当鞠躬谦让一样，低品级官员也要恭敬地给位高者让出客房。[5]

宋代的政策允许馆驿接待旅行官员的家属、僚佐和随行的士兵，但严格限定僚佐单独出行时使用客栈。下面所引的这段话说的是县官胡顺之（全）使用谋略经常机智地瞒过其上级知州的事。当知州派其僚佐来调查他时，胡顺之：

> 阴记其入驿舍及受驿吏供给之物。既至，入谒，色甚倨，

（页边标注：105）

---

[1] 《宋会要辑稿》，方域，卷 10，5a；卷 11，4、15、30、31、36 页。

[2] "驿券"源于唐代开元年间（713—741）。吴处厚：《青箱杂记》，卷 8，85 页。公务结束，估计官员们都要归还他们的票券。外国使节也会得到这类接待票券。《宋会要辑稿》，方域，卷 10，13、18、23 页；《庆元条法事类》，卷 5，4a。

[3] 《庆元条法事类》，卷 10，4b。

[4] 《诚斋集》，卷 4，3b。

[5] 1009 年的一道诏令规定，文武官员在路上相遇，哪方需要礼让应根据官品来定。皇室的妇女和高官的家属也按此执行。《全宋文》，卷 232，21 页。

顺之延与坐，徐谓曰："教练何官耶？"曰："本州职员耳。"曰："应入驿乎？"教练踧踖曰："道中无邸店，暂止驿中耳。"又曰："应受驿吏供给乎？"曰："道中无刍粮，故受之。"又曰："应与命官坐乎？"教练使趋下谢罪。[1]

地方官在接待上司的傲慢僚佐时经常有所抱怨，但这个例子说明两点：其一，僚佐单独旅行时是没有资格享用官员才能享有的特权；其二，在现实中，他们经常强行享受了这些特殊待遇，不仅是因为他们所侍奉的长官，也因为他们与官府客栈的吏员有着较深的个人关系。也许就是因为这个原因，964年的一项官方政策禁止"令、簿、尉"，"无事"不得下乡。[2]

106　　　然而，接待趾高气扬的僚佐吏员还不是官府客栈最难应付的问题。最常被提及的旅途麻烦之一是官员超期待在馆驿，官员出差和休闲旅行有时候就意味着长时间的滞留。陆游记载他在四川漫游时，就曾在一个客栈停留了十多天。[3]有些人还把馆驿变成其临时衙门，特别是当他们卸职等待新的继任者，或被贬谪时。苏轼第一次被贬到黄州，在他迁入新住所前不得不在临皋驿住了一段时间。[4]黄庭坚就没那么幸运了：他被贬到宜州时，驿站不接待他。最终他只能住到城楼上去。[5]

不少人长期占据着馆驿，似乎没什么特别的理由，只是为了降低日常生活开销。有个极端的例子，北宋的一位高官据说死前待在

---

[1]　江少虞：《宋朝事实类苑》，卷 23，277 页。

[2]　《全宋文》，卷 3，59 页。

[3]　《剑南诗稿》，卷 8，231 页。

[4]　《苏轼诗集》，卷 20，1032—1033、1036—1037、1073—1074 页。

[5]　《老学庵笔记》，卷 3，33—34 页。

馆驿长达 7 年之久。[1]官员长久占用官府客房的行为迫使朝廷限制官员滞留馆驿的时间。1058 年的一道诏令规定："居州县驿舍亭馆者，毋得过一月，违者所属吏以违制论。"[2]如果朝廷都不得不下令滞留期限只能有 1 个月，我们可以想象超期滞留的情况有多严重。

官府客栈还得忍受官员旅行者的盗窃行为。偷窃行为已经很常见了，以至于引起了中央政府的注意。《庆元条法事类》规定，从馆驿拿走公家物品要受处罚。[3]地方官府也采取行动来防止偷盗。官府客栈的物品都被盖上了官印。[4]一些州县甚至列明不同物品的价格清单，并把这个清单张贴在接待区里。[5]

官府客栈的条件

兴化军仙游县太平驿，在唐为枫亭馆。今门有新题，而乡俗犹旧其名，盖所由来久矣。嘉祐元年（1056），始作厅事。六月，（蔡）襄自泉（泉州，在今福建）移福（福州，在今福建），贻书乡人，共完堂室。二年再临泉州。时殿中丞、知县事阎君仲甫来见行舍，曰："此吾之所治也。"于是上盖旁立，不完与正者易之，闳庑隘狭，橡甍杇缺者去之。治材于公，民不知劳，旬月而大备。[6]

107

---

[2] 彭乘：《全宋文》，卷 980，375 页。南宋时，也发布了一项类似的政策。《宋会要辑稿》，方域，卷 10，12a、13a—b、14b；《庆元条法事类》，卷 10，4a。
[3]《老学庵笔记》，卷 3，33—34 页。
[4]《夷坚志》，志戊，卷 6，2101 页。
[5]《宋会要辑稿》，方域，卷 10，14b。
[6]《全宋文》，卷 1018，197 页。

蔡襄（1012—1067）用上面的叙述说明，官府的住宿设施被当作地方官府的宅院，州县官有责任对其进行维护和翻修。地方官有充分的理由抓紧时间完成这项工作，因为这些建筑的状况经常是他们的上司和同僚旅行时首要关注的事情。王安石曾在淮西（在今安徽）的一所残破的馆驿住过，他就觉得，不对馆驿和桥梁进行修缮就没法很好地宣扬官员的政绩。[1] 蔡襄也指出："昔人邮亭不修，见讥前史。唯事毋小，乃政之纪。"[2]

王和蔡的论述说明，和官道的维护一样，对住宿设施的维护严重依赖于官员的能力与奉献精神。修建工程中的其他重要因素包括材料的成本和可资利用的人力，因此，官府客栈的条件差别很大。宋代京城和其他大的都市中心都夸耀有宽敞而豪华的住宿设施。例如，怀信驿1102年的翻修用了100多天，完工时，客房达到了525间。[3] 与此同名的南宋都城杭州一间客栈，1144年时员工达到54人。[4] 一般地方也有较大的客栈，苏轼曾写信去祝贺扶风（今陕西凤翔）一间馆驿翻修工程的完工，他称这间客栈可以"如官府，如庙观，如数世富人之宅"，"四方之至者，如归其家，皆乐而忘去"。[5]

与上面所提的慷慨大方的馆驿相反，住宿条件不是很好的客栈往往只是一笔带过。陆游曾抱怨客栈墙壁的肮脏[6]，有一间客栈甚至是"孤驿荒山与虎邻"。[7] 范成大1173年在湖南所住的一间客栈甚至连厕所这样的基本设施都没有。[8] 我们也能理解，多数的客栈

108

[1] 《却扫编》，下，1b。
[2] 《全宋文》，卷1018，197页。
[3] 《宋会要辑稿》，方域，卷10，15b。
[4] 《宋会要辑稿》，方域，卷10，11b、16a—b。
[5] 《苏轼文集》，卷11，375—376页。
[6] 《剑南诗稿》，卷50，1237页。
[7] 《剑南诗稿》，卷2，50页。
[8] 《骖鸾录》，卷1，19a。

都存在清洁卫生方面的问题。杨万里曾提到他在一间客栈应付虱子的可怕时刻[1]，另一件让人难以容忍的事是旅行者竟在客栈门厅里喂马！客栈的吏员对此多次劝说无效，于是在客栈的墙上写了首诗：

> 犬马本非堂上物，莫言驿舍暂经过。大都人畜须分别，不禁驾声可奈何。[2]

尽管有人抱怨以及偶尔出现些行径怪异的人，按着当时的生活水准，宋代的客栈配备的设施还是很完备的。[3] 当时文人的作品里，树木、花草是客栈常见的景观，其中还有一到两个矗立的墩柱，上面写明了所在地的地名和距离邻近政区的距离。[4] 尽管宋代的驿站经常以其所在地来命名，但是其他很多驿站的得名是因为特殊宾客曾来过或为了庆贺某个特别的时间。张孝祥曾提到过一个无名的客栈："萍乡境上有驿，旁有老杉余百本，余过而爱之，驿无名，余名之曰爱直，而为之诗。又以告邑大夫赵君公廪曰：使继自今为令者，幸如君之贤也，则此杉长存。"[5]

苏轼的贺文和张孝祥的诗是地方官与旅行的同行之间在驿站互动的很好例证，也是我们将要进一步探讨的主题。这些极其令人期待的会面促使地方官给予来访的官员良好的接待，与之交往，以便

---

[1] 《诚斋集》，卷1，4a。

[2] 彭乘：《墨客挥犀》，卷6，344页。

[3] 刘文鹏在其驿传网络的研究中对唐宋和明清时期的驿站进行了简要的比较。刘发现，有关唐宋时期豪华客房的描述要比明清时期的要多，他因此认为，唐宋时期国家对旅行和交通设施的关注超过了中华帝国晚期。笔者认为要证实这个结论需要作更多的研究。刘文鹏：《清代驿传及其与疆域形成关系之研究》，2—3页。

[4] 朝廷的政策强调驿站的士兵要负责种树，以便为旅行者遮阴，同时也满足官府对木料的需求。《全宋文》，卷274，418页；卷331，213页。

[5] 《于湖居士文集》，卷5，37页。

给来宾留下好的印象。苏轼对扶风翻修工程的记载特别能展示官府客栈如何被用于提高地方官的声望，苏很谨慎地提到，这次翻修并没有增加地方的税赋负担，这样的解释在蔡襄的记载中也有。苏对时任地方官员表达了敬意，他说，近十年前他到此来投宿时，驿站是没法住的。苏特地赞扬了时任官员的才干，说他完成了这样一件壮举——他的前辈都没有能做成的事——却不用增加当地百姓的负担。

109

苏轼对当地县官的赞扬证明了王安石观察的准确。王发现，公共工程的状况能够说明官员的管理能力。地方官感兴趣的是通过给来访的旅行官员，特别是给他们的上司留下好的印象，让更多的人了解他们的政绩。一些人就千方百计这么做，1177 年范成大从成都到达嘉州（今四川乐山）前，当地官员甚至要重新修造和装修一座院落内的厅堂以供他个人使用。据范的日记：

> 深邃清凉，专以度暑。尽取所藏雪图挂四壁，而榜曰雪堂。……行馆之侧，曰问月堂。虽久不葺，然月正出前檐，名不虚得。[1]

尽管地方官们努力给范留下好印象，范并没有时间欣赏这套专为他准备的厅堂，因为他正忙于登上他自己所造的新船开启返乡旅程。

宋代的客栈在沟通地方官与旅行者的联系上所起的作用是很突出的。文人旅行者在此接收公文和私人邮件，预定交通工具。地方官和文人旅行者经常在客栈会面，这里成了社交和官员处理公事的场所。[2] 客栈也是偶遇朋友的场合[3]，陆游曾在客栈碰到自己的一

---

[1] 《吴船录》，卷 1，10b—11a。

[2] 范成大曾提到，给他送行的人占满了新津（在今四川）的客栈。《吴船录》，卷 1，8b—9a。也见《曲洧旧闻》，卷 5，150 页；《入蜀记》，卷 43，2412 页；《苏轼文集》，卷 11，375—376 页；《诚斋集》，卷 4，9b—10a。

[3] 《诚斋集》，卷 4，3a—b；卷 13，18b。

位朋友，两人彻夜长谈，以至次日早晨发觉饥饿难耐，早餐狼吞虎咽。[1]不少人经常因相遇而成为朋友，一位诗人旅行者把客栈描绘成"风雨送迎地，别离多少人"之地。[2]不难看出，对这些经常生活在客栈的作家和官员来说，客栈以及在客栈的相遇迟早会成为旅行写作的核心要素。

宋代的旅行者不仅在情感上对他们所住的客栈风景越来越熟悉，他们还用笔记录下了自己对这些建筑物的感情。官衙的墙、寺庙和亭阁以及客栈、酒肆，甚至私宅、桥梁和山石，都是他们作品创作中的常见的场景。笔者前面的研究已经显示，客栈的墙壁留言题词仍是来自各个时代各个地方的精英住客交流的重要渠道，以至于宋代旅行者到访一个新地方时他们都要特别地去寻找这一类的题词。宋代的受过教育者在客栈墙壁上的题词告诉了我们有关他们的仕途经历、他们对更好生活的精辟见解以及他们对旅途艰辛的抱怨。有些人偶尔也会讨论一下敏感的政府事务。宋代旅行者们用文学创作来填充客栈的墙壁，把他们的住地从一个中立的旅行空间转化为一个他们感觉是属于自己的地方。结果，和那些浓墨重彩描写的自然山水和人造建筑一起，客栈也在文化上变成了标志性场所，并完全被整合进当时的文化景观中。[3]

当宋代旅行者们上路时，他们得到了中央和地方官府的慷慨支持。这些支持包括提供挑担军人、各种交通工具和住宿等，与道路

---

[1] 《剑南诗稿》，卷1，27页。

[2] 俞文豹：《吹剑录外集》，48a—b。

[3] 不但男人在墙壁上题写很多文字，妇女也参与了这类活动，而且她们的作品还引起了男性的注意。由女性作家所写的文学作品可以让我们看出女性是如何看待自己的生活的，以及男性对此的反应。在一个男性和女性的交往受到严格限制的社会里，女性旅行者的作品满足了男性对女性地位的想象，并强化了他们对当时的女性在生活与作品中性别刻板的印象。张聪（Cong Zhang）: "Communication, Collaboration, and Community, Inn-wall Writing during the Song（960—1279）"，1—27页。

的修造及维护需要经费支出一样，对旅行的补贴也是一项巨大的花销。国家愿意投入金钱给予代表政府的旅行者以福利。部分旅行者违反政策及无能官员的管理不善影响了旅行政策的有效实施，也阻碍了国家对旅行者提供帮助。地区差异导致了各地住宿设施条件的不同，这样的现实情形，以及频繁的长途旅行所带来的不确定性和旅途的艰辛，可以解释宋代旅行文学中何以存在着大量的抱怨诗文。

政府对旅行官员的帮助一直贯穿整个宋代。总的来说，这期间，政策一直在执行，政府提供的资源也没有中断。尽管各种帮助对高官们尤其助力甚多，但所有的官员旅行者都能从这个制度中得益。这些官府补贴不仅免除了他们对路途上如何搬运物品的担忧，旅行上的优待也使官员明显地有别于其他普通旅行者，这进一步提升了官僚的威望。更重要的是，宋代精英们旅行中获得的后勤帮助对这些精英们的自我认同的形成极其重要。同样地，"官道（仕途）"既意味着旅行者们仕途上的颠簸和转折，同时也是连通全国各地的交通和住宿的方式。这些交通和住宿方式一方面是特权的象征，另一方面决定着旅行者的出行方式。旅行者在路上的经历使他们能够看到自己这样的形象：既是强壮的骑士，又是谦虚的学者，又或者是个性格古怪的人，同时又是个技艺娴熟的朝廷军官或失意的低品级官员。他们在路上增长了见识，继续前行，奔赴新的职位。

第五章　送别仪式

——饯行

柳色西门路，看公上马时。亦知非久别，不奈自成悲。[1]

上面陆游所写的这几句是典型的描述送别朋友赴任场景的诗。在一系列可能是送别仪式的活动的结尾，送行者们聚集在一起祝愿旅行者一路顺风。在其短暂的职业生涯中，宋代精英们经常以主人、贵宾和陪同者的身份参与这类活动。他们的文学创作表明了精英社会交往是当时告别文化的核心元素，诸如宴饮、互赠诗词和公开展示情感等是这些活动的特征。这些活动促进宋代官员们之间的交流，大家一起分享如何应对到各地任职，如何告别家人朋友，如何感受频繁离任的受挫经验。因此，对长久友谊的祝贺是宋代送别文学经久不衰的主题。

最近有研究者指出，旅游和男性友谊之间具有较密切的关系。[2] 黄卫总（Martin Huang）观察到，在传统中国，"拥有许多男性朋友经常被认为是一个人具有阳刚之气的重要象征，因为这证明了这个男人在离开家庭和家乡之后的行走各地的能力和结交其他男性的能力，于是交更多的朋友就成为男人的成就，反之受儒家伦理规范的限制，女人被要求待在家里不能外出。"[3] 笔者对送别仪式的研究将说明宋代男性生活中同性友谊的重要性。此外，和上一章对

---

[1] 《剑南诗稿》，卷 1，21 页。

[2] 见曼素恩："Introduction: The Male Bond in Chinese History and Culture"；黄卫总："Introduction to *Male Friendship in Ming China*"。

[3] 黄卫总："Introduction to *Male Friendship in Ming China*"，5—6 页。

精英们自我表现为精力旺盛的骑士和狂热的冒险者的讨论相呼应，

112 笔者认为，参与送别仪式极大地提升了这些男人的性别认同。集中探讨这些共同的旅行经验有助于说明宋代时男子气概构建的复杂方式。

在最近对四明（今浙江宁波）精英家族的两项研究中，黄宽重证明了社交网络和文化活动在构建他所谓的"领袖地位"中所起的作用。[1] 本研究将揭示，通过不止一种方式，饯别为精英人士提供了评估其社交生活的理想机会，因此也告诉了我们人的地位是如何被社会所认可，以及人与人之间的关系是如何构建的。从一个即将上路的旅行者的立场来看，为他举行的饯别宴会的规模和被视为其社会地位晴雨表的饯别宴会出席者的人数，巩固了他与朋友、同僚和熟人的关系，或促使他重新审视与这些人的交往。成功和有成就的人士自然是受人瞩目的中心，而新任官员和中等品级的官员经常受到热情款待。综合因素——文学声望、官僚品级、政治立场、共同的利益、家庭关系和个性——在这些仪式中发挥着至关重要的作用。笔者只想说，宋代精英们如果没有进行范围如此广的迁移，他们的社交圈就会与此明显不一样。

酒、诗和友谊

送别仪式在传统中国文学中占有重要地位。最早和最让人印象深刻的关于送别仪式的记录之一是公元前 227 年为荆轲（？—前

---

[1] 黄宽重：《人际网络、社会文化活动与领袖地位的建立——以宋代四明汪氏家族为中心的考察》，627—669 页。

227）而举行的送别仪式。当时荆轲离开燕国去刺杀秦王。荆轲和他的朋友都很清楚，此行无异于自杀。他们穿着孝服颜色的白衣，一起畅饮，好朋友高渐离击打着筑[1]，荆轲唱着哀伤的"易水"。[2]荆轲没有成功，被秦王杀死，但他的英雄行为以及使他的行刺任务仪式化的送别仪式代代相传，他的名字和"易水"这个词被广泛地认为是友谊、忠诚和勇敢的象征。

　　早期另一则代表了送别仪式文学的作品是唐代诗人王维（699—761）所写的诗。当王维送别一位前往西北边疆的朋友时，他写道：

渭城[3]朝雨浥轻尘，客舍青青柳色新。

劝君更尽一杯酒，西出阳关[4]无故人。[5]

　　此诗名为《渭城曲》，和"渭城"、"阳关"、"柳树"一起，被唐代及以后的作者采用，用以表达与好友相互道别时好友所感受的无奈感。[6]

　　宋朝早期的文学作品一般不详细描写旅行的准备、出发的集合地点、送别仪式上的食物。就像荆轲和王维的事例一样，饮酒使人们在这个场合情绪高涨，像"醉"、"聚饮"、"酒酣"等词语经常出现在宋代作品中，与会者承认他们的宴会会持续几个时辰甚至几天。

---

[1]　"筑"是一种十三弦的乐器。

[2]　《史记》，卷86，2534页。

[3]　渭城位于唐代京城长安的西北，在渭水的北岸。

[4]　阳关位于敦煌（在今甘肃）西南的唐朝边境。

[5]　王维：《类笺王右丞全集》，卷10，7a—9a。

[6]　例如，范成大在他的诗中多次提到柳枝、渭城和阳关。《范石湖集》，卷1，10页；卷5，53页；卷20，290页；卷25，234页。对这首诗歌在宋代流行的研究，见杨晓蔼：《〈渭城曲〉在宋代的歌唱与"渭城体"》，20—26页。也见殷宪：《唐代别离诗主题赖以生发的意象》，62—65页论及唐代赠别诗的兴起。

聚会参与者在这种场合总是畅饮过度吗？我们无法得知，但更重要的是，酒似乎总是这类聚会的重要元素。酒、畅饮、醉与放开社会束缚等象征着在这类场合上释放出的强烈情感及与会者表达出来的深厚友情和同僚之情。1173 年陆游前往嘉州赴任时，一位朋友为他饯别，大家饮宴欢歌直至深夜，告别时大家都喝醉了。[1] 尽管有些旅居者感慨落泪，我们还是看到"草草杯盘灿烛光"和"故人相对水云乡"。[2] 另一位旅行者在路上遇到朋友，回想起他们之前的相遇，然后两人一起宴饮，他发现他们的须发已变灰（也就是说他们年岁已大）。[3]

在这些聚会上与饮酒同样重要的是文学作品的创作，这些作品通常是诗词。宋人文集中给我们深刻印象的是那个时代所创作的相当数量的送别诗，这些诗大多数是为送别朋友或同事而作。欧阳修所写的 99 首这样的诗中，有 20 首是写给门人弟子和举子的，绝大多数是在他们返乡的离别时刻。有 5 首是写给相别的道士僧侣的。剩下的 74 首是写给上路的同僚的，这些人包括县官到路、州长官等等。[4]

送别不止一场宴饮，送行者和旅行者为这类场合所写的诗以各种方式相赠对方。这些诗经常被收集起来，并在与会者之间传阅。在一篇写给低品级的郭姓官员的送别仪式诗集的序言中，文同（1018—1079）写道：

> 其将代也，凡远近士大夫喜以文章道人之美者共若干人，

---

[1] 《剑南诗稿》，卷 23，662 页。

[2] 张元幹：《芦川归来集》，卷 3，41 页。

[3] 乐雷发：《雪矶丛稿》，59 页。

[4] 《欧阳修全集》。

以诗赠其行。……其诗，君次第为一篇，持以示余。俾余题其首。将布之。余为之云云。[1]

为了郭能够将诗编汇成册出版，必须有相当多的人来参与，甚至要把大量的诗收集进来。实际上，序言的作者为类似的集子作序时一般也会提到文学作品的数量。例如，张元幹（1091—约1161）为一位前往四川的朋友的诗集所写的序言中写道："所得赠行诗文成巨轴矣，临别亦辱见索。"[2]

除了赞颂贵宾和参与送行者的文学才华，友人和同僚们也称赞旅行者的道德品质。在给一位朋友的送行诗文集所写的序言中，文同写道：

朝中士大夫亦有以益孺之行为可贺者，皆以诗饯之……益孺视事之明日，即走书兴元（在今陕西），求余为之序，将刻之石。故为此言。[3]

正如墓志铭的作者会为死者唱赞歌一样，赠别诗集的作者也会称赞旅行者的才华与美德。为此，我们必须要用批评的眼光来审视这类材料和所运用的语言。文同似乎期望他的读者有所反应，在上面两个事例里，他在序文的末尾解释了他为什么接受请求而写序。文强调旅行者的才华和道德素质，暗示他不赞成写这些文章，只是因为郭和张是他的朋友和同僚。

事实上，文同明白地告诉我们，很多人前来为郭和张送行。他 115

---

[1] 《全宋文》，卷1104，105页。
[2] 《芦川归来集》，卷3，75页。
[3] 《全宋文》，卷1103，95页。

们这么做，不仅仅是因为他们曾一起共事，而是因为他们"羡慕"这两个人准备上路赴任。

对郭和张而言，他们有充分的理由为这么多人出席送行聚会而高兴，很自然，他们很怀念这些场合。两人将这些诗汇编成集，张甚至打算把这些作品铭刻在石碑上！通过举行送行聚会和用多卷本的诗集来记录这些时刻，郭和张的同僚证实了这些贵宾的受欢迎程度；通过将这些个人经历中具有里程碑意义的事件保存在自己的记忆中，郭和张的经历的真实性得到了同僚和友朋的认可。

将赠别诗汇集成卷的做法从北宋初开始流行，而且这证实了送别聚会的盛行以及所出产的文学作品数量之多。随着时间的推移，序言的内容也逐渐公式化。文同的同时代人祖无择（1006—1085）写道：

> 君乃出去年所得饯行诗……暨予一十九人，凡二十章，其将籍不肖文以冠诸首，而刻诸石。[1]

祖明确说出了与会者的数量和所写的诗章数，说明平均每个与会者写至少 4 或 5 首诗。考虑到聚会的规模和宾客们对诗集的关心，我们就知道祖为什么应承"可无辞乎"了。[2]

对这类特点的描述，为我们探讨文学作品的创作数量以及这类事对贵宾的重要意义提供了线索。一些人对他们的送别经历有强烈感受，因此他们不仅自己把经历编撰为诗集，而且还亲自撰写序言。杨亿（974—1021）被派往山西任职后，在一篇序言中写道，一旦他

---

[1] 《全宋文》，卷 935，311 页。
[2] 同上。

的任命公布，"公卿巨儒，台阁髦士，寮寀之际，朋从之间，相率赠言，以宠行迈者，凡三十八人"。杨有理由夸耀到会的嘉宾来恭送他远行，但他抓住很重要的一点。杨在罗列了为宴会准备的精美菜点后，说这样一个聚会证明了"一时文物之盛"，而不仅仅只是反映了他个人的社交圈的广泛。如此，他不仅对当时的临别聚会在那个时代的文化思潮中的位置做了直接定位，而且还把他和宾客们描绘为文化的"生产者"。杨接着写道："既铨次成编，辄敷述其事。"[1]杨并没有提到为这个送别场合写的诗有多少首。在另一个送行聚会中，他记载说有个与会者写了一首224行的诗，12个人也写诗应和。[2]

116

如果一场聚会就汇编这么多诗，我们可以想象单是一个旅行者的多次送别聚会就能产生多少文学作品，而且，送别聚会在旅行者上路后还继续好长时间。对旅行者的朋友和同僚来说，陪伴旅行者度过其旅程的中的几天、有时甚至更长时间那是再正常不过了。1170年陆游开启了他的旅途。兄弟们为饯别，一直饮宴到次日的寅时。其后陆游一行上路，才走了15里路，另一群送行者又加入了给他饯行的行列。[3]经过京城后他旅程的第一个14天大多数都花在了沿途一场又一场的饯别宴会、会见亲朋和同僚之上。[4]即使如此，没能见到所有他想见的朋友令他有些遗憾，陆在日记中写道："而旧交多已散去，或贵不复相通，为之绝叹。"[5]10年后，他又有了不同的经历。1180年陆游在江西卸任，无意中记载了送行者们伴随他走了100里（除了傅用之）才依依惜别，次日，傅还是陪他从早一

---

[1] 《全宋文》，卷294，380—381页。

[2] 《全宋文》，卷294，382—383页。

[3] 《入蜀记》，卷43，2406页。

[4] 《入蜀记》，卷43，2406—2414页。

[5] 《入蜀记》，卷43，2407页。张春树和Smythe：*South China in the Twelfth Century*，40页。

直走到晚，不愿离去，即使陆再三辞谢。[1] 联想到陆此前曾说过同僚们都不舍得他去京城，朋友和熟人们如此的热情实在是特别令人感动。

　　宋代的送别文学经常表达的不仅仅是对离别的感伤和对旅行者旅途顺利的祝愿。它也关注旅行者们频繁的离别，同时向人们传达了旅行者和送行的客人们所感受的那种无助和脆弱感。例如，1180 年陆游在前往江西的路上所写的一首有着长长题目的诗"乾道初，予自临川归钟陵，李德远、范周士送别于西津，是日宿战平，风雨终夕。今自临川之高安，复以雨中宿战平，怅然感怀"：

117　　　　　故人已作山头土，倦客犹郫陌上尘。十五年间真一梦，又骑羸马涉西津。[2]

　　陆游没有想到 15 年间他两次旅行会经过同一个江西城镇，这两次他在官场上都不大得意。对陆来说离开一个地方很久之后再回来是特别痛苦的：他第一次旅程中的老朋友都已走了，剩下他这个疲惫的旅行者，只在老朋友们的生命中留下了短暂的一刻。在这里，我们再次看到了"倦客"和"瘦马"被引用来指代一个官僚坎坷的仕途。

　　陆和士大夫朋友们都感受到"十五年间真一梦"，与朋友相聚的机会以及重逢的不可预知性一直是宋代文学的重要主题。在给一位李姓朋友的赠别诗所写的长序中，穆修（979—1032）写道："景德四年（1007），与泉州进士李君相识于京师，游处且久。"穆接着提

---

[1]　《剑南诗稿》，卷 13，362 页。
[2]　《剑南诗稿》，卷 12，356 页。

到，他和李相遇时，他们正准备着应试。次年春他们双双落第，于是离开京城返乡。穆继续写道：

> 其居地既远且绝，不相闻知。如是别者十一年，复会于京师，得一举酒而相欢对。一语及往旧事，怳焉不啻如梦。[1]

穆接着悲叹，尽管他有幸获得了功名而且踏上了仕途，现在却没有了官职，而李的运气则更糟，尽管多次应试，一直没有成功。仕途上的失落使他们的重逢快乐蒙上了阴影，就如穆所写的"顾昨日之少壮忽已凋耗，今聚未久而复别……我眷眷而不已者……其以故人也，其俱不得志也，其相远而难相闻也"。[2]

穆无奈地问道："其将为之奈何？"穆的诗表达了同样的情感。他不仅用"柳色伤远行"与王维的诗相呼应，并且诗也描写了为李所举行的送行宴会：

118

> 十千大梁酒，金罍为君倾。酒酣微悲歌，众坐皆耸惊。[3]

穆的作品暗示，在10多年的应举不中后，现已人到中年的李已经放弃了功名的追求了。这次分别，很可能是他和李最后一次互相见面的机会了。

他们对久别极为伤感，而宋代作家旅行者们努力通过关注重逢的可能来保留更多一些乐观情绪。张孝祥很伤心地送别了一位朋友，他写道，因为公务他们相聚5日就要分别了，他们的下次

---

[1] 《全宋文》，卷 322，27 页。
[2] 同上。
[3] 同上。

重逢不必再等 3 年了。[1] 同样地，范成大在他出席的一次送别聚会上，试图把聚会者的想法归纳为："一笑不须论聚散，少焉吾亦跨归鞍。"[2]

黄卫总在探讨明代的男性友谊时评论道："考虑到诗词在受过教育的男性的社会生活中所起到的作用以及中华帝国晚期文学创作数量的巨大，对诗词的社会含义进行仔细的考证对我们更好地理解这个时代的男性友谊至关重要。"[3] 在这里我们看到，宋代也是如此，诗词是一种用于表达士大夫因频繁别离而产生的失意，以及多年形成的友朋、同僚之情的强有力的工具。除了饮酒，诗词创作一直是当时离别文化的仪式性内容。

送别聚会的社会含义

除了文学作品的数量以及所展示出来的情感，我们的探讨也揭示送别聚会对宋代士大夫来说是非常重要的社交场合。要想更好地了解他们是如何严肃认真地应对这些场合，让我们首先来看一则选自《夷坚志》的逸事：

---

[1] 《于湖居士文集》，卷 8，71 页。

[2] 《范石湖集》，卷 14，174 页。

[3] 黄卫总："Introduction to *Male Friendship in Ming China*"，32 页。黄的观察出现在其四篇文章的合编论文集的导论里，涉及男性友谊的方方面面在明代已经表现出来，都被理论化、实践化。这些文章有何安娜："Friendship through Fourteenth-Century Fissures"，34—68 页；林萃青（Joseph S. C. Lam）："Music and Male Bonding in Ming China"，70—110 页；金葆莉（Kimberley Besio）："A Friendship of Metal and Stone"，111—145 页；黄卫总："Male Friendship and Jiangxue"，146—179 页。也见曼素恩："Introduction：The Male Bond in Chinese History and Culture"，1600—1614 页；周绍明（Joseph McDermott）："Friendship and Its Friends in the Late Ming"，67—96 页。

叶祖义，字子由，婺州人。少游太学，负隽声。天资滑稽不穷，多因口语谑浪，所至遭嫌恶。……后登科，为杭州教授。轻忽，生徒及同僚无不敛怨。一旦以事去官，无一人祖饯，独¹¹⁹与西湖僧两三人差善，至是皆出城送之。叶与之酌酒叙别。[1]

幸运的是，叶似乎并不很介意受到冷遇。相反，他觉得这情形有些幽默，甚至还写了首词自嘲。

这则逸事反映了三个问题。第一，洪迈觉得叶没有恰当的理由就离别，大大有别于士人们举行和参与送别聚会这样的平常活动，于是就记录下了这则故事。实际上，甚至叶也清楚自己的尴尬处境，并自嘲了一番："如梦如梦，和尚出门相送。"第二，考虑到叶曾进过太学以及在京城做事，士大夫的动向最受关注，因此他没有学生和同僚送别是极其不寻常的。第三，叶不仅没有人给他举行送别仪式，而且他本人也得不到同辈们的认可，如洪迈在故事的开头所说，他不受认可的原因是他令人讨厌的个性。这则故事所反映的道德是不言而喻的：在进行社会交往时，一个人的名声是非常重要的。

洪迈强调叶是一个不受欢迎的人，这让我们在更大的背景下对人际关系的影响力做一番审视。对贵宾来说，送行聚会象征着获得同辈文人的认可，因此也表明一个人的士大夫地位得到社会的确认，叶没有享受到这些（显然他一点都没有受到上述待遇）。实际上，士大夫们在参与他人的、企望他人出席本人的送别聚会上面临着很大的压力，叶在此方面的态度可能不是很常见的，而对一般人来说，举办或出席送别聚会却正好是表达个人倾向的场合。北宋的一则逸事说，王钦若（962—1025）被任命为杭州知州时，京城中除了杨亿

---

[1] 《夷坚志》，支景，卷6，1030页。

之外都写诗给他送行。杨对此并不放在心上，以至于真宗都出面干预了，但是杨没有听从劝解。[1]杨如此坚决不写赠别诗的原因不明，但我们可以想象杨拒绝的结果会影响到将来他与王及王的朋友间的关系。显然，送别聚会使一个人社交圈子的真实状况公开化，叶苦笑着接受了孤独告别杭州的现实，而其他人可能就没法很好地应对这个羞辱了。

120　　理所当然地，关于这种例外情况的记载不是很多；相反，宋代名人们所留下的大量文学作品，都称送别聚会是豪华的、时间很长的、令人感动的。高官或著名文人们离开京城都被认为是很重要的事件，以至于连皇帝都参与到送别活动中去。嘉祐年间（1056—1063）文彦博（1006—1097）离开京城赴洛阳担任新职，皇帝都出席了他的送别聚会，与会者每人至少写了一首赠别诗。[2]1084年文即将致仕时，宋神宗（1067—1085年在位）不止一次要求他推迟离京上路的时间。在一个多月的送行时间里，皇帝5次召见文，3次赐宴，还赐给他御笔亲题的送别诗。[3]

　　至少有两条当时的史料记载了文所获得的隆恩，这更加证明和提升了他的声望。依据他们举办聚会时所处的环境和与会者的身份，送别聚会的差别非常大。为文举行的宫廷中的送别聚会张灯结彩，还赐予与会者精美的饮食，而皇帝的出现必然意味着宴会是最高规格的。多数与会者敢尽情畅饮美酒吗？在皇帝的眼皮底下，有多少学者会放纵自己的行为，就像和同僚聚会一样畅所欲言？实际上，皇宫中的送别聚会可能规格极高，但它也受到一定的限制，因此涉及上下级的聚会都是如此。这或许可以解释为什么张孝祥对他曾经

---

[1]　《画墁录》，10b。
[2]　《墨庄漫录》，卷4，1b—12a。
[3]　王辟之：《渑水燕谈录》，卷2，18页；《石林燕语》，卷6，45页。

的偶然性的聚会有着美好的回忆。在离开桂林前，同僚们为张孝祥在岩洞举行了一个送别聚会。聚会是如此的轻松和愉快，以至于大家都脱下了靴子行走，拿着火把观赏洞内景致。[1]

遭受贬黜的官员获得的待遇就不是很幸运了，也没有那么多的欢乐了。这些人没有时间为上路做准备，从来不在乎与朋友和同事告别。有一位被贬黜的官员只得到了 3 天时间来离开京城前往安徽赴任，他在京城不仅几乎被人遗忘，甚至沿途地方官对于是否接待他都很犹豫。[2] 朋友和同僚自然害怕与遭贬黜官员联系，即便像范仲淹这样有名有影响的人，当他被贬到饶州（今江西鄱阳）离开京城时，没有一个人敢来送别他，除了一位姓王的朋友。这位朋友尽管在生病，还是在城门口为范送别。当问到他是否担心有什么不好的影响时，王简单地回答道，被人视为范的121朋友，他感到很荣幸。[3] 受此影响，我们除了赞赏王的勇气和他对范的清白人格的信赖，还会从范的角度来看待这类送别场合。对于一个经受了重大挫折的居于领袖地位的学者来说，王为他举行的送别仪式必定已经很清楚地说明他的政治生涯和社会关系的脆弱性。[4] 王显然没有因为他的勇敢行为而遭受损害，而南宋类似的一个例子却导致了一场灾难。胡铨因得罪秦桧被贬新州（今广东新兴），胡的朋友受到威胁而不敢为他送行，只有一位朋友王庭珪（1079—1171）写了两首诗给他送行。秦桧知道后，也将王

---

[1] 《于湖居士文集》，卷 30，290 页。

[2] 《鸡肋编》，卷 2，75 页。另一则当时的材料记载，即使他想贿赂随行士兵，贬谪路上生病的官员也是不能去看医生的。何薳：《春渚纪闻》，卷 4，54 页。

[3] 《渑水燕谈录》，卷 2，14 页。

[4] 有一个类似的小事例：王禹偁被贬谪到黄州，只有他的一位姓窦的朋友出于同样的理由前来给他送行。《渑水燕谈录》，卷 7，84 页。

贬黜出京。[1]

上面的事例并不意味着朋友和同事们必然总是想逃避政治上的不幸。在从开封到夷陵（今湖北宜昌）的路上，欧阳修每到一处都受到很好的招待。1036 年的一次旅途中，欧阳修只有 30 岁，刚被贬黜，然而还是有 16 个人来为他送行。更重要的是，如他在旅行日记所载，他的整个旅程每天充满了宴会、饮酒、会友和观光。[2] 另一位北宋名人张舜民（活跃于 1065 年），在其从开封到贬所湖南南部的旅途中，也是一路上充满了类似的娱乐活动。他的路上的经历直到南宋还备受赞赏。周煇写道：

> 芸叟迁流远谪，历时三，涉水六，过州十有五。自汴抵郴，所至留连。南京（今河南商丘）孙莘老、扬州（在今江苏）孔周翰、泗州（今江苏盱眙）蒋颖叔、江宁王介甫（安石）、黄州（今湖北黄冈）苏子瞻（轼）、衡州（今湖南衡阳）刘贡父，皆相遇焉。说诗揽胜，无复行役之劳。[3]

叶祖义完全没有人相送，而文彦博则连皇帝都出面相送，诸如此类的极端例子，以及贬谪后的各种经历、旅居者和送行者所写的洋溢着赞美言辞的文学作品等等，在上面的示例中都有所展现。1175 年范成大离开桂林时，有一位士人追赶上来，送上一幅他所画的范离开时的肖像。范愉快地收下这个礼物，而且还写了首诗评述此事。范的诗提到有 21 位送行者伴他而行，沿途又有 5 个人加入。

---

[1] 岳珂：《桯史》，卷 12，133—134 页；《贵耳集》，卷 1，28b—29a；卷 13，8b—9b；《独醒杂志》，卷 8，75 页。

[2] 欧阳修：《于役志》。有关他在路途上遇到的人和活动的详情，见严杰：《欧阳修年谱》，65—68 页。

[3] 《清波杂志》，卷 4，140—141 页。

因为"相送不忍别，更行一程路。情知不可留，犹胜轻别去"[1]。

如果我们考虑到每年都有数千的士大夫要定期地调换官职，每年每个人要参加数十场送别聚会，同时也要花较多的时间为此做准备。宋人文集中所记载的大量的这类活动次数可以证实这个估算数据。《欧阳修全集》中的 746 首诗中，99 首诗的题目包含有"送"字，说明这些诗就是直接为送别而作。这些占欧阳修整个诗作数量的百分之十三。同样地，曾巩（1019—1083）的《曾巩集》有 410 首诗，其中 48 首诗题目包含有"送"字，占其所有诗歌作品数量的百分之十二。

在这些场合所创作的诗，关注点集中在友情、频繁分离以及不忍说再见等方面，向与会者有力地表现了他们的共同命运，同时为他们在心理上和情感上的长期分离和团聚的承诺做好了准备。欧阳修辞别他的好友梅尧臣（1002—1060）后，总结道：

> 倾壶岂徒强君饮，解带且欲留君谈。洛阳旧友一时散，十年会合无二三。[2]

欧阳抱怨他和梅 10 年间只见了两三回，这让我们想起了上文提到的穆修和他的那位李姓朋友。然而顺利跨入仕途让欧阳和梅每三两年就能相见一次，而李的屡试不第则让他与穆修分别了 11 年，这期间两位老朋友最终没能再次相见。

当使用送行文学作品做材料时，我们必须记住，大型的送别聚会可能是相对很少的。当时的文学作品中不大记载不幸的时刻，仅

---

[1] 《范石湖集》，卷 15，189 页，卷 15，190 页。有人急匆匆地赶上给他送行的例子，见《范石湖集》，卷 20，298 页；《诚斋集》，卷 1，19b—20a；卷 2，2a—b。

[2] 欧阳修：《居士集》，卷 1，7 页。

是因为社会上不能接受这种不幸情形公之于众，这部分很好地解释了为什么洪迈用逸事的形式来记录叶祖义的故事。要记住所使用的材料有这些局限性，让我们来具体谈谈送别聚会的细节。

1177 年范成大的告别

从他进入仕途起，范成大似乎就是个很受欢迎的人。在徽州（今安徽歙县）的 4 年任期结束后，范于 1160 年启程回到他的家乡。送行聚会上给他送行的是许多朋友、同事，至少还有一位道士。最令人感动的时刻是他的上司，知州洪适（1117—1184）派助手追上范，给他送来了赠别诗。范显然有些受宠若惊：他不仅当场回赠了一首诗，而且次日再次写诗回谢洪适。考虑到范只是任职于小地方的官员，他所受到的尊敬和前面叶祖义遭遇到的无人相送之间的反差实在是太过明显了。[1]

现在让我们转到 1177 年为范成大举行的送别仪式。在担任置制使的两年期间，他多次以病为由向朝廷提出致仕请求。朝廷的正式批复终于在 1177 年春下发。在范这年夏天离开前，为送别他而举行的娱乐和宴会延续了 4 个月。尚不清楚究竟有多少人向他道别，但根据他的日记记载，范旅途上的欢送聚会多到甚至一直到上路后第 10 天都还有，以至于新津（在今四川）的客栈都挤满了客人，当地官员聚在一起欢送他。范最终为了送行者不得不再待了 3 天，然后将他们打发回成都，不过还是有超过一半的人继续尾随而行。[2]

---

[1] 《范石湖集》，卷 8，93—97 页。

[2] 《吴船录》，卷 1，7a—b。

行万里路：宋代的旅行与文化

范肯定被送行的人群搞得不堪重负。行程的第 14 天，他在眉州举行了一个宴会，向大多数宾客道别。[1] 第 16 天又成了一个道别的日子。早餐后继续上路，没人忍心说再见，于是等来了更多的饮宴和诗词。暮色降临，大家尽管有所意识，但最终又多待了 1 天。[2] 范反复地劝说送行者回去，还是有 6 个从成都来的人一直相伴着他。同时，从嘉州（今四川乐山）来的人希望他能在峨眉山脚停留。范写道，到此，最初旅程上的送别聚会已过十分之九。如果我们从字面来理解这些叙述，可以推断原本至少有 60 位送行者与他相伴而行。[3]

有 3 个人，谭德称、杨商卿和杨的儿子，在和范一起爬过峨眉山后继续陪伴着范上路。直到到了泸州（在今四川）他们才离开，这 3 个人陪伴范走了 36 天，行程达 1000 多里。[4] 范成大的送行者中，有一部分人陪范走了半个多月后回到了成都，其中就有陆游。这期间，他们交换了两首诗，悲叹他们频繁的分离。[5] 在旅行日记里，范说他和陆每 5 年就分离一次，而且经常是在 6 月。两人每次都是挥泪而别。[6]

官阶在范成大的这个事例中起到了至关重要的作用，但是这并

[1] 《吴船录》，卷 1，8b—9a。
[2] 《吴船录》，卷 1，10a。
[3] 《范石湖集》，卷 18，263 页。
[4] 《吴船录》，卷 2，2b。在离开和返回成都之间，范送给杨商卿至少两首诗。《范石湖集》，卷 18，263 页；卷 19，266—268 页。范估计这 3 人都回到成都了，写了 4 首诗，表示希望他们经常写信给他。我们知道，9 年后杨商卿到苏州的探访给了范一个惊喜。《范石湖集》，卷 24，336 页。范写给其他送行者的诗中，有一首是写给另一位姓杨的。当回到东部的原籍收到杨的回信时，范期待能见到他。范甚至邀请杨 3 年后来他的石湖山庄。这说明杨来自长江下游地区，在范离开返回时正好来到四川。《范石湖集》，卷 18，263 页。
[5] 《剑南诗稿》，卷 8，218 页；《范石湖集》，卷 18，253—254 页。
[6] 《范石湖集》，卷 18，254 页。

不必然意味着官阶低的人总是要向上级卑躬屈膝。如笔者曾提到过的，知州洪适向离开徽州的范成大表达了敬意。张孝祥曾记载，他到达蕲口（在今湖北）前，和一位品级较高的地方官朋友已经数度通信。迎接到张之后，这位东道主朋友次日举行了一个更为正式的仪式，还用上了上千的士兵和马匹。[1] 在此，他不仅是高品级的上司，可能也比张要年长，而张才30多岁。然后我们可以推测，友谊是这位地方官的豪爽举动背后的基本动机。1154年张在殿试中拔得头筹，张的传奇性文才确实可能没有影响到他与朋友的关系。张对这次聚会并没有留下什么记录，但从他所受的招待来判断，聚会的时间很长，饮食也很丰盛。

为置制使范成大举行的盛大送行，范和他的送行者们对此并不感到吃惊。道理很简单：作为四川地区品级最高的官员之一和著名的诗人与作家，他所拥有的一切是遭人嘲笑的叶祖义所没有的——也就是权力、名声、广泛的社会关系网络和开朗的性格。在接下来的一节里，笔者将转向一位父亲和儿子的私人道别。

父亲目送儿子离去

> 我老汝远行，知汝非得已。驾言当送汝，挥涕不能止。人谁乐离别，坐贫至于此。[2]

这几行诗的题目是"送子龙赴吉州掾"，是陆游在儿子赴江西上

---

[1] 《于湖居士文集》，卷9，80页。

[2] 《剑南诗稿》，卷50，1232页；华兹生：The Old Man Who Dose As He Pleases，52—54页。

任时所写，那时陆已经 76 岁。陆和其子当时肯定有这样一个念头在头脑中闪过：这可能是父子两人最后一次见面了。陆的话因此听起来也有些虚弱，离别的场景特别让人伤感，因儿子的离去他将直接担负起家庭的经济重担。

宋代作家论述其官宦生涯对家庭生活具有重要影响上，陆游可能是表达得最有效的。这个主题我们还将在下一章继续探讨。陆游广泛地旅行于各地，不断地诉说着自己所付出的牺牲，他只是对仕途之路的要求太了解了。在这首长诗里，他估算着儿子的情况，表达自己的愿望，根据自己几十年的经历给儿子提出建议。他接着列举了子龙在沿途中要遇到的困难：

> 汝行犯胥涛，次第过彭蠡。波横吞舟鱼，林啸独脚鬼。野饭何店炊，孤棹何岸舣？

陆然后明确地表示，子龙将要克服的障碍根本没法与他即将要承担的责任相比。他建议儿子努力上进，注意自己的位置，避免贪污：

> 判司比唐时，犹幸免答箠。庭参亦何辱，负职乃可耻。汝为吉州吏，但饮吉州水。一钱亦分明，谁能肆谗毁？

由于家庭受到经济困难的困扰，陆教导儿子要恰当地管理好自己的收入，并建议道：

> 聚俸嫁阿惜，择士教元礼。我食可自营，勿用念甘旨。衣穿听露肘，履破从见指。出门虽被嘲，归舍却睡美。

陆游接着描述子龙应该结交的人：

> 益公名位重，凛若乔岳峙。汝以通家故，或许望燕几。得
> 见已足荣，切勿有所启。

他接着说道：

> 又若杨诚斋，清介世莫比。一闻俗人言，三日归洗耳。汝
> 但问起居，余事勿挂齿。希周有世好，敬叔乃乡里。岂为能文
> 辞，实亦坚操履。相从勉讲学，事业在积累。仁义本何常，蹈
> 之则君子。

　　除了教导儿子勤勉做事、不要贪污，陆游还强调儿子要与仁义
者交往——大多数都是他在漫长仕途中认识的朋友和熟人，包括在
吉州的亲戚和非亲戚，但陆所认识的这些人都是名人和有权势者，
他念念不忘地两次提到子龙应该不像是个巴结逢迎的人。

　　最后，陆游表达了他作为老人最为担心的事：待儿子 3 年任期任
127 满回来，他可能已不在人世了。陆已经习惯了仕途上变化不定的生
活，他以比诗的起头更为高调的语气结束了整首长诗：

> 汝去三年归，我傥未即死。江中有鲤鱼，频寄书一纸。[1]

　　鉴于告别文学强调频繁旅行的情感代价，陆游这番就事论事的

---

[1] 《剑南诗稿》，卷 50，1232 页；华兹生：The Old Man Who Dose As He Pleases，52—
　　54 页。

教导使我们对宋代旅行者在思考处理财务、与同辈结识和重逢、与地方望族和名人交往等实际事务时的心态能略见一斑。作为一个经验丰富的旅行者，陆似乎已经建立起一个其子可以利用的巨大的社交网络。我们也能想象，这些关系将会对子龙在吉州的生活和仕途起到很大的帮助作用。

史县官的故事：贵宾

考虑到可资利用的材料的特点，我们对著名文人学士参加的送别仪式了解得最多。那些既没有范成大那样的权力和名望，也没有陆游和张孝祥那样的文学成就的人，却经常参加为其同事、上司和其他官员旅行者所举行的欢迎和送别聚会。地方官的离别也给当地精英，甚至长期居住的居民等人提供了绝好的机会。在这类文学作品中，地方官经常被描述为赢得百姓尊敬和爱戴的、能干的、爱护民众的管理者，因此，在送别作品中经常描写到这种官员被苦苦挽留。北宋的一则材料提到，许多城里人参加了一个为在任县官举行的告别聚会。[1] 墓志铭是记载受人尊敬的文人美德的最好的载体，其内容也反映了官员的这类品行和事迹。例如，王安石所写的 76 篇碑铭中，有 30 篇盛赞死者是"良官"。这 30 篇里，有 10 篇给出的总评价是，当地百姓"爱戴"死者[2]；有 1 篇引用当地百姓的话，把一位官员称为"天赐"[3]，另外 3 篇特地使用了"及其去，民泣

[1]　《雪矶丛稿》，16 页。
[2]　这些例子见《王安石全集》，卷 53，52 页；卷 54，59、63、65 页；卷 58，94 页；卷 59，103、107、108 页；卷 60，110 页。
[3]　《王安石全集》，卷 54，65 页。

求留"和"全城皆阻其行"这样的表述[1]。王所撰墓志铭强调"举
128 城之民"参与这些送别活动，着重指出地方官、地方精英和普通民
众之间关系的密切。[2] 这种做法我们在下面所述的为一位姓史的县
官举行的送行聚会上也能看到。[3]

　　1284 年，建阳（在今福建）县的知县，一位姓史的官员，结束
了他 3 年的任期。找到一个地方临时安置好妻儿后，史打算前往京
城求个闲职，以便能离母亲近些。在他离开前，"朋友载酒崇肉而饯
之者 50 人"[4]，就像我们看到的，赠别诗是这类场合的社交必备品。
既然这样，送别宴会开始前的较长时间就开始了诗的创作，正因如
此，有人在宴会上开玩笑地说，聚会的参与者谢叠山（枋得，1226—
1289），既不带酒、肉，也没写什么东西就来了，按规矩要受"罚"。
谢说，为了弥补这个过失，他答应为这次送行诗的汇编集作序。[5]

　　如果不是谢作序，我们可能对史和这次宴会一无所知。考虑到
他作序时的情况，我们会认为谢将不遗余力地表现史县官特殊的背
景、文采和管理才干。他的序确实如我们所愿。实际上，谢已清楚
地说明，他听到很多关于史治理能力的事迹，因此他很想见识这位
官员。谢赞扬史是有德的县官，并讲述了在史的任期内，他们是怎
样讨论南宋晚期的政治史，两人在很多问题上看法一致。谢写道：

---

[1]　《王安石全集》，卷 54，59 页；59，108 页。

[2]　这也证实了柏文莉的发现：精英的社交网络范围很广，从国家官僚精英一直到地方
　　士绅。

[3]　尽管此事发生在蒙古人开始统治中国 5 年之后，笔者在此选用这则故事是因为笔者
　　相信，宋代的告别活动和告别文学一直延续，没有发生太大的变化。尤其是因为这
　　篇记载的作者清楚地表明他是反对蒙古人的统治的，在知道史县官赞成他的看法后
　　他才去结交史。

[4]　谢枋得：《谢叠山全集校注》，卷 2，33 页。

[5]　同上。

中原将家子史尹，宰邑三年，以宽平和易为政，不求赫赫名。民安之，但见其可狎，不见其可畏。……余闻而出山谒之，一见如旧识。[1]

谢把史描绘成一位爱民而正直的地方官，但对史的其他成就没有提供更多信息。这表明史不是一个优秀的文人，或在其他方面的名声不是很突出。除了谢和贵客之外，我们对其他 50 位与会者并不了解——这种现象并不罕见，宋代作家经常罗列不出参加这种聚会的"士民"的名单。我们可以很有把握地说，除了史的同僚，大多数与会者都是像谢一样的当地精英。[2]

不管怎么说，为了一位任职 3 年的县官，有 50 人聚会送行而且还汇编赠别诗集肯定是一件很体面的事。宋代的作品显示，史的经历很普遍。和史一样，贵宾们经常是普通的士大夫，而送行者从同僚、朋友一直到熟人甚至陌生人都有。因此谢这篇给已经失传了的诗集所做的序，给我们提供了关于这类场合的信息，其史料价值非常珍贵。我们没有理由怀疑谢声称的"士民依依不忍相舍（史）"的场景。[3]

朝廷规定受过教育的政治精英们在全国范围内大规模轮换，因此宋代的送行文化很兴盛，士大夫阶级广泛参与到这类文化活动中，送行和重逢的活动包括饮酒、宴会和互赠诗文等。不仅告别聚会有助于旅行者应对频繁与朋友和家人分离的情感代价，经常地参与这些聚会也促进了与会者切身感受他们的共同命运。为了应对时间的

---

[1] 《谢叠山全集校注》，卷 2，32—33 页。

[2] 谢枋得（1226—1289）生于江西，活跃于南宋末和元初，于 1256 年中进士，曾在湖北和江西任官，但他生平的大多数时间是过着隐居生活。《谢叠山全集校注》，编者的注释（无页码）。

[3] 《谢叠山全集校注》，卷 2，33 页。

流逝、无法预知的生活和仕途的变化，抚平他们的怀旧之情，宋代的文人墨客们极度珍重他们的友情。与会者的官品、名声、家庭背景和社会地位差异极大，从一品大员和文人领袖到低品级官员、举子和地方精英。与会者的背景不同也表明了宋代精英社交圈子大小。

饮宴场合不仅加强了旅行者和他们的地方东道主、地方精英成员之间的友情、同事情谊，增强了相互间的互动。而这些友情、互动也对中国文学产生了深远而持久的影响。虽然这些为送别聚会而作的诗似乎没有一首流传下来，但为这些诗的汇编所做的序却保存在宋人的文集里，这就证明了送别文学的重要性。这类文学体裁对悠闲生活方式的关注更多。它揭示，聚会的参与者们是这种生活方式的引领者。这个主题将在第七章进一步探讨。

第六章 旅行者和他们的地方东道主

——接待、娱乐和花销

少年恨不从豪饮，薄宦那知托近邻。[1]

　　像在前面几章所揭示的，包括家人、僚属和挑担士兵在内的随行人员一般只是官员旅行的随行者的一部分，但这些人在宋代作品中很少被描述。正是与其他官员的联系才极大地丰富了官员旅行者路上的生活，而且这种联系相应地成为旅行文学的中心内容。上引陆游 1170 年于湖北写的诗，提到诗人旅行者遇到了一位姓张的前同僚——陆游在江西任官时曾得到过他的帮助。该诗揭示，频繁的迁移使送别成了士大夫生活中经常遇到的事，这也使他们在个人社交和公务联系上有许多机会结交和重逢新老朋友。在这方面，接待和迎接聚会，其数量和送别仪式一样多，并构成了精英社会生活的核心。本章也将集中论述旅途中的官员与其地方东道主之间的互动，同时也从地方官员的角度对此进行观察。宋代文学记载了告别聚会、邂逅和慷慨的招待，这些当时的旅行文化元素带给旅行者及他们的地方东道主的感受方式是明显不同的。这类招待对负责接待旅行者的官员及地方官府来说是个沉重的负担。地方官不仅被接待旅行同僚的任务压得喘不过气来，他们也经常为讨好那些有时傲慢而缺乏体恤下属之心的上司而感到压力重重。尽管官府宣扬节俭，慷慨的招待和赠送礼物的做法却一直延续着，而高官则是这种做法的主要受益者。招待旅行的上司和同僚使地方官们不能专心履行其照顾百

---

[1] 《剑南诗稿》，卷 2，50 页。

姓福祉的基本职责。在统治机构里，低级官员处于特别不利的地位，那些任职于大都市中心和交通要道的官员也面临同样的境遇，他们所管辖的地方每天都有大量的官府旅行者经过。

这样的聚会不仅费时，而且花费也非常昂贵。除了规定的后勤支持上的费用外，因旅行官员而产生的物质和金钱上的花销给中央和地方官府造成了不少问题。尽管缺少资料，但对国家政策和地方官府所采取的改革措施的分析表明地方官僚和中央政府之间存在着系统性张力。地方官府常年争先恐后地满足旅行官员的要求，迎合各种腐败需求，而这些需求干扰了旅行经费的分配和处置。通过对官员旅行的帮助和相关措施，中央政府在允许地方官员灵活安排住宿的规定方面比较宽松。是否我们就该下结论说宋代国家未能有效地管理好旅行官僚？实际情况不见得如此。就如为调换职务的官员而制定的严格的等级制度一样，朝廷的政策对高官是有所倾斜的，一位官员的职位越重要，他所获得的待遇就越好，相应地，朝廷期待他的忠诚度就越高。

本章还将讨论旅行者迁移对财政的影响。高官还是很享受一路上所得到的照顾，但低级官员会遇到财政方面的困难。对于那些依靠俸禄和从官府获取津贴来养家的人来说，他们不得不量入为出，这可能会成为他们仕宦生涯的最大挑战。陆游在给他儿子的赠别诗中对此说得很清楚，笔者将再次以他的事例来探讨宋代士大夫每天要面对的经济困境。

繁忙的社交圈

旅行不仅意味着分离，也为重逢创造了机会。与送别聚会上的悲伤情绪相伴的是结交新友、期待与老友相遇的喜悦，这两个主题在宋代旅行文学中都相当突出。旅行使官员旅行者们结识了地方各类人物，包括道士和僧侣[1]，及非精英背景的人物（包括船夫、小贩、客栈主人和其他劳动者），但与旅行者们相处时间最多的是士大夫，对这些人的文字记载也最多。与上诉各种人的关系，为他们提供了与同门、同年及曾在同一地方为官者重逢的机会[2]，同族子孙、朋友和同乡也都很庆幸能在异地相遇。前一章所引用的陆游给儿子的赠别长诗揭示，其子孤身前往的吉州，陆游在那从来没有任职过，但他至少认识五六个当地有影响的人物。

132

陆游的诗文集更进一步揭示陆交游的广泛。因为意外与老友重逢的喜悦，陆游写道："邂逅连床若有期。自其挑灯贪夜话，疾呼索饭疗朝饥。"[3] 遇上老朋友就意味着彻夜无眠，但与亲友的相聚也意味着悲喜交加。陆游很有感慨地回忆起与朋友的弟弟相遇的情形：

---

[1] 除了与他们同一阶层的人，宋代士大夫社交网络的特别之处是他们与道士、僧侣的交往。宋代文学中不仅包含有大量的士大夫精英与宗教人士互赠的诗文，而且也揭示了这两个人群在交往中悠闲的一面。近期对这两个群体相互间的影响和交往的研究有管佩达的 *Mount Lu Revisited: Buddhism in the Life and Writing of Su Shi* 及何复平的 *Out of the Cloisters*。在公务旅行的背景下，拜访佛道寺观并留宿于此，与和尚、道士交往，是旅行者旅程的重要组成部分。例如陆游，沿着长江走访了数十间寺观，京城的仙林寺还准备了热饮为他送行。陆游和庐山东林寺的方丈一起品茗，甚至还建议和尚们把路上的砖石移开，以便使道路显得更加接近自然些。《入蜀记》，卷 43，2406 页；卷 46，2434 页。在进四川的路上，陆游让两位和尚同船而行。我们发现，陆游离开四川很久之后还和道士有交往。《剑南诗稿》，卷 19，555、561、565 页。一位叫岩电的道士前往四川时，陆游写了一首诗赠送给他，诗中他开玩笑地说，如果在四川遇到著名和尚、道士问起陆游怎么样了，岩电可以出示此诗作为证物。《渭南文集》，卷 15，2115 页。显然，陆游所指的著名僧侣都是热衷于社交，成都的一位方丈因为疲于应付来访的客人，以至于只有高官来才接待。《夷坚志》，支景，卷 6，1767 页。
[2] 这在宋代受过教育者中是很盛行的做法。例如组织同年乡会，把来自同一地方的、同一年获得功名的人组织在一起，而同年会则包括了来自同一州或路的人。《朝野类要》，卷 5，9a—b。
[3] 《剑南诗稿》，卷 1，27 页。

"予年十六始识叶晦叔于西湖上。后二十七年晦叔之弟声叔为临邛（今四川邛崃）守，相遇于成都。晦叔没久矣。"[1]

在近 30 年时间里与兄弟两人结交很让人感慨，这种情形也很不寻常。频繁的旅行使同事和朋友间的意外重逢成为可能，并造就了终生友谊。实际上，由于家中的年幼孩童和青年子弟经常随父辈或其他男性亲属旅行，跨越辈分的友谊变得很常见。12 世纪 60 年代陆游在福建任职时，结识了一位叫张钟秋的当地人，结果，4 年后陆调任浙江，而张则到金陵附近任职。陆和张相遇过几次，并多年一直保持联系。当 20 年后陆第二次到福建任职时，已回到家乡的张邀请陆到访其家宅，却发现陆已被朝廷召回。又过了 20 年，张的儿子送来了一幅画像，请陆在画上题诗，以纪念他已故的父亲。[2]

这些只是陆游的社交生活与其跨越全国的公务旅行交织在一起的几个例子。12 世纪 70 年代陆游前往四川担任西南地区的一个偏远州的通判，在旅途中，他应该还没有受到当地东道主的慷慨招待。但他走访了沿途 62 个州县，结交了许多同僚、朋友及其家人。陆对长江下游流域及其中心都市很熟悉，说明他旅途头两个月的绝大多数时间用在了会友、拜会、饮宴等方面。旅途的次日，陆就受邀到自己老师曾几（1085—1166）的孙子县尉曾槃的衙门。曾槃和父亲曾逢设宴款待陆，一直吃到午夜，[3]陆才回到驿所，曾逢又来看望他了，两人在门口坐了很久，欣赏着月色和凉风。[4]

陆每天的旅程安排，至少在到达京城之前，都是迎送聚会。即使如此，他还是抱怨没能和许多朋友见面，那些仕途之路走在他前

---

[1] 《剑南诗稿》，卷 9，262 页。

[2] 陆游：《陆放翁题跋》，卷 4，29 页。

[3] 《入蜀记》，卷 43，2406 页。

[4] 同上。

面的人也不再有兴趣见他。陆游在临安过得很快乐。他两次见到了
芮国器（1115—1172），此人早年在江西曾款待过他。[1] 在浙江，陆
很惊喜地遇到了范成大，他正要出使金国。他们已多年未见——他
们有充分的理由好好度过这些日子。[2] 仕途与公务旅行如何使朋友
们能够克服地理和时间上的困难来相见，陆游与张缜的友谊为此提
供了一个特别强有力的例证。张缜是四川人，1173 年中进士。他的
仕途记录包括了在京城、四川和陕西的任职。1172 年，张缜见到了
陆游，他们当时都在陕西任官，他与陆游的联系虽然短暂，但是却
发展成了两人的终身友谊。第一次见面后的 6 年，也就是 1178 年，
陆离开四川，由于迎送聚会增多，使他们又一次见面了，但他们都
踏上了长途旅程。两人曾出席 1177 年送别范成大的聚会，张缜邀请
陆游和范成大到访他位于江津（在今重庆）的家宅，以便给他们展
示其家传数代的书法作品。这年年底，陆游和张缜相遇于广都（今
四川双流）的路上。陆游有 4 首诗描述他与张缜的见面，"令我生精
神"，并且"顿增江山丽"。[3]

　　次年陆游完成使命被召回朝时，张缜也在送行的人群中。[4] 这
应该是他们最后一次相见。即使在离别之后，陆游和张缜还保持着
联系。两人之间友情如此之深厚，甚至连他们的子孙都一直保持交
往。多年来，张缜都派人去给陆游赠送四川特产[5]，两人相互为对
方的文集和其他作品撰写序言和后记。[6] 当张缜于 12 世纪 90 年代去
世时，陆托人前去拜祭。他的祭文概括了两人的生平，叙说了他们

134

---

[1]　《剑南诗稿》，卷 1，28—29 页；《渭南文集》，卷 43，2407 页。
[2]　《入蜀记》，卷 43，2413 页。
[3]　《剑南诗稿》，卷 9，256—258 页。
[4]　《渭南文集》，卷 41，2395 页。
[5]　《剑南诗稿》，卷 19，565 页。
[6]　《渭南文集》，卷 31，2295 页。

两人虽然家乡相隔遥远，但是却能结识并保持了终生友谊：

> 呜呼，世之定交有如某与季长（张缜）者乎？一产岷下，
> 一家山阴。邂逅南郑，异体同心。有善相勉，阙遗相箴。[1]

友情的深厚能够跨越地理障碍，这在陆游所写的梦见老友的许多诗中也能见到。谭德称，我们应该能想起他就是陪伴范成大爬峨眉山的 3 个人之一。谭也是陆游的好友。当陆游在四川时，两人定期见面。甚至陆游离开四川后他们还一直保持联系。刚回到家，陆游记下了一个梦，他梦见谭和另一位姓宇文的朋友在一座寺庙为他举行饯别宴会。一天早晨，陆游收到了宇文的来信，陆惊喜地知道，宇文也是"夜梦集山寺，二三佳友生"。宇文的梦以最不可思议的方式引发了陆的共鸣："相顾惨不乐，若有千里行。在门仆整驾，临道骓嘶鸣。我友顾谓我，天寒戒晨征。迟速要当到，徐驱勿贪程。"[2]

陆游的同辈朋友们都敏锐地感受到了陆游巧妙地传达给他们的关心和帮助，他们都很珍惜与陆游重逢的机会，而且也要应对离别的感伤。因此，梦见朋友和同僚的诗变得越来越流行，但是陆游和他的朋友、同僚们所表达的强烈情感不应该让我们留下这样的印象：旅行官员和他们的东道主之间的相遇总是令人激动和快乐的事情。大多数作家可能并不觉得出席一个不成功的，甚至是令人悲伤的迎送聚会是一件让人感到舒服的事。如果他们觉得舒服，那他们

---

[1] 《渭南文集》，卷 41，2395 页。陆游与张的频繁交往的证据，见《剑南诗稿》，卷 3，92 页；卷 5，156 页；卷 6，178 页；卷 8，221、243 页；卷 10，284 页；卷 11，300；卷 30，798 页；卷 31，835 页；卷 36，937 页；卷 38，974 页；卷 40，1020 页；卷 44，1114 页；卷 62，1492 页；卷 73，1714 页；卷 78，1833 页。《渭南文集》，卷 33，2307 页。

[2] 《剑南诗稿》，卷 10，284 页。

通常是从地方官员的角度来看待这种事情，这一点是下一节讨论的重点。

地方官接待旅行者

在告别聚会上，饮宴是旅行者和他们的东道主生活中经常要遇到的事情。这也表明通常情况下地方官员们负责旅行者的住宿、交通工具和旅途的安全，但是他们的任务不止于这些。宋代文献揭示，最耗费地方官时间的任务是接待官府旅行者，为他们举行欢迎聚会，提供娱乐。仕宦生涯中的官员们对这类迎送接待过程是非常熟悉的，范成大曾描述他一大早被"马嘶童仆语"唤醒，他知道是一位同僚准备"冲雨迓使者"。[1]

地方官与官府旅行者的交往在宋代之前就已经有很长的历史了。一份宋代材料认为从晋代（265—420）开始就施行迎接和招待官府旅行者的政策[2]，但直到宋代，我们才找到有关这些规定的存世材料。这些规定见于《庆元条法事类》。相当大一群官员旅行者每天行走在全国各地的现实可能是为旅行者设立相关机构的主要理由，如我在第一章的注释所写的，宋代要求官员被提拔到京城任职前必须积累足够的地方任职经历。地方官、地方精英和旅行官员之间的互动被认为是政府官员了解地方民情的有效途径。这部分地解释了为什么宋代士大夫对编写和查阅地方志越来越有兴趣，以及为什么地方官喜欢给旅行的同僚赠送他们管辖地域的地图。[3]

---

[1]　《范石湖集》，卷5，60页。

[2]　赵与时：《宾退录》，卷3，29页。

[3]　《湘山野录》，卷1，9页。

我们要记住，旅行官员和他们的地方东道主的地位、声望以及对个人的熟悉程度都将发生很大的改变。这些因素将能确定官员们所享受到的不同招待，而且也使他们的聚会仪式比我们从当时的文学作品中所能知晓的更加正式和严格。例如，同样的文献揭示，与会者的官品决定了聚会所使用的话语。作为中级官员，1170年陆游在旅途中时常要拜会官品高者，同时也接受低品级官员的来访。陆的日记把这些聚会用术语"见"、"来"区别开来："见"指拜见高品级的官员，通常是在高官的衙署；"来"是指品级低的官员前来陆所住的驿所见面。[1]

136

我们都能理解，不是每个人都喜欢不断地拜访他人或被他人拜访。在上级和下属见面的聚会中，后者主要关心的事就是给对方留下好的第一印象。一位县官急于达到这个目的，以至于他不仅自己准备迎接路、州长官的到来，而且还派出数十位地方精英到路边迎接。当旅行的长官发现迎接聚会上呈上的文书在吹捧县官，他将这些文书扔到地上并批评他们：

> 诸公之来，某意其相与讲切义理之是非，启告间阎之利病，有以见教。今乃不然，是特被十只冷馒头使耳。[2]

因为馒头通常在宴会上才提供，但我们都知道它是没法与主菜相提并论的，长官暗示这些地方精英不值得他关注。实际上，他是对县官的安排很生气，以至于匆匆离开，完全不愿见这位县官。

在另一个例子中，我们也可以看到地方官们极其在乎他们给旅

---

[1] 就在《入蜀记》的卷1里，陆游记录了12次不同时间里人们拜访他的情形。《渭南文集》，卷43，2406—2414页。
[2] 《鹤林玉露》，甲编，卷4，66页。

行官员留下的印象，甚至因此而走极端。一次出巡中，杨万里受到了一位州官的盛情款待，这位州官还让官妓来唱歌劝酒助兴，但是只有杨注意到，所唱的曲子中的一首竟然包含了他的别号，按理妓女是不能称呼他的别号的。杨开玩笑似地提到了这个差错，州官听了很生气，下令把官妓关入牢里，并斥责她的无意冒犯行为。[1] 和前面的那则逸事一样，访客并不是一位对地方官找茬的、很挑剔的上级，而这两则故事关注的是缺乏社交技巧的地方东道主在取悦来访上司方面的所作所为是如何的糟糕。

　　高官旅行者无疑对过分热情的下属有所厌倦，但一般来说，后者肩负着为来访的上司提供住宿和娱乐的重担。一位北宋官员向朋友抱怨："近日继有使客云集，良苦于将迎也。"[2] 为了了解地方上中层官员的经历，让我们来看看史县官的经历。谢叠山的文章用很热烈的笔调来描写为史赴京而举行的告别聚会，这与描述史在日常招待旅行的同僚时所起的作用时的风格完全不一样。谢称建阳是通往广东、广西、江西和浙江的要道，他接着写道：　　　137

> 令尹迎必数十里外，遇霖霪积潦，瞻马首倏至，跪拜泥淖马粪中，移时不敢兴，马上人命之退，则退。[3]

　　谢对接待礼仪的叙述说明，几乎所有的旅行官员都抱怨道路质量之低劣、住宿条件之差以及其他旅途上情形的恶劣，而地方官们也同样忍受这种恶劣状况。尽管可能没有规定必须跪在泥泞和马粪中，但是出城到一定距离来迎接上司的到来似乎已经成为一种标准

---

[1] 《宋人小说类编》，卷 3，惠明，4a—b 页。
[2] 《全宋文》，卷 657，32 页。
[3] 《谢叠山全集》，卷 32。

的行政惯例。抛开其中的夸张说法，谢还是给我们描述了这样一个世界：地方官员例行公事地去完成那些常常令人觉得没有尊严地讨好上司的任务。

地方官员们的麻烦并没有结束。请旅行者入住驿站后，县官还将宴请官员及其随行人员。谢继续写道：

> 廪庖者无虚日……客就馆，用大牲，小则刲羊刺豕，折俎充庭，号曰"献茶饭"。令拱手立堂下，三跪进酒上食，客露顶趺坐，必醉饱，喜动颜色，无不满。上马去，送必数里外而归。[1]

谢声称，这每一餐都要耗费大量的时间和金钱，但是，作为一位县官，史对这类事常常感到不满。上下级之间的必要的礼仪、上级所表现出来的傲慢，不仅减少了相互间的合理交往，而且也增加 138 了低品级官员的怨气。

虽然宋代文学中赞美主客之间的友谊、邂逅和学问交流的作品数量巨大，但谢对迎接情形的描述（如史县官所经历的）使我们很难得地看到地方官员强忍着心情去取悦来访的上司的情形。可以想象，他们的心理负担甚至更重；我们更能理解，他们大多数人对场面上的客套说辞会感到不快。文献所载的逸事就说明存在这样的问题。在宋代，像江阴（在今江苏）和通州（今江苏南通）这些稍偏远的地方——官员很少到这些地方旅行，因此当地官员很少遇到过于讲究礼仪的烦恼——被人称为"两浙道观"和"淮南道观"，意思是说当地的官衙很安静，不够热闹。这则逸事的记录者王辟之

---

[1] 《谢叠山全集》，卷 32。

（活跃于 1067—1097）明确地说这些地方的偏远、宁静大概是他们的福气——这些地方官省去了招待来访官员的麻烦。[1] 这类评论有助于我们理解史县官为什么当他去职离开时，他和妻子会"举酒相贺"。[2]

谢叠山和其他人的叙述使我们对高低级官员之间的互动有了新的认识。友情和热衷社交是旅行聚会的主题，而一些人，尤其是中级官员出席这样的聚会是其职责所在。南宋文人特别注意到，地方官们对待他们的尊重程度不再像以往接待官府访客那样了。在洪迈看来，来往的官员日益专横傲慢，说明了官僚群体风气的恶化。洪讲述了北宋的一则故事，说的是一位转运使让一位巡检与他同船旅行，巡检忽得急病，转运使尽心尽力照顾他。用洪迈的话说，"使者与巡检同驿而处，同席而食，至于步行送之登舟，今代未之见也"[3]。实际上，与之相比，史县官不仅不能与高官同台进食，而且还得在外恭候，忍受高官们的傲慢、自负，也难怪洪迈怀念起"旧时"之好。

款待客人的花销

有关官府对公务旅行的帮助、社交的盛行和招待活动的讨论使我们得出结论：对于中央和地方官府来说，以及对旅行者本人来说，官员旅行都是一件花销巨大的事情。由于系统性数据的缺失，本研究强调宋廷乐于向公务旅行者提供帮助，而它也经常无法控制这些

---

[1] 《渑水燕谈录》，卷9，116 页。

[2] 《谢叠山全集》，卷32。

[3] 《容斋随笔》，三笔，295 页。

人的旅行成本。这点被指出也很重要：由于政策方针由中央政府确定，它要求各级地方官府确实履行接待旅行者的职责，这可能使这方面的花销成为地方的主要开支。

　　显然，中央政府敏锐地感觉到定期轮换官员的政策在财政上意味着什么。宋初朝廷多次下诏，试图控制住官府接待上的花费，例如，1004 至 1024 年，朝廷两次发出谕旨，禁止开封的地方官在府衙接待宾客。[1] 当时人也对官员旅行者的随从规模多有批评，同时期上奏的一道奏章也要求，有资格携带随从上路的官员，其随从数量要削减一半。[2] 也有人提出地方官府要采取措施提高接待经费的使用效率。一份奏章的作者提出，只能允许一两位官员出行三到五里远的地方去迎接同僚的到来。[3] 另一份奏章的主张甚至更直接：河北各州军的欢迎宴会应该更加简化。该份奏章指出，这些地方的官员——

　　　　争饰厨传，以待使客，肴馔果实，皆求多品，以相夸尚。盖承平日久，积习成风，稍加裁损，遂兴谤议，为守将者不得不然。[4]

　　该奏章是否获得皇帝批准不得而知。1067 年颁布的一道谕旨，规定河北和河东的长官不得迫使"官吏、军员、妓乐出城迎送"。[5]
这两份文书不仅揭示了河北的文武官员与史县官遇到同样的情形，而且也点出了大规模的迎送对官府的官员和公务产生了负面影响：

[1] 《全宋文》，卷 222，114 页；卷 195，415 页。
[2] 《全宋文》，卷 197，30 页。
[3] 《全宋文》，卷 235，424 页。
[4] 《全宋文》，卷 481，76—77 页。
[5] 《全宋文》，卷 930，219 页。

140

许多府衙的吏员因此而陷入经济窘境而破产；地方上的商业和商人们亏本，失业。奏章主张对两项特别不公平的事项予以限制：应禁止地方官派吏员去采购美食；官府的采购应该按市场价格。[1] 这些说明，在上司的支持下，官府的吏员在市场上滥用职权，因此损害了商贾和普通百姓的利益。1036 年的一份奏章告诉我们，州官结束任期，"百姓用金银花送路，贫者不免作债"。奏章作者呼吁，"乞今后止许用草花献送"。[2] 欧阳修也在大约同时进一步描述了那些频繁调动的官员对地方百姓所产生的影响。他说，绝大多数官员每隔一两年，甚至经常是半年就调动一次，河南的百姓都已经对官员的旅行习以为常了。

> 入不候于疆，去不饯于郊。途逢而不避，市坐者不起，岂素慢哉？盖其见之习也。[3]

这样的描述揭示，临近京师的州县百姓对进出京城的官员已见怪不怪了，同时也说明，在其他地方，官员邂逅难得一见，地方百姓对官员和他们的随从的出现抱有好奇感。就如我们前面讨论所揭示的，许多百姓其实是在迎送场合才见到官员，但也被迫为迎送的开销承担费用。

除了奢华宴会的费用，给旅行官员赠送的礼物也引起了中央政府的注意。1051 年的一道朝廷谕旨，再次针对河北和河东的地方官员，禁止他们"饰厨传厚赂使客"。[4] 1056 年，上奏朝廷的一道奏章

---

[1] 《全宋文》，卷 481，76—77 页。

[2] 《全宋文》，卷 477，429 页。

[3] 欧阳修：《居士外集》，卷 14，466 页。

[4] 《全宋文》，卷 974，241 页

要求禁止四川的路、州、军互相送酒。奏章作者说，路上受雇的驿站士兵和普通挑夫，"往来络绎……嗟叹之声，不绝道路"。[1]

地方官员和吏员不断地接待旅行官员和购置礼品必然让我们产生这样的疑问：在如此环境下他们的作为会对自己有怎么样的影响？他们还有多少时间和精力去处理自己的公务？南宋时，宋高宗很关注官员轮替调动的高成本，而且对因此而造成的地方官疏于公务的情况也很重视。[2] 朝廷继续发布措辞严厉的规定，禁止地方官在公务时间会见和招待客人。[3]《庆元条法事类》的一篇文书规定：

> 诸知州、通判、县令，非假日辄出谒及宾客受谒者，各徒一年。臣僚经过，依令不应迎送而迎送及见之者同。[4]

"出谒"和"受谒"等这样的术语经常出现在惩罚性的公文里。这些公文的判罚包括徒刑 1 年、贬职、流徙等。[5] 这些规定也适用于军事将领，尤其是禁止他们在这方面花费过多的时间和精力：忙于饮宴和交际的将领们在训练和监管部队的时间就会相应减少；部队缺少备战是很危险的，没人能承担由此产生的后果。[6]

尽管措辞严厉，但是这些政策可能从来没有全面实施过。《庆元条法事类》是在范成大和陆游的旅行过了大约 20 年后才颁布，说明此前的官员旅行已经花费了大量的时间和金钱了。如此多的人跟

---

[1] 《全宋文》，卷 886，229 页。
[2] 韩淲：《涧泉日记》，卷 1，4 页。
[3] 宋代官员每 10 个工作日有 1 天的休息时间。《庆元条法事类》，卷 4，23a。
[4] 《庆元条法事类》，卷 4，20b。
[5] 《庆元条法事类》，卷 4，20a—22b。
[6] 《庆元条法事类》，卷 4，23a。

着范成大在其返程中随行一个半月，陆游在一天内会见这么多的官员，说明在官员的日常生活中白天和工作日占据了非常重要的位置。我们必须记住，宋代旅行文化的这个情形只是一个长期存在的现象延伸：即便没有来访的客人，地方官们也会举行类似的宴会。对饮宴招待的奢华情形的描述是宋代文学的重要内容，许多名人，包括北宋著名政治家寇準（961—1023）和蔡京（1047—1126），都因操办长时间的奢华通宵宴会而出名。[1]蔡京善于做东，据说在扬州为官时为 40 个人提供早餐。据其子蔡絛（活跃于 1100—1130）记载，当时在场的宾客出席的唯一目的是想看看蔡对他们不期而至的反应。[2]

142

当中央政府试图抑制这种奢靡之风时，寇準和蔡京的奢华款待仍旧继续。一位朝廷官员担心，地方官包括知州、通判和军事官员"每日会食"。1004 年上奏的一道奏章哀叹地方官"饮酒或至日旰，虑妨公务，乞隔日一会食"[3]，如果一位不断批评地方上的饮宴之风的人满足于地方官们隔日一宴饮，我们只能想象这个问题有多严重以及投入到这方面的时间、金钱和人力有多少。1030 年朝廷的一项政策回应了上述问题，它规定路、州的官员"无得非时聚会饮燕，以妨公务"。[4]

当然，招待规模的差异会很大，但这取决于路、州、县的整个财政状况。较大且较富有的州在开支上自然比小和穷的州花费更多，而且，给予低品级的陌生官员的招待费用要远低于给予那些高品级的、关系较密切的官员。下面的引文涉及 3 个地方级的旅行官员及

---

[1] 《石林燕语》，卷 4，39 页。
[2] 蔡絛：《铁围山丛谈》，卷 6，107.
[3] 《全宋文》，卷 139，185 页。
[4] 《全宋文》，卷 950，196 页。

其东道主，更加说明了官员旅行所花费的巨大开销。南宋历史学家李心传（1166—1243）记载道：

> 嘉泰三年（1203），上御笔严监司互送之禁。然远方自如。四年夏，马使彭辂至成都，制使谢源明、茶使赵善宣留连逾两月，自入境迎迓，以至折俎赠行，以楮币、锦采、书籍、药物计之，所得几万缗。而谢、赵所得亦称是。[1]

143 　　如李心传所说，除了惯常的两个月款待一位宾客的开支，旅行者和他们的东道主之间的赠礼开支和相互赠送已经是个严重问题。李更进一步指出，其他地方也存在这种情况：

> 盖诸路互送，惟建康（今江苏南京）、成都最厚。诸司每会集，一分计三百八十千。成都三司互送，则一饭之费计三千四百余缗。建康六司乃倍之。而邻路监、帅司尚不与。[2]

　　固然，这样规模的聚会，必然是官位最高者的汇集，而我们所掌握的材料提供的更多的是有关高端宴会的细节描述。要想知道上述花销是如何的离谱，让我们来看看县级的定期宴会的规定。《州县提纲》的作者记载，每次县衙宴会雇用乐师、歌妓和其他花费很容易就达到20到30贯[3]，而招待路一级的长官的费用更是轻易就达到前述的百倍以上。

---

[1] 《建炎以来朝野杂记》，乙，卷12，695页。
[2] 《建炎以来朝野杂记》，乙，卷12，695—696页。
[3] 《州县提纲》，卷1，7b—8b。

官员旅行与公使库

但是，只要政府官员的定期轮换仍然是一项国家政策，这样的聚会和招待必然是对朝廷不利的。从宋初开始，中央政府就已经认可这方面的开支。宋太祖时期（960—976）就已经设立公使库（政府开支保障基金），这样，"使遇过客，必馆置供馈，欲使人无旅寓之叹"[1]。公用钱[2]（基金性质的费用）按月或按季度由中央政府分发到地方，其数额从小到 50 贯一直到数千贯之多。给予大多数州的补贴是数百贯[3]，这些经费偶尔也会因地方官的要求而有所增加[4]。宋代文献中，公使库往往以金钱、物品以及用于储存物品的建筑来体现，这点在地方志中也有记载。[5] 这种做法的目的就是为了帮助旅行者，同时也减轻了百姓的负担。据史学家李心传记载：

> 盖祖宗之时，以前代牧伯皆敛于民，以佐厨传，是以制公　　144
> 使钱以给其费，惧及民也。[6]

这个钱是由路、州、县的长官掌管，用于长官本人的旅行补助和上级来的巡视官员及过路官员。官员可以从中支取款项用于购买酒和地方特产，也可以用于为沿路而来的地方官购置礼品。地方上

---

[1] 王明清：《挥麈后录》，卷 1，208—209 页。

[2] 林天蔚发现，宋代史料中，公用钱和公使钱（这是官员们的重要收入来源）常混淆不清。这样的混淆部分地导致我们对宋代官员确切的收入数额和来源所知有限。见林天蔚：《宋代公使库、公使钱与公用钱间的关系》，408—410 页。包伟民在其宋代地方财政史的研究中继续使用"公使钱"的概念。包伟民：《宋代地方财政史研究》，56—57 页。

[3] 例如，1013 年，广州所获的补贴是 500 贯。《宋会要辑稿》，职官，卷 57，9 页。

[4] 见林天蔚：《宋代公使库、公使钱与公用钱间的关系》，424—425 页。

[5] 例子见：《宝庆四明志》，卷 3，8b；《新安志》，卷 1，18a。

[6] 《建炎以来朝野杂记》，甲，卷 17，394—395 页。

接待宾客的东道主们估计会把他们所收到的东西都归入公使库，但是实际上有多少物品会被归入，我们无从得知。[1] 在官府资助的事例中，高品级的官员旅行者如路、州的长官，在寻求金钱和物资帮助上处于非常优越的地位。这类滥权非常普遍，以至于南宋时期这种行为与受贿一样受到相同的处罚。[2]

尽管中央政府很关注官员旅行花销费用高昂，但是一般来说都是地方官府支付招待费用，这个事实能帮我们理解地方官府如何安排经费的优先使用权和如何分配经费及其他资源。安排官府旅行者住宿的财政需求迫使地方官府变着法儿去增加收入，如果一个县一级的聚会的费用很轻易就用到20到30贯，那么花掉50贯也不算多。

> 而著令许收遗利，以此州郡得以自恣。若帅、宪等司，则又有抚养、备边等库，开抵当、卖熟药，无所不为，其实以助公使耳。[3]

这些行为确实为各种贪腐打开了方便之门：国家依靠从商业冒险活动获取收入的行为给了地方官们中饱私囊的机会。如关于官员任期之末亏空公使库的记载在史料中也不鲜见。[4] 其他人则将官府经费投放在商业投资上的获益另立账册，并用于"馈遗"。[5] 有一个

---

[1] 《燕翼诒谋录》，卷3，29—30页。南宋的一则史料称赞两位地方官把他们收到的礼物归入了公使库，这说明此类事情极少发生。《清波杂志》，卷12，522—523页。

[2] 《庆元条法事类》，卷5，12a。

[3] 《建炎以来朝野杂记》，甲，卷17，394页。其他扩大公使库规模的冒险举动包括贸易、医疗、房地产、出版和酒肆的投资。见林天蔚：《宋代公使库、公使钱与公用钱间的关系》，432—435页。也见《宋会辑稿》，食货，卷21，16页。

[4] 各种违法之举见《宋会辑稿》，食货，卷21，16页。

[5] 《宋会辑稿》，职官，卷47，22a—44b。

　　　　　　　　　　　　　　　　　行万里路：宋代的旅行与文化

极端事例：一位官员甚至用公使库的钱给一名妓女赔偿她所丢失的
珠宝。[1] 这种不负责任的花费可能还是在南宋初年朝廷新政策颁布
之后。这项政策规定：州县官在结束其任期时，应把公使库中的钱
物转交给副职或继任者，同时还要向户部报告数额，继任者有 1 个
月的时间去核实转交来的钱物的确切数额。[2]

公使库会使个别官员中饱私囊？很有可能。[3] 实际上，公使库
经费使用的灵活性至少使一位历史学家相信，公使库作为官员的收
入组成部分，其数额是可以算得出来的。[4] 我们知道，公使库的大
部分钱物是用于资助高官们的旅程的。李心传写道：

> 公使苞苴，在东南而为尤甚。……帅臣、监司到署，号为
> 上下马，邻路皆有馈，计其所得，动辄万缗。[5]

应该记住，中央政府和像李心传这样的观察者都知道，高官是
通过旅行和频繁调动获益最多的。为少数精英官员的旅行花费数万
贯的现象促使朝廷禁止官员互送礼物，这是事情发展的必然结果，
也是朝廷不得已采取的措施。高官们的另一项行为——向下属索要

---

[1] 《宋人小说类编》，第二册，诗词，17a。
[2] 《建炎以来朝野杂记》，甲，卷 6，145 页。
[3] 欧阳修在一份奏章中要求对被控超支使用经费的将军狄青免于处罚。欧阳强调，狄
    青是当时两位最具才干的将领之一，因此不应和其他的违法者一样同样处罚。另
    外，欧阳还说，"青本武人，不知法律。纵有使过公用钱"，其情形也与那些"故意
    偷谩"的人不一样。欧阳的观点是，如果因"些小公用钱"而处罚狄青，且当时边
    境情况正需要他，这样的做法是不明智的。我们不知道狄青和其他人确切的违法事
    实，但是我们相信，不负责任地使用和挪用公使库的钱物是很常见的。《全宋文》，
    卷 682，160 页。
[4] 苗书梅：《宋代官员选任与管理制度》，505 页；也见黄纯艳：《论宋代的公用钱》，
    76—81 页。
[5] 《建炎以来朝野杂记》，甲，卷 17，395 页；也见《宋会辑稿》，食货，卷 21，16 页。

财物以充实自己的公使库——也招来了时人的批评。1215 年的一份奏章特别点出了路的长官派遣出巡官员：

> 分布四出，惟利是图，馈遗既足，他皆不问。曰下马钱，曰发路钱，曰折送钱，曰特送钱，批券既足则又有夫脚钱。[1]

情况如此严重，以至于地方官都无法满足这些要求，只有等着被上司陷害和惩罚。该奏章承认"郡邑"深受此害，作者呼吁路的长官应派"清廉介洁之人"出巡州县。同时代的另一份文献很同情州、县官员，说这些官员不仅要应对上司的出巡官员，而且还要接待这些官员的随从，这些随从同样很难侍候。[2] 因此，《州县提纲》的作者强烈建议官员，尤其是县一级的官员，应减少宴饮活动，不仅是因为这些活动费用昂贵，也因为只有这些人（他们属于勒索钱物的县级官员）是低品级官员。[3]

肆意挥霍公使库的地方官以及勒索下属的官员已经成为宋初很严重的问题了[4]，但朝廷试图改变这种情况，自然遇到了很大的阻力。范仲淹和韩琦（1008—1075）一听到朝廷停掉了陕西 9 个州的公使库，便上表要求恢复。他们写道：

> 窃以国家逐处置公使钱者，盖为士大夫出入及使命往还有

---

[1] 《宋会要辑稿》，职官，卷 79，24b—25a。
[2] 廖行之：《省斋集》，卷 5，17b—18b。包伟民的研究揭示，宋代多数地方官府面临着财政困境，但地方官们仍要迎合满足来访上司的娱乐需求。包伟民：《宋代地方财政及其影响》，127—133 页。
[3] 《州县提纲》，卷 1，7b—8b。
[4] 朱瑞熙：《宋代官员礼品馈赠管理制度》，52—59 页。

行役之劳，故令郡国馈以酒食，或加宴劳，盖养贤之礼，不可废也。[1]

范和韩首先强调，给地方官府分配公使钱的本意是让他们可以做东招待旅行而来的同僚。他们所关心的是，旅行者不仅值得官员们慷慨招待，政策本身也说明朝廷很关心被征召入官府的贤能者。范和韩继续论述道，这样的举措在中国历史上有悠久的传统。他们引用《周礼》的话来证明，早在周朝，国家就在每隔 10 里、30 里、50 里设立了休息食宿设施。范和韩然后要求：

此则三王之世，已有厨传之礼，何独圣朝顾小利而亡大礼？[2]

范和韩所选择的历史先例确实是有很强的说服力。三王之世一直是中国历史上理想王权的象征，因此是后代王朝统治者仿效的对象。没有一个皇帝会冒险（至少是在言辞上）被人指责无视上古先王所创立的成例，尤其是被人说成是追求"小利"，而且，如果连久远的周朝都能管理好其出巡官员，为什么宋朝在其最繁盛的时代却试图去限制自己的官员的权利呢？

原则性地讨论了为官府旅行者提供住宿的重要性后，范和韩谈到了这项政策财政上的规定。讨论中的"小利"是 1800 贯钱。根据范和韩的计算：

147

---

[1] 《全宋文》，卷 372，118 页。

[2] 同上。

且今瞻民兵一名，岁不下百贯。今减省得公用钱一千八百
贯，只养得兵士一十八人。以一十八人之资，废十余郡之礼。[1]

如果这个计算是准确的，那么范和韩保留公使钱原定数额的要
求看起来算不得过分，毕竟，9 个州都受到停减公使钱的影响。奏
章的其他部分让我们觉得朝廷削减公使库经费数额的决定可能是个
妥协的姿态，而范和韩的奏章没有起到恢复原定数额的作用，实际
上却保护了他们所任职的陕西和河北的官员。他们对另外两个问题
的讨论使我们知道了更多具体事件的细节以及公使钱一般的使用
情况。

范和韩首先驳斥了关于这些地区的官员沉溺于过度的饮宴招待：

虽条贯有旬设之名，逐州每月一次举行，军员各给得钱壹
百文已来，官务薄酒二升，既无公用，更不赴筵，亦不张乐，
岂朝廷宴飨将校之意？[2]

由于缺乏经费用于适当地招待官员，范和韩写道："州郡削
弱，道路咨嗟"。"朝廷用武之际"，他们提醒道："于此一事，尤宜
照管。"

范仲淹和韩琦清楚地表明，虽然陕西、河北的文武官员被指责
148　饮宴无度，但他们都没参与其中。考虑到范和韩在地方上的仕途经
历，他们行事似乎都会顾及自己的利益，而且出于替自己辩解的原
因，他们把当地缺少宴饮招待归因于纪律的严明。当范和韩提及朝

---

[1]　《全宋文》，卷 372，118 页。
[2]　同上。

廷和同僚关心的第二个问题时，奏章的语调变了：

> 或谓有公使钱处，收买食物，骚扰民户。殊不知郡守得人，
> 自能约束；如非其人，更出己俸买物，亏民益甚。[1]

根据这份奏章我们可以得出三点看法：首先，地方官府扰民似乎已经是常态而不是特例；其次，地方官是否受法规约束还有待讨论；第三，在正常情况下，官员很少动用自己的收入来购买物品。这里需要探讨的问题比公使钱的分配和使用要大得多。为此，范和韩暗示，只允许地方少量支取公使库的钱可能会导致地方百姓受到更多的勒索和压榨，因此，他们总结道，这项政策"是见其小而不思其大也"。1056 年的一份奏章指责地方官以低价强买，当作者提到以下情况时强买的事实得到了确证："酒一斗，民间值大钱一贯以上，公使库只支取一二百文。"[2]

宋代士大夫们似乎同意，随着时间的推移，招待成本的上涨失去了控制，实际上，迎送高官的费用在宋代后期的文献中是争论的焦点。[3] 许多作者把这种变化归咎于世风的堕落，对朝廷规定的批评中还存留着一些有用的信息。有一份材料带着怀旧的情绪追述起宋初"亦罕送迎"的情形。[4] 另一位作者也怀旧般地提到：官员曾经很怕监察官而不敢使用公使钱，只有公务活动才敢动用；一些特别正直的官员甚至在阅读私人信件时会撤掉官衙的蜡烛而改用自己的。[5]

---

[1] 《全宋文》，卷 372，118 页。
[2] 《全宋文》，卷 886，229 页。
[3] 苗书梅：《宋代官员选任与管理制度》，264 页。
[4] 《燕翼诒谋录》，卷 1，9 页。
[5] 《曲洧旧闻》，卷 2，108 页。

宋代开国百年之后，节俭精神及在使用官府物品时的谨慎显然
149 已经被无节制的奢华和浪费所取代；官府的经费被地方官员们用于
送礼、宴请和接待，这些已经成为被人接受的腐败行为。[1] 宋高宗
时期的一位官员的上奏可以为我们讨论宋代无法有效地控制旅行费
用提供佐证：

> 比年以来，郡守更易不常，固有交印视事、席未暇煖人，
> 复改命或与他州守臣两易其任。然公帑每遇到罢，依例各有馈
> 送，多者数百千，少者亦不下三二百千。凡一易守臣，则所费
> 必倍。……欲乞应守臣两易其任，在半年内者不得重叠受到任
> 馈送。[2]

应对个人经济窘境

上面的奏章让我们想到了官员旅行及一般出仕做官所获得的额
外收益。宋代官僚除了俸禄之外，还能拿到各种津贴、礼品和补助。
这种薪俸外的收入使当官颇有吸引力，但这就意味着，当这些收入
成为旅行的成本时，旅行者会就会高兴不起来。因为缺乏系统的数
据，我们可以做一番合理的推测。[3] 像范成大这样的旅行者，能动
用相当多的官府资源；而其他许多人，特别是低级官员最终得自掏

---

[1] 《曲洧旧闻》，卷2，108页。

[2] 《宋会要辑稿》，职官，卷47，24页。

[3] 研究单个家庭的经济状况会有不少困难，因为宋代士大夫没有留下有关他们经济情
况的系统记录。陶晋生对北宋精英家族［包括新昌（今浙江宁波）史家］的研究，
使我们清楚地了解大家族的管理情形，包括持家之道和这个阶级的生活状况。见陶
晋生：《宋代的新昌史氏家族，教育与家族维持》，42—47页。

腰包来支付与旅行相关的费用。因此，捉襟见肘对于他们来说是常见的事。通过对精英们著作和官府文书的考证，本节简要论述长途旅行所产生的影响以及许多官员在其不太成功的仕途中常常会遇到的伴随终生的经济问题。

这里，我们想起了那首陆游写给其子的长诗中，他建议儿子要遵纪守法，学会打理好自己的收入。经济上安全感的缺乏在陆游的一生中不时地出现，也在其作品中经常有所反映。陆生于浙江一个较有声望的士大夫家庭，但在他刚成年时家道突然中落。陆一辈子都在抱怨官员薪俸低，并说他每次从任所返家就变穷一次。[1]45岁时，陆宣称他"万里西来为一饥"[2]，说明他以当官的俸禄来养家。陆的大家族也确实加重了他的经济负担。1170年的旅程中陪伴他同行的是他的妻子和5个儿子，最大的儿子20岁，最小的才4岁。将近一年后，在他即将结束在夔州任期时他写信给当时的宰相，很直接地提出其下一个职务要安排在同一地区。他说他别无选择只能留在四川有三个理由。第一，他前往夔州的旅行是由朋友资助旅费的；第二，他到夔州才几个月，已经无法靠自己的财力安排返家的旅程了；第三，他的家庭经济拮据，甚至到了无法为儿子娶妻的地步。[3]

陆成功地谋到了一个新的小官职。但终其一生，出仕并没有给他带来衣食无忧的感觉。在一首名为"估客乐"的诗中，他描述了一位学者的生活：

> 儒生辛苦望一饱，趄趄光范祈哀怜。齿摇发脱竟莫顾，诗

150

---

[1] 《渭南文集》，2496 页；《剑南诗稿》，卷 2，54 页；卷 2，40 页；《北宋士族》，75—83 页。

[2] 《剑南诗稿》，卷 2，61 页。

[3] 《渭南文集》，卷 13，2085 页。

书满腹身萧然。自看赋命如薄纸。

陆然后总结道："始知估客人间乐。"[1]
陆后来似乎更不走运。70 多岁时，他这样描述自家：

生理嗟弥薄，吾居久未完。蝶飞窗纸碎，龟坼壁泥干。[2]

陆游当官谋生之道并不是个例[3]，宋代士大夫多数出身精英家
庭并不意味着他们的经济状况都很好。对许多像陆游一样的人来说，
151　俸禄和当官所获得的额外收益是他们及家庭收入的最重要来源。宋
初的王禹偁曾以下面这种方式描述自己的经济情况：

虽内无妾，外无仆，不可去者凡百指。晨有炊爨，夕有脂
烟，伏蹂鏖书居其外。月得俸金，太半畏物。是以绽官三年，
徒行而已。[4]

如果他这个描述确实反映了他的经济状况，那么王禹偁真的需
要官府的资助才能进行长途旅行了。他的情况不是个例，许多宋代
精英家庭是拥有大量田地的地主，而其他人终生经济状况不佳。最
近的研究揭示，北宋士大夫经常抱怨俸禄低，以致无法供养自己

---

[1]　《剑南诗稿》，卷 19，568 页；华兹生：*The Old Man Who Does as He Pleases*，
　　33 页。
[2]　《剑南诗稿》，卷 47，1177 页；华兹生：*The Old Man Who Does as He Pleases*，
　　51 页。
[3]　苏轼曾开玩笑说，和他同一年出生的人都很贫困。《东坡志林》，卷 1，21 页。在他
　　居留黄州期间，他养成了每天只花 150 钱的习惯；他每个月拿出 4500 钱，分成 30
　　份。如果哪天他省了钱，这些钱就会被用来请客。《鹤林玉露》，卷 5，2、208 页。
[4]　《全宋文》，卷 157，87 页。

的家庭。对一些低品级官员来说，仕途的受阻引发非常实际的问题——如何让父母、妻儿吃上饭。[1] 个人要自掏腰包才能完成公务旅行，而这种旅行对他们继续仕途是必不可少的时候，许多人就会陷入经济窘境。

朝廷想出来的解决之道是给旅行的官员预付薪俸。1010 年颁布的一道谕旨规定：

> 幕职[2]、州县官，除广南、福建路已令预借俸钱外，江浙、荆湖远地，麟府等州，河北、河东缘边州军，自今并许预借两月俸，余近地一月。[3]

这项政策承认，尽管得到官府的各种帮助，旅行还是一项很昂贵的活动。许多旅行者要得到帮助才能完成旅程，留在家里的家人也需要供养。这样我们也可以理解 1014 年颁布的另一道谕旨允许 152 "外任官家属不随赴任"，以便"分添支钱赡本家"。[4]

宋代官员所得的薪俸用于赡养自己和家庭的百分比是多少？我们无从得知。这个群体很少提供有关他们的经济状况的细节，现存的野史逸闻材料中经常提到作者同僚的经济困境。[5]《夷坚志》的

---

[1] 见陶晋生：《北宋士族》，51—63、75—99 页。

[2] 幕职是指给选任官中的中央政府官员充当参谋的人。他们在大理寺担当评事，在诸如秘书省这样的机构担任校书郎，在州里担任司法和行政官员的助理。贺凯（Charles Hucker）：*A Dictionary of Official Titles in Imperial China*，336 页。

[3] 《全宋文》，卷 238，44 页。

[4] 《全宋文》，卷 248，276 页。

[5] 宋太宗曾因为一位官员贫困而负债，赏赐了他 1300 贯钱。皇帝说："（他）家食不给，岂暇偿逋耶？"文莹：《玉壶清话》，卷 5，52—53 页。真宗时（997—1022 在位），陕西的一位低品级官员不得不卖掉他的马来换取一匹驴，以便筹集回家的费用。《涑水燕谈录》，卷 7，88 页。有一个较极端的例子，说的是一位官员的妻子要卖掉自己的女儿给死去的丈夫购买棺材。《青琐高议》，后集，卷 2，115 页。

好几则逸事特别揭示了士大夫们要为他们的旅程支付旅费的数量。其中一则说，都昌（在今江西）的一位富人因为借钱给一位姓党的人（这样他能得以赴任）受到称赞，而且他还把党的家人接到自己家来照顾他们。[1] 另一则故事说的是，瓯宁（在今福建）一位姓范的人未经妻子同意买了一个女子做妾，当时他正在等候朝廷的任命。为了和妾在一起，他告诉妻子，因为次年才能赴任，而且家里无法资助他盘缠，此期间他得另谋差事。然后他杜撰了一个差事，这样他就可以不必回家。[2] 这个人欺骗妻子的借口是他得谋个差事以便为出行攒钱，这进一步说明为赴任旅行准备盘缠在当时已经是很常见的了。

尽管许多宋代士大夫面临着经济困难，但很少有人放弃他们的仕途。笔者也找不到一份材料说一个官员由于赴任旅行的经济负担而放弃官职的（据陆游说，他的夔州之行的旅费是由朋友资助的），也没有材料说到官员在路途中匆忙赶到任所以便降低旅行费用，这并不意味着宋代文人不关心他们的经济情况——有很多证据证明他们是很在乎的。[3] 不如说这证明了旅行之中的宋代官员身上的社会文化价值以及仕途对他们的重要性。在范成大和陆游 12 世纪 70 年代的旅途中，除了偶尔提到食物，他们都没有提到和钱有关的事情，他们也没有对其日程安排表现出任何紧迫感。实际上，他们

---

[1] 《夷坚志》，支甲，卷 8，1480 页。

[2] 《夷坚志》，支丁，卷 8，1973 页。而另一个人做得更过分。一位姓陈的人由于不能筹集到常州赴任的路费，娶了一个妓女，这样她就能帮他筹集路费了，但是陈隐瞒了他已婚的事实。他然后告知妻子说，因为家贫他们没法一起旅行，他要一个人先去，并答应会将俸禄寄送给她。3 年后，当他回到京城要见妻子时，他为摆脱麻烦把那个妓女杀了。因为妓女不知道他已经有老婆了，他因她的死而获益。《青琐高议》，后集，卷 4，129 页。

[3] 例如袁采的《袁氏示范》论述持家之道和家庭和睦，他非常注重财产的积累和管理。见伊佩霞对袁氏著作的介绍和翻译。伊佩霞：*Family and Property in Sung China：Yuan Tsai's Precepts For Social Life*。

的旅行日记显示，他们对所到的景点如此的专注，以至于他们的同行者——特别是他们的家人——甚至都没有出现在他们所记载的文字中。

就如他们得为旅行的同僚安排舟车马匹等后勤事宜，地方官们也要负责迎接和招待这些同僚，结果，中央政府期盼着旅行者和地方东道主之间有频繁的互动。毕竟，定期轮换地方官员的一个重要目的就是要让官员们积累地方经历，使他们熟知全国各地的民情。从这个角度来说，地方官接待旅行同僚的饮宴是受到鼓励和完全合法的，但是中央政府没有预料到的是做这些事情的支出费用会到什么程度。本章揭示，不仅做这些事的花费非常昂贵，而且接待相关的活动也越来越多，以至于朝廷都无法控制，中央政府所分配的资源远不能满足开支的需求。结果，地方官府不得不采取各种措施来履行他们的职责。整个宋代期间，地方官府所采行的措施越来越多，而这种现象的长期后果就是突破了财政状况的限制——在危急关头这就是地方管理起到了作用，地方官府分配有限资源的能力得到了增强。随着地方官花费大量的时间和精力来应对公务旅行者，他们对地方事务的处理必然受到影响，因此有太多可用的经费和物资意味着他们所管理的其他事务的精力就会降低。尽管朝廷试图对过度招待加以纠正，并要应对时人对世风日下的批评，但公务旅行花费重金的状况依然继续。一小群位于官僚系统上层的人消耗大量资源的状况也依然如故，但是尽管存在很多问题，定期轮换官员的做法一直作为一项国家政策延续下去，直至中华帝国的终结。这是因为，如下两章要揭示的，轮换政策被证明对于朝廷和被调动的人来说费用太过昂贵，而在全国各地的广泛旅行却能为国家和官员本身带来其他明显的好处。

第七章 观光和创造景点

——游览探访与题写碑刻

一愿识尽世间好人，二愿读尽世间好书，三愿看尽世间好
山水。[1]

　　南宋士大夫赵季仁在与朋友罗大经（1196—1252）谈论自己的
平生夙愿时就是这么表白的。赵觉得没有必要解释他所说的"好人"
和"好书"，但是他在详细解释第三个愿望时简要地提及了著名学者
朱熹（1130—1200）。据赵说，朱熹无论去哪，都会带上足够的酒，
喝上整天并肯定不会错过附近的山川，即使要多走上几十里的路程
也在所不惜。

　　赵季仁、朱熹和其他广大士大夫一样都有着观光的热情。不仅
宋代文献里充满了对文人们游历各地的详细记录，这些行程也显示
出前所未有的重要意义。当时的一种说法的出现证明了这方面的发
展，这种说法强调旅行能帮助开阔旅行者思想、增长他们对真实世
界的认知以及加强他们的个人道德修养。游历各地和探访名胜已
经成为一个重要的身份标志：通过突出旅行的道德、学问和文化
功能，宋人加强了他们作为儒家君子、受人尊敬的学者和国家的
文化引领者的地位。对名胜的探访已经成为他们的一种特殊的社
会资本，在其生活中起到了像收藏古物和书籍一样的作用，标志
着他们所归属的社交圈子，也显示着他们孜孜不倦的忠君事国的
程度。

---

[1] 《鹤林玉露》，丙编，卷3，281—282 页。

指出这一点是非常重要的：许多吸引文人旅行者的地方和景点都有着很重要的历史影响，宋代旅行者们热衷于寻找其古今之间的联系。当日记已经成为一种成熟的文学体裁后，这个现象在日记中也能观察得到。[1] 如果说唐代和唐之前的作家热衷于风景的细致描写和个人情感的表达，那么宋代作家则会对名胜及以前的访客越来越尊重。[2] 从这方面来说，他们的探访可以很恰当地用"文化朝圣之旅"来形容。以前的访客给这些地方和遗迹带来了魅力，经过宋代旅行者的发挥，这种魅力成为后来旅行者的地理知识和文化记忆。在探访、欣赏和纪念的过程中，宋代精英们积极投入，让历史魅力能无尽地向后世传递。

如果观光活动给予宋代的旅行者们一种他们是谁、他们属于哪里的感觉，他们会通过刻写、建造、命名和保存这些名胜的方式，主动地、频繁地去探访各地。这类活动明显地改变中国的文化地理，至宋末，文人作品和地方志书中记载了许多以前存在的和新创建的景点及游览地。因此，这类活动促成了其后整个帝制时代各地地方记忆和国家文化版图的形成。[3]

---

[1] 许多学者已经觉察到了日记作为一种文体的演变发展。除了何瞻和宣立敦，王立群也把宋朝看作是旅行文学发展的一个转折点。见王立群：《中国古代山水游记研究》，87—124 页。

[2] 布赖恩·多特在其有关中华帝国后期泰山的朝圣之旅的研究中作了类似的观察。通过对比文人和普通人的朝圣之旅进行对比，他注意到，部分文人缺少宗教的虔诚，"他们更着迷于书面文学而不是口头文化，对泰山和儒学的兴趣大于对碧霞元君的兴趣。他们通过撰写游记和留下题字把自己描绘成完人。"多特：*Identity Reflection*，222 页。

[3] Julian Ward 在他有关明代大旅行家徐霞客的研究中，强调人们对风景的情感反应已经成为一种大的趋势，并且人们对地理的兴趣在逐渐上升。就如本章所揭示的，到名胜观光的"痴迷"已经很普遍。见 Julian Ward: *Xu Xiake*。

名胜的认定

Herbert Plutschow 在他的日本中古旅行日记（1185—1600）的研究中，把来自日本古典文学（歌枕）的著名地名认定为"圣地"。这些地方可能是具有诗意的，有宗教意义的，或具有重要历史意义的，或上述因素兼而有之的。这些地方沿着古道分布，常有官员、准官员和 Plutschow 所称的"隐士旅行者"来探访。这些隐士旅行者的形象来自于神话、传说和历史，以及跟他们有联系的诗人及诗歌。[1]在宋代中国，类似的事物被称为"景点演变"。更重要的是，许多中国景点的出名不仅是因为他们在历史和文化传承上的地位，而且也因为旅行者跟景点之间的深厚关系以及因探访而激发他们创作出的文学作品。

宋代旅行者在其文学作品中对这些名胜进行了认定，这些名胜多数形成于唐宋，他们还用各种术语来描述名胜。最常用的是"名山胜景"、"嘉山水"，或简单地用"山水"和"胜迹"，其他的表达还包括"江河"、"名山大川"和"亭台楼榭（或亭台楼阁）"。这些术语通常可以交替使用，他们给受访的地方赋予四个重要的特点。第一，景点的自然、文化、历史和宗教的意义往往被这样和谐地融为一体，以至于爬山时不去寺庙拜访、不去观赏碑石和岩壁上的书法几乎不可能。同样地，著名古迹也融合到了周围的自然风光中。[2]北宋官员张礼在他的《游城南记》中详细记录了他 1086 年初

156

---

[1] Plutschow 所指的这些地方有河、桥、湖、塘、井、岛、岬、关、林、村、边界或者是道（之后还有佛寺）。见 Plutschow：*Four Japanese Travel Dairies of the Middle Age*，1—24 页。

[2] 宣立敦发现，对许多旅行作家来说，到各地的旅行已经累积形成了新的文学传统，而这个传统与语言和历史有着千丝万缕的联系。宣立敦：*Inscribed Landscape*，6 页。

春在长安南郊七天的游览经历。张总共评论了 50 个市镇、乡村，30 个有名字的山、河及湖，40 个园林、寺观，以及众多的桥梁、树木、庙祠和纪念历史名人的石碑。[1] 这种对名胜的兴趣和名胜本身特点的混合，让我们明白了为什么可以选择这么多的描述性的词语来描绘名胜，以及为什么稍作努力就能在宋代旅行者的著作中看出自然风景和人文景点的不同。

自然和人文的重合在名胜的第二个特点中更加突出：许多著名景点经历代人的不断修建，他们周围的自然环境最终褪变成景点的背景。与更加注重自然景色的唐代先驱相比，宋代文人对出现在风景优美之地的人文性质的碑石更感兴趣，南宋时尤其如此，那时许多与唐代、北宋名人和历史事件有关联的景点最先被认定。陆游和范成大的旅行日记里提到的重要建筑有数百处，包括亭和塔、历史人物的纪念物、佛寺、地方神灵的庙庵、著名园林和有名的宅院等。[2] 南宋时杭州的西湖就有 450 处游览点，有一半景色优美，其他的都是文化和历史景点。[3]

在长江流域，甚至那些遥远的和地理环境比较隔绝的地方都已有宋代旅行者去过了。南宋的罗大经来到桂林附近的岩溶洞穴探访时，和先前来的游客一样，他的兴趣更多的是观赏岩溶构造的雄伟壮丽。先前来访过此地的韩愈（768—824）和范成大留给罗的相关知识不但让罗显得很博学，而且也给了他很多探访的实用信息。由

---

[1]　史念海、曹尔琴：《游城南记校注》，3 页。英文中对张礼著作的研究，见 Deborah Rudolph："The Power of Places: A Northern Sung Literatus Tours the Southern suburbs of Chang-an"，11—22 页。

[2]　王福鑫所确认的范和陆书中的名胜数量分别是 113 和 115。王福鑫：《宋代旅游研究》，108—109 页。

[3]　王福鑫：《宋代旅游研究》，122—123、133 页。

　　　　　　　　　　　　　　　　　　　行万里路：宋代的旅行与文化

于罗熟知范成大多年前有过一次不成功的岩洞之旅，他和他的随行者们带上了几百根蜡烛，最终完成了其84个岩洞的探访之旅。[1]

宋代名胜的第三个特点是，他们都位于文化和经济发达的地区和偏远的内陆地区。长江流域就是个很好的例证。这些名胜确实是更多地集中在更为繁华的中下游地区，而不是发展程度较次的上游，但是，陆游和范成大对较为封闭的湖北和四川地区也一样感兴趣。实际上，范成大游峨眉山和陆游游三游洞说明，不在正道上的景点对官员旅行者具有特别的吸引力，探访这些地方具有更大的挑战性，到达那里所需要的条件也更高，但是，时代越是往后，分布各处的景点通常是与贬黜到各地的最著名的历史人物联系在一起。唐宋文学的领袖人物如李白、杜甫、欧阳修、苏轼和黄庭坚等都曾到过边远地区，后世旅行日记的作者对这些人都极为尊敬。[2] 宋代士大夫把这些伟大人物和欠发达地区一起来赞颂的做法不仅决定了地方和地区的记忆，也使这些地方出现在了国家的文化版图中。宋代旅行者非常热心地做这类事，这将是我们在下一章通过苏轼在黄州的个案进行探讨的主题。

下面这个观察给我们引出了宋代名胜的最后一个特点：一个地方的名胜是吸引访客的一个决定性因素。也就是说，与特定地方有联系的历史遗迹或事件、书法题刻和传说的数量越多，能吸引的游

[1] 《鹤林玉露》，戊编，卷3，317页。

[2] 在唐代作品，特别是诗词中，沿着长江的旅程显得尤其引人注目。毕竟沿江的美丽景色能激发唐代最著名诗人们的灵感。唐代的诗人们一路上留下了许多传说，他们也是宋代至明清时期广受敬重的人物中最出名的一批人。陆游的《入蜀记》就引用了数十首唐代大诗人李白的诗。其他经常被引用的诗人有杜甫、白居易（772—846）、王之涣（688—742）、杜牧（803—约852）和崔灏（？—754）。

第七章　观光和创造景点——游览探访与题写碑刻　　　　　　217

客就越多。最有名的遗迹是那些名人曾经在那当过官和留下足迹的地方。地方上存在的各种人造建筑，包括民间信仰的神灵庙祠、佛寺，苏轼曾经称赞过的亭子以及欧阳修下令挖掘的一个井等象征着历史的存在，同时也提升了地方的名气。对陆游来说，"红梨树"是很重要、很值得一提的，因为它曾被欧阳修所尊崇并在著作中提及。[1] 宋代政治家寇準在巴东（在今湖北）衙门庭院所种植的两株柏树也同样被视为具有重要意义的象征物，苏轼曾因在赴京赶考的途中未能停下来向路边的这两株柏树致敬而遗憾。[2] 陆游在进出四川时都曾拜访寇準的树和亭阁，并题词表示敬意，这给陆留下了很深的印象，以至于 17 年后他回顾四川的旅程时，这些树在他给寇準的著作《巴东集》所写的后记中占据了很大篇幅。[3]

我们很有理由相信，陆游距寇準的时代有 150 年，当时种的树已经枯死，后来又进行了重种。11 世纪最后一年，曾到访巴东的王辟之记载道，1094 年的一场火灾烧掉了寇準的祠堂和所种的树，新任县官"悼柏之焚，惜公手植，不忍剪伐，种凌霄于下，使附干以上，以著公遗迹，且慰邦人之思"。[4] 陆游拜访的那两棵树是谁种的，我们无从得知，但有一件事可以确定：即使柏树不是当初寇準所种，也影响不了对像陆游这样的旅行者的吸引力。[5]

[1] 《入蜀记》，卷 48，2452—2453 页。

[2] 《苏轼诗集》，卷 1，40 页。

[3] 《放翁题跋》，卷 3，22 页。

[4] 《渑水燕谈录》，补遗，129 页。

[5] 像寇準柏树这样的著名景物对当地人来说是非常重要的。在同一份记载中，王辟之说，县官对寇準在巴东的遗迹一直维持其原样，当地人因此颇为满意。《渑水燕谈录》，补遗，129 页。王强调了柏树在旅行和当地人中的名气，"……至今民爱之，谓之'莱公柏'焉。"《渑水燕谈录》，卷 8，97 页。

对旅行和观光的论说

> 念昔并游于英俊，颇尝抒思于文辞，既嗟气力之甚卑，复恨见闻之不广。今将穷江湖万里之险，历吴楚旧都之雄。山巅水涯，极诡异之观。废宫故墟，吊兴废之迹。[1]

上述这些话选自陆游被任命到夔州之后上奏给朝廷的一份奏疏。他宣称，预料这次长途旅行能够拓展他的视野，因此有必要把这次经历写下来。当名胜景点与历史进行交流时，他把这些经历记录下来留给后人。对此他同样感到兴奋。如此广泛的旅行丰富了官员旅行者的个人感受和思想，这也是宋代讨论旅行的重要主题。

旅行与道德修养

从有记录的历史开始，中国人的宇宙秩序观建立在天人感应的信条上，汉代学者董仲舒（前179—前104）在他的宇宙观哲学中全面发展了这个理论。这种对宇宙的理解在整个中华帝国时期指导了中国人的思想、政治学说、艺术和文学表达，对受过教育的政治精英来说，与自然接触一直是他们不懈的追求。例如，欣赏景色的诗在中国早期成了"一种表达道德情操和提拔官员的工具"[2]，自然景观同样成为培养道德节操和个人修养的重要资源。《论语》中孔子有一句很有名的话，"仁者乐山，智者乐水"，对中国的学者和诗人

159

---

[1] 《渭南文集》，卷8，2038—2039页。

[2] 侯思孟（Donald Holzman）：*Landscape Appreciation in Ancient and Early Medieval China*，1页。

影响深远。[1] 罗大经（本章即以他评论赵季仁的话为开头）就引用了这句儒家格言为观光辩护，他是赞成赵季仁和朱熹的看法。[2] 实际上，宋代士大夫对把观光活动视为道德修养不可或缺的一部分的论述贡献尤多。王安石在安徽的一次游览之后写就的《游褒禅山记》就是一篇从观光经历中获得道德教益的典范文章。

1054 年，王安石和他的两个兄弟、两位朋友一起游览了褒禅山。他这篇游记有 600 字，记述的并不是名山，在他来访之前，这座山籍籍无名。王简要介绍了当地的历史，然后转到他的主要关注点华山洞：

> 入之甚寒，问其深，则其好游者不能穷也，谓之后洞。余与四人拥火以入。[3]

他们进到一个又深又寒的洞中。由于之前没有人进洞彻底探查过，他们几个有点激动。王接着写道：

> 有怠而欲出者，曰："不出，火且尽。"遂与之俱出。盖余所至，比好游者尚不能十一，然视其左右，来而记之者已少。[4]

王的文章并不是责怪放弃探险的人，毕竟，在他们进洞之前也没有人游完整个洞，因为"盖其又深，则其至又加少矣"。普通旅

---

[1] 孔子：《论语》；英译见伊佩霞：*Chinese Civilization，Sourcebook*，20 页。

[2] 《鹤林玉露》，丙编，卷 3，281—282 页。

[3] 王安石：《王安石文集》，卷 27，164 页。英译见宣立敦：*Inscribed Landscape*，173—176 页。

[4] 同上。

行者没有再往前多走几步，一般就会止步往回走。这使王发了一番
感慨：

> 方是时，余之力尚足以入，火尚足以明也。既其出，则或
> 咎其欲出者，而余亦悔其随之，而不得极夫游之乐也。[1]

这里的"游之乐"以传统的欣赏风景的角度来看是完全无法
理解的。尽管他说"入之愈深，其进愈难，而其见愈奇"，他所要
寻求的乐趣比一般人的较为复杂，这种乐趣包括他在游览中学到
的教训——也就是一个人应该在身体上和道德上接受挑战，而不
是在困难情势下屈服。这篇文章最主要的部分是论述了他的这次
经历：

> 于是余有叹焉。古人之观于天地、山川、草木、虫鱼、鸟
> 兽，往往有得，以其求思之深而无不在也。夫夷以近，则游者
> 众；险以远，则至者少。而世之奇伟、瑰怪，非常之观，常在
> 于险远，而人之所罕至焉，故非有志者不能至也。有志矣，不
> 随以止也，然力不足者，亦不能至也。有志与力，而又不随以
> 怠，至于幽暗昏惑而无物以相之，亦不能至也。然力足以至焉，
> 于人为可讥，而在己为有悔；尽吾志也而不能至者，可以无悔
> 矣，其孰能讥之乎？此余之所得也！[2]

---

[1]　《王安石文集》，卷 27，164 页。英译见宣立敦：*Inscribed Landscape*，173—176 页。
[2]　同上。

　　如何瞻在其宋代旅行文学的研究中所认为的："说教性的论述是日常旅行散文中最为常见的构成要素之一。"这些论述要服务于"一个中心目的：为文章设定背景，供文章提出的特定的哲学或道德论点提供切入点"。[1] 王安石的话使我们相信：他之所以"悔"并非源自他不能到达洞的尽头，因为即使是最有探究愿望和最勇敢的人都有可能会失败，相反，他却对自己是"有足够的能力再往前走但是却没有去尝试的人"进行了自省。对他自己和其他人来说，他的信条就是要更加努力，以免自己成为被嘲笑和自责的对象。

　　显然，王的文章并不是颂扬体能，也不是提倡冒险去探访山洞。王对道德力量和个人意志进行了长时间的反思，他把这种见识归因于那些在旅行和观察中无畏前行寻找启迪的"古人"。通过这种做法，他宣称自己相信人要在日常活动中不断地进行修身养性。

　　但是，王的谦虚不应该让我们轻视他的贡献。通过把观光视为一个以意志力克服障碍的机会，王极大地提升了道德的重要性。王安石没有完成他在褒禅山华山洞的探访，但他在自省中所表达的思想应该对有抱负的知识分子和政治家的发展有帮助，而且也对他在政治贬谪生涯中起到了支撑作用。王在 30 多岁时的反思自然让我们将之与数十年后的改革家王安石的言行联系起来。他的新政一直遭到包括朋友和原来的学生在内的同僚的反对，同时也引爆了整个宋代最为严重的一次政治党争的风暴，然而王安石仍然坚持他的改革目标。如他在游记中所看到的，只有那种不怕冒险，勇于充当先锋，付出更多的人才能看到最美的景色。

---

[1]　何瞻：*On the Road in Twelfth Century China*，45 页。

如果我们把王安石描写这次不成功的探险的语言与范成大登峨眉山的游记的语言进行对比，其相似性不可思议。范登峨眉山的旅程发生在他离开家乡 5 年多之后，当时他的身体还不是很好。虽然如此，范仍决定彻底探察峨眉山，5 月 29 日离开成都，6 月 16 日范来到了峨眉山所在的嘉州。他和随行者们用了 8 天进行了精心准备[1]，范成大在峨眉共用去了 10 天，是他这次行程中逗留时间最长的一个地方。

我们应该知道，攀登万步山对任何人来说都是一种挑战。范特地指出，大峨峰尤其是最难攀登的山峰，这个地方以前从来没有人来过。不可捉摸的天气让范穿上了所携带的最保暖的衣服，此外，范一行人还得面对复杂而危险的情况。作为一名高官，范在旅途中多数时间是坐在轿子上的，但在旅程中的某些路段坐轿子是不合适的。行到中途，部分随行的人停了下来没有往前，待到范下来，他们一起前往龙门峡。这段路是来峨眉的访客极少涉足的，范此时穿鞋步行。即使是在路况稍好的山路上，坐轿子上山也很不好走，以至于需要身体健壮的轿夫在前头用绳子拖拉才能走。范在游记中写道："登山时，虽跻攀艰难，有绳曳其前，犹险而不危。下山时，虽复以绳缒舆后梯斗下，舆夫难着脚，既险且危。"[2] 这里看不出登山的犹豫不决和对路途的抱怨。

范在旅途的末尾说："（要登峨眉这样的山），非好奇喜事、忘劳

---

[1] 范在其游记中注明，他从山脚带了一壶水，用于煮饭。《吴船录》，卷 1，16b。

[2] 《吴船录》，卷 1，15a。范很赞赏他这次冒险，但我们应当知道，他完全不用为他这次登山的经费和准备工作担心。如前几章所揭示的，嘉州的地方官义务地——可能更多的是乐于——为范这样的路一级的官员提供所需的相关设施和人力帮助。但与范同行的多数官员就没有那么幸运了。实际上，低品级官员得不到帮助可能部分地说明了为什么陆游在川 6 年没有涉足峨眉山。另一个因素可能是当时峨眉山还不是一个"必看"的景点，如苏辙（本章有稍有论述）所说，苏氏兄弟显然不觉得峨眉很有名，他们也从来没有去过。

苦而不惮疾病者，不能至焉。"[1] 尽管各人旅行的效果各不相同，他实际上是在阐释王安石的说法。王应该会满意范的旅游收获，而范对自己的峨眉之行也很满意。范对自己 10 天旅程中表现出来的勇敢和好奇心颇为自满，他所留下的游记表明了他的刚毅精神，证明他是可以被视为一位经得起考验的真君子。

旅行与增进学问

宋代士大夫除了从他们的旅行经历中获得道德情操上的历练，他们也把观光活动视为拓展视野和增进学问的重要途径。北宋著名学者和教育家胡瑗（993—1059）[2] 对此作了最好的概括。他说：

> 学者只守一乡，则滞于一曲，隘吝卑陋。必游四方，尽见人情物态，南北风俗，山川气象，以广其闻见，则为有益于学者矣。[3]

胡经常四方游历，他曾带着学生长途跋涉，从无锡（在今江苏）到陕西中部去。他见识了黄河穿行在潼关、太华山、中条山的景象，然后说："此可以言山川矣，学者其可不见之哉！"[4]

163　　　他的话说得不是很直接：学校教育和书本学习是增长智慧和科

---

[1] 《吴船录》，卷 1，22b—23a。
[2] 对胡瑗教育活动及其成就的研究，见苗春德：《宋代教育》，141—154 页。
[3] 《默记》，卷 3，15 页。
[4] 同上。

举考试的基础，同样地，真正的知识是通过对世界的观察才能获取，而这种观察则要通过广泛的游历才能实现。这个态度使我们明白了为什么宋代受过教育的精英们会习惯性地用"环游万里"、"赏佳山水"等语句来表示他们通过亲身观察世界而获得了丰富的阅历。陆游在给朝廷的上书中引用了胡瑗上述的话，把踏上旅途和有机会出仕作了直接的关联，长途旅行无疑极大地扩展了他的视野。陆接着写道："倘粗传于后世，犹少答于深知。"[1]陆游非常希望他的游记会对效法他的人能提供非常有用的信息，而且，他留下来的作品就是他成长为一个学者的明证。

旅行者漫游于"山水间"的图像也见诸其他人的著作。宋人的这种集体性的学术印象特别受到了汉代大史学家司马迁的影响，司马迁的著作证明了到各地游历调查和写出传世佳作之间有着密不可分的联系。[2]在其崇敬者看来，司马迁在旅途中搜集第一手资料的举动为他的不朽名声及其巨著《史记》打下了基础。两宋的学者除了不断地提及司马迁的旅行，还多次引用他的话来说明旅行在他们的仕途和思想发展中的重要性。当苏辙回顾他的学术发展过程时，将自己的成功归结为离开家乡去结识当代的著名思想家。有趣的是，苏辙是以年轻时的司马迁的经历来开始他的叙述的：

> 太史公行天下，周览四海名山大川，与燕、赵间豪俊交游，故其文舒荡，颇有奇气。

---

[1] 《渭南文集》，卷8，2038—2039页。
[2] 司马迁是带着接受磨炼和为编撰《史记》做准备的意图开始他的跨越今天9个省的旅程的。这些旅行起到的作用在其著作中有所反映。他旅行的9个省包括陕西、河南、湖北、湖南、江西、江苏、浙江、安徽和山东。

苏强调了司马迁的广博视野是如何地激励了他人，然后讲述他困居家乡：

164
辙生十有九年矣，其居家所与游者，不过其邻里乡党之人，所见不过数百里之间，无高山大野可登览以自广。

苏辙用"数百里"这个表述怎么听起来真的像是说年轻人的雄心抱负受到了限制。他试图强调离开家乡出去看世界对他的影响，他把家乡四川说成是一个不能激发个性拓展视野的地方，而事实上，峨眉山离他的家乡大约 100 里远。[1]苏希望能离开家乡周游各地，然而他不是要去登哪个特定的高山、观览独特的美景。他只是因为家乡的过于封闭而感到沮丧。苏接着写道：

百氏之书虽无所不读，然皆古人之陈迹，不足以激发其志气。恐遂汩没，故决然舍去，求天下奇闻壮观，以知天下之广大。过秦、汉之故都，恣观终南、嵩、华之高，北顾黄河之奔流。慨然想见古之豪杰。[2]

换句话说，年轻的苏辙是在践行司马迁的所为。他不满于书本学习的局限，渴望"奇闻壮观"。苏辙特别强调旅行在他及司马迁的思想发展中起到的重要作用：因为可以见到当代豪杰，也有机会见识世界之奇，他们才可以成就自己的事业。苏辙 19 岁的时候就对旅行的重要意义以及结交文学和政治名人有着如此成熟的见识，这可

---

[1] 对峨眉山的历史、来山的著名访客以及该山演变成佛教名山的过程的综合性研究，见何瞻：*Stairway to Heaven*。
[2] 苏辙：《栾城集》，卷 22，381 页。

能吗？确实如此。苏辙离开四川到京城去的决定更有可能是他父亲苏洵（1009—1066）所为，不过，这并不能阻止苏辙效法年轻时的司马迁出游天下以探寻学问的想法。苏暗示，如果他不能离开四川家乡，就不会有今天我们所知的苏辙。

宋人着迷于司马迁的旅行记载的事例持续不断地出现。著名的南宋学者吕祖谦（1137—1181）也说司马迁是他的榜样，吕写道：

> 庐阜（庐山）咫尺，读书少休，必到山中，所与游者谁 165
> 也？古人观名山大川，以广其志意，而成其德，方谓善游。太
> 史公之文，百氏所宗，亦其所历山川有以增发之也。[1]

这里，吕祖谦对旅行和观光的赞赏，与我们在前面论述的王安石和苏辙关于旅行对陶养品性、增长才干的作用的议论是一样的。这个主题在南宋学者的著作中不断地被提及。张世南（活跃于13世纪上半叶）在给《游宦纪闻》作的序中这样总结他的多年旅行经历：

> 仆自总角，随侍宦游，便登青天。万里之蜀。及壮走江湖，
> 无宁岁。[2]

就如此书的书名和序言所示，张的著作源自于他多年的旅行。张在书中的敏锐观察给读者介绍了各地的自然景象和风俗民情，同时他很自信地认为其书还纠正了前人著作中的错误信息。他通过个

---

[1] 《清波杂志》，卷8，4页。
[2] 《游宦纪闻》，序。

人旅游和亲身调查寻求真实。通过这种实践，张承认他是受到了司马迁的激励。同僚李发先在张著的跋中进一步阐释了这个观点：

> 博物洽闻，儒者事也。非足迹所经历，耳目所睹记，则疑以传疑，犹未敢自信，况取信于人乎？[1]

然后，李把张的著作与他所推崇的司马迁作了对比：

> 太史迁少时，游江淮、上会稽、探禹穴、窥九疑、浮沅湘、涉汶泗；访齐鲁之旧迹，过梁楚之故地；然后采掇异闻，参讨往事，而大放于史笔间，至今史官宗信。[2]

在张通过亲身旅行和调查来探求信息的可靠性的过程中，李发先看到了其中的类似的努力：

> 鄱阳张光叔（张世南字），文献故家也。讲学家庭，藏书日富。蚤从云台史官，游宦入蜀。见闻已不凡矣。及涉江湖，达浙、闽，视昔所获夥矣。

李显然是做这样的对比：张世南和司马迁都是在年轻时四处游历，积累知识。司马迁去了很多重要的地方，搜集了大量材料后，开始写作其名著《史记》；张亦如此。

有一点我们应该说明一下：尽管他们对旅行在增进学问上的重

---

[1] 《游宦纪闻》，95页。
[2] 同上。

要性有普遍的共识，苏辙和李发先对这种作用的具体看法还是不尽相同的。从他们如何把司马迁看作楷模就可以很清楚地看出来。对苏辙而言，司马迁因为旅行而受到了激励，才能得到了发挥，最后成为一代史家；旅行开阔了人的思想，拓展了人的视野。李发先则强调旅行在确认事实和提供可靠信息上的作用。李对司马迁写作《史记》所进行的准备程度的描述说明了他为什么相信司马迁的学问具有很高的水准。李推崇了一番司马迁的著作后，也对张的著作表示赞赏——说他的书是辛苦搜集第一手材料的成果。李的跋代表了视旅行具有开拓思想、陶冶情操作用的那个时代的一种看法，而且该跋也特别强调了亲身观察的价值。

　　实际上，宋代旅行文学给读者留下的印象是，士大夫们通过广泛游历，对所去过的地方增长了见识，同时他们也花费很大精力把路上的所得记载下来。陆游在《入蜀记》中，罗列了许多他亲自收集来的各地的日常生活和物质文化方面的信息。例如他说头一次"见独辕小车"[1]，知道了"蜀中梁山军鹭鸶为天下第一"[2]。陆也提到了一个镇，当地视绿毛龟为美味，"就船卖者，不可胜数"[3]。在另一个地方，已婚和未婚女子都可以走出闺门。陆注意到，东南地区的妇女"足踏水车，手犹绩麻不置"，而在他到了中国西南之后，他注意到当地妇女是以手拿取水的，这种行为在东南地区的妇女中是很少见的。[4]

167

---

[1]　《入蜀记》，卷 43，2410 页。张春树和 Joan Smythe：*South China in the Twelfth Century*，47页。

[2]　《入蜀记》，卷 43，2413 页。张春树和 Joan Smythe：*South China in the Twelfth Century*，52页。

[3]　《入蜀记》，卷 45，2426 页。张春树和 Joan Smythe：*South China in the Twelfth Century*，89页。

[4]　《入蜀记》，卷 43，2409 页。张春树和 Joan Smythe：*South China in the Twelfth Century*，44页。

大量的证据表明，旅行和旅行文学在宋代的信息交流中起到了越来越重要的作用。张世南的《游宦纪闻》不是一部旅行日记，该书的目的是给读者介绍各地的风土人情。李发先在他的跋里尤其强调，张从他多年的游历中学到的一点是：旅行得越多，他感觉自己知道得越少。因此旅行使很多学者相信，他们需要通过对自然和人文世界的了解，使自己恢复活力。由于在如何获取知识的讨论中所产生的观念变化，结果以前被认为令人生畏的、使人不快的事情，如远行去赴任、求学、赶考等都具有了新的意义：目的地不再是最重要的事了。一个人旅行得越多，去的地方越多，积累的知识也越多，因此也就更能学有所成。

与中国的过去沟通：探访三游洞

> 供备库使，前知全州军州事杨永节公操，前提取广西常平、太常丞关杞蔚宗，河阳节度推官、知零陵县事杨臣卿信甫，熙宁七年（1074）三月十九日同游（澹山）。[1]

上面的引文所叙之事很直接明了：1074 年，三位官员同游今湖南境内的澹山。第三个人杨信甫是当地的县官和东道主。他带着客人前来观光。他们决定，因为游兴很高，应该在此刻碑留念。

澹山并不是宋代特别有名的山。然而存留至今的碑刻说明，在同一年，至少还有另外两队人——其中一队还是由杨知县带领——到访此地。存留下来的碑文和上面的引文一样简单。由杨知县带领

---

[1] 《全宋文》，卷 1782，104 页。

的第二支队伍，除了队中人的姓名和探访的日期外，碑文上说同游者"遍寻岩穴之胜"。[1] 由于杨知县在两个场合中都是向导，我们推测他带的第一队人才是在进行观光活动。

两宋时期的其他许多旅行者会题写碑铭来赞颂山景之美，同时也留下到访的痕迹。1065年，有位官员旅行者曾在当地东道主本州通判的陪同下游览，他评论所见之景说："悉非人力，乃神物所造之景。"[2] 被他们赞颂的山就是澹山，但是宋代访客们有个问题需要弄清楚：唐代柳宗元（773—819）曾被贬谪到此地十年时间（805—815），写过有名的《永州八记》，然而他从来没有到访过及在著作中提及这座山。北宋一位姓王的游览者在其1076年所写的文章里，提供了许多游览的细节，但他的叙述大部分集中在柳宗元和唐代另外一位人物元结（719—772）上。他写道：

> 岩之风物气象，真隐者所居。窃思次山（元结字）、子厚
> （柳宗元字）雅爱山水，在永最为多年，独于兹岩无一言及，是
> 必当年晦塞，未为人知。惟大中十四年（860）张颢有《石室
> 记》略载其事，……迄今二百一十七年矣。后之游潇湘者，以
> 不到澹山为恨。[3]

王接着介绍了澹山的自然之美。这篇文章大体上是通过聚焦名人来突出澹山。王视张颢为澹山知名度提高的一个关键性人物。尽管如此，他还是觉得有必要解释一下从柳宗元和元结开始澹山不为人知的原因，就如苏辙暗示他那个时代峨眉山太蔽塞以至于没能引

169

---

[1] 《全宋文》，卷1782，106—107页。

[2] 《全宋文》，卷991，138页。

[3] 《全宋文》，卷939，375页。

起他的兴趣，王也把元和柳没有到澹山探访归因于澹山的闭塞。就像他在文中所说，即使是由于像张颙这样的访客的到来提升了澹山的名气，元结和柳宗元在该山历史上的缺失却一直保留在来访游客的印象里。在王写了这篇碑文后不久，又有一位官员旅行者来探访，并对澹山的美景大为惊异，然后就缅怀起柳宗元被放逐此地。[1] 通过这种极其有趣和意想不到的方式，柳宗元没有来过此山实际上成了此山的突出因素。

宋代旅行者所游览的风景都有了一段显赫的历史，访客们通过各种记载对此都有了解。通过直接到充满各种传说的景点去亲身体验以获取对历史的感受已成为对宋代精英极有价值和吸引力的活动。宋代旅行文学中有很多对早期旅行者探访名胜表达崇敬和思索的内容，这些内容揭示了旅行者进行探访时一路上所经历过的强烈情感变化，实际上，像"见古之豪杰"[2] 和"吊兴废之迹"[3] 等表述在宋代文学中很常见。各种有关历史事件和著名人物的典故在宋代文学中被提及的也很多。通过遍及全国各地的旅行，宋代士大夫才能频繁造访历史遗迹，从而也强化他们对文化遗产的继承和发展。对三游洞探访的一项考证揭示，只有通过历代访客的参与，包括亲身前来探访、文学创作、与洞穴有关的碑刻铭文的题写，洞穴的名气才能延续下去，并在几个世纪内越来越为人所知。

三游洞位于夷陵（今湖北宜昌）西北25里处，唐代之前在文学上还是默默无闻。实际上，正是由于白居易、白的弟弟白行简（775—826）以及他们的朋友元稹（字微之，779—831）认为他们自己是首次探访此洞，这个洞穴才在819年被称为三游洞。白居易解

---

[1] 《全宋文》，卷1044，230页。
[2] 《栾城集》，卷22，382页。
[3] 《渭南文集》，卷8，2039页。

释道：

> 三月十日，三会于夷陵。翌日，微之反棹送予至下牢戍。又翌日，将别未忍，引舟上下者久之。[1]

白居易等三个探险者进入了悬崖和瀑布环绕的大山中，发现他们自己来到了后来被称为三游洞的洞口之处。

> 仰睇俯察，绝无人迹……仍命予序而纪之。又以吾三人始游，故目为"三游洞"。洞在峡州上二十里北峰下，两崖相廞间。欲将来好事者知，故备书其事。[2]

宣立敦认为："三游洞是文学圣地的一个典型，（它）因作家的宣传而名垂不朽，并且因此而被定位在文学地图上。这样一个地方于是就成了文化旅游指南的内容之一，也是后世作家们朝圣之旅要去的地方之一。"[3] 因其靠近长江边，位置适中，并且拥有与白居易三人的关系，三游洞吸引了宋朝历代旅行者前来观光。欧阳修 1037 年来访并赋长诗一首，详细描述了通向洞穴的路途中的自然风光，特别提到了前往洞穴的路途之艰难。[4] 他写道："仙境难寻复易迷，山回路转几人知？"欧阳修是少数几个既有勇气也有毅力完成这段旅程的人，他也禁不住为自己完成旅程而自得。他

171

---

[1] 白居易：《白氏长庆集》，卷 26，12b—14a。英译文见宣立敦：*Inscribed Landscape*，137—138 页。

[2] 同上。

[3] 宣立敦：*Inscribed Landscape*，137 页。

[4] 欧阳修 1036 年被贬谪到夷陵，在那一直待到 1038 年。严杰：《欧阳修年谱》，63、79 页。

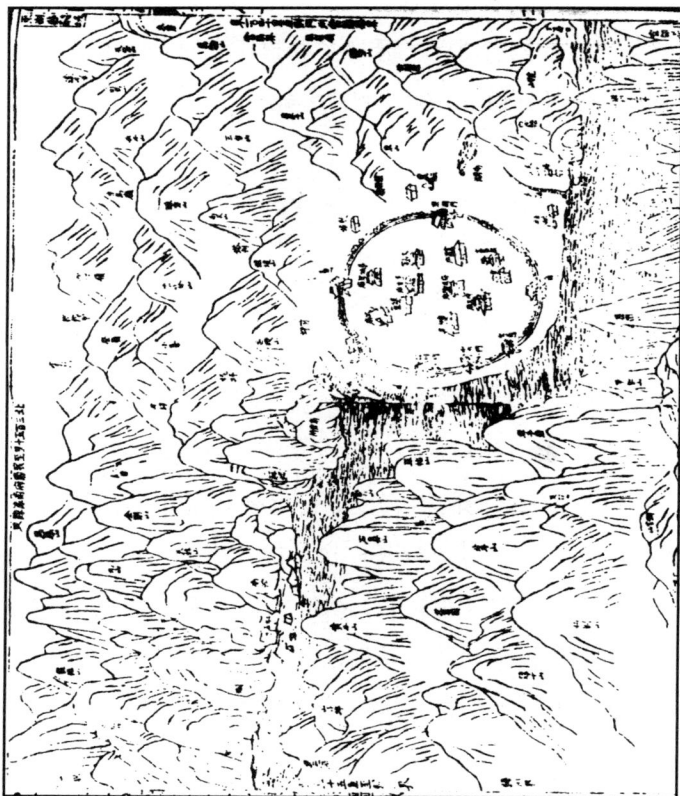

图 7.1 三游洞。来自：宜昌府志（同治本）

　　　　　　　　　　　行万里路：宋代的旅行与文化

图 7.2 三游洞（详细）。来自：宜昌府志（同治本）

感叹道: "昔人心赏为谁留, 人去山阿迹更幽。"[1]欧阳修对洞穴的反应分为三段: 旅行者接近名胜时, 观看名胜周围的景物, 聚焦于名胜与古代人和事的关系。这也是其他宋代旅行者都经历的过程。

172　　到访过三游洞最有名的宋代旅行者是三苏。1056 年, 苏洵和他的两个儿子苏轼和苏辙在赴京途中在此停留——这也是让苏辙摆脱家乡"束缚"的一次旅行。尽管之后由于在科考上的出色发挥以及得到了文坛和政界名流的鼎力支持, 三人成了名人, 但他们在这次旅行的时候尚未出名。三人分别写诗赞颂所看到的景色, 并镌刻在当地岩石上。苏轼所写的两首诗中有一首写道:

> 冻雨霏霏半成雪, 游人履冻苍苔滑。不辞携被岩底眠, 洞口云深夜无月。[2]

苏轼查看着洞口的周围, 面对这寒冷的天气、路途上的艰辛以及洞内的吓人的气氛, 似乎很吃惊。天空阴沉的冬日里, 三人找到了这个潮湿、昏暗和布满湿滑青苔的洞穴。如果他们期望看到什么奇景, 肯定会非常失望。毕竟, 即使是最早来游的白居易, 也没有对洞中的景观留下很深的印象。白居易的文章更多的是描写他们三个好友在一起享受的快乐时光, 对洞穴里的发现写得不多。

三苏的探访情形应该与此类似。苏轼并没有表露出他们止步于洞口没有深入的遗憾。对此唯一令人信服的解释是, 著名的白氏兄弟和元稹曾经进入过这个洞。他的这句"不辞携被岩底眠"的诗句

---

[1] 《居士集》, 卷 1, 12 页。
[2] 苏轼所写的另一首诗被镌刻在洞壁内。《苏轼诗集》, 卷 1, 46—47 页。

让人推测他是想在所崇敬的大师来过的地方表达自己的谦卑——不论环境多么险恶，对老师的崇敬总会吸引来访客。通过这种新的师徒关系的建立，苏轼的诗不仅把几个访客新增到洞穴的传说中，而且也向人们传递了他把自己当作唐代著名前辈的好的继承者的决心和希望。

苏辙的心情也和其兄长一样。实际上，他做了更多的努力，显然要将自己和白居易等最早来的访客联系起来。他写道："去我岁已百，游人忽复三。"[1] 如果说苏轼只是表达了他要做一个白居易三人的崇拜者，而苏辙似乎给自己的定位就和兄长的差别大了。通过跨越时间的阻隔，苏辙显然把他们三人当作唐代首次来访者的最直接的继承者。他的话让我们想起了他离开家乡时的往事：对苏辙来说，四川之外的世界给了他扩展视野的希望，也给了他和历史上的和当代的名人对话的机会。三游洞是苏氏父子出川之后探访的第一个著名景点，其象征意义以及他们对白居易等人的真心钦佩结合在一起，激起了他们的强烈情感，这些情感在他们的著作中可以看得很明显。

苏轼和苏辙留下的遗迹并没有在之后湮没无闻，他们将自己和洞穴的历史联系在一起的愿望在后世也得到了实现。随着三苏名声的逐渐扩大，他们在自己的游记中记载的所到的观光之处因他们而出名，遗迹也被后人景仰。在三游洞这个事例中，他们的名字和他们所题刻的诗一起被牢牢地镌刻在三游洞的历史中，由此白氏兄弟和元稹之行被称为"前三游"，而三苏之游被称为"后三游"。

南宋的访客也陆续成批地前来洞穴游览。与欧阳修和苏轼一样，这些游客也都对所见之景大为惊叹。1170 年陆游写道：

173

---

[1]　苏辙：《苏辙集》，卷 1，1416 页。

系船与诸子及证师登三游洞，蹑石磴二里，其险处不可着脚。洞大如三间屋，有一穴通人过，然阴黑峻险尤可畏。缭山腹，佝偻自岩下，至洞前，差可行。然下临溪潭，石壁十余丈，水声恐人。[1]

苏轼叙说着冰冷的天气和灰暗的天空，而陆游则发现这个地方让人觉得诡谲不安。苏和陆的著作说得很清楚，游客到了洞穴都没有欣赏到风景。前来探访的游客数量不断增多，因为在陆游那个年代，为了方便访客，特意修建了两里长的台阶。从洞穴"被发现"开始至陆游来访的这几百年时间里，洞穴因众多的访客的来访而发生了很大的变化，陆游的叙述就和欧阳修及三苏的描述明显不同。欧阳和三苏尽力地去理解白居易他们的游历与观感，并将自己的游览与他们的游历联系起来；而陆游则更关注他那个时代的访客，这些访客都是北宋时期的人。他在游记中写道：

174
　　（穴门）上有刻云："黄大临弟庭坚，同辛纮子大方，绍圣二年（1095）三月辛亥来游。"旁石壁上刻云："景祐四年（1037）七月十日，夷陵欧阳永叔。"下缺一字。……洞外溪上又有一崩石偃仆，刻云："黄庭坚弟叔向、子相、侄檠、同道人唐履来游，观辛亥旧题，如梦中事也。建中靖国元年（1101）三月庚寅。"[2]

从白居易三人首次游览到陆游来访已有三个半世纪，期间发生

---

[1]　《入蜀记》，卷48，2453页。张春树和 Joan Smythe：*South China in the Twelfth Century*，161—162页。

[2]　同上。

了很多变化。白居易三人没有发现洞穴内有人类活动的遗迹，而陆游却发现了大量的先前访客留下的痕迹，最有名的是欧阳修和黄庭坚的，陆游第一眼看到的碑刻题字就是他们两人的。碑刻上的一个错误引起了陆游的注意，他写道："按鲁直（黄庭坚字）初谪黔南，以绍圣二年（1095）过此，岁在乙亥，今云辛亥者误也。"[1]陆游不仅通过纠正碑刻的错谬来展示了他丰富的景点历史知识，而且他对先前来过的访客也很关注。他把这次探访视为是与欧阳修、黄庭坚（而不是最早的白居易和三苏等）的一次相遇。如下一章将要详细论述的，文人访客一般关注与景点有关系的名人，这往往导致这些名人在景点历史上的地位更加突出。在三游洞这个例子中，陆游的著作提升了欧阳修和黄庭坚两人在三游洞发展史中的地位。他们的到访、碑刻和著作也产生了一个积聚效应，构建起一份洞穴名人访客的谱系图。

这种与景点的互动也促进了后世访客对三游洞的想象图景的形成。宇文所安（Stephen Owen）在其中国古典文学中的往事再现的研究中，强调中国作家们与过去和未来存在着一个约定："我记得，所以我希望被记住。"[2]陆游正是这么做的。同时他缅怀了一番欧阳修和黄庭坚，他也向后世表达了希望自己的名字能进入到名人访客的行列：他谦逊地表示，他为三游洞写的诗是"辞卑不堪刻，犹足寄友生"。[3]通过到访洞穴和题写诗文描述洞穴及其环境，陆游可以有资格与那些留下传诸后世的碑刻、诗文的早期访客名列一道了。从这点上来说，陆游应该会因完成了这次洞穴朝圣之旅而在此留名。

175

---

[1]《入蜀记》，卷 48，2453 页。张春树和 Joan Smythe：*South China in the Twelfth Century*，161—162 页。

[2] 宇文所安：*Remembrance*，1 页。

[3]《剑南诗稿》，卷 2，48—49 页。

因此，他也在自己的朝圣地理图上标上了一个记号。[1]陆游的朋友
杨万里不久之后也注意到了陆游的旅行是跟随文化巨人的脚步，杨
万里也推想陆游在四川时是"重寻子美（杜甫字）行程旧"。[2]

　　宋代文人旅行者试图寻找一种空间和时间上的延续性，使这类
名胜能把他们自己的那个时代和他们的经历流传后世。这种延续性
的连接形式就是阅读、朗诵、书写和纪念，最终，文人们探访名胜
的意义远远超出了对山川河流的欣赏以及对过往名人和历史事件的
缅怀。观光成了一个在人文景观中认同和确认"圣地"含义的永无
尽头的过程。从这个角度来说，对宋代士大夫旅程的最好形容就是
"文化朝圣"，他们亲身前往那些具有重要历史意义或与杰出人物有
联系的地方并表达缅怀之情，以这样的旅行方式来与中国历史进行
沟通交流。宋代旅行者与一般朝圣者不一样的是，他们试图将自己
融合到一个特定景点的历史当中。通过到访当地，他们有了一种亲
历感，能把到访的地方也融合到其个人传说当中来。

沿着长江发现景点：范成大在 1177 年

　　除了观光活动和文学创作，宋代旅行者们还喜欢给人工建筑和
自然景观留下碑刻题词，一个地方进行命名或重新命名时、修建新
建筑时、对已存在的建筑进行翻修时都有旅行者们的墨宝。范成大
的例子说明，能够创造和新建一个景点很大程度上是由于其名气和

[1]　笔者没有找到有文献提到洞壁里题写了陆游的题词，但陆希望利用这样一次机会留
　　下墨宝的愿望说明这种行为的普遍。如下一章要揭示的，著名访客、地方官员和地
　　方精英都热衷参与这种活动。
[2]　《诚斋集》，卷 20，6a—b。

权力的作用，这并不是说，创造新景点的过程就没有无名者的参与。如下面所引的这段话所说，在范成名之前很久，他就有兴趣去这么做了。

1173 年的旅行中，范第三次经过三先生祠（在今浙江）。在为纪念这次旅行的一组诗所作的序中，他写道：

> 乾道己丑（1169）守括（在今浙江丽水），被召再过钓 176
> 台（在今浙江桐庐），自和十年前小诗，刻之柱间。后五年
> 自西掖帅桂林，癸巳（1173）元日，雪晴复过之，再用旧韵
> 三绝。[1]

此庙既不在其家乡，也不在京城，范成大 15 年内三次到访（1159、1169 和 1173 年）有力地证明了他旅行的频繁，而且，值得高兴的是他多年前题写的诗还原封不动地保留在那。要知道，范旅行所去之地环境差别很大。1159 年的第一次旅行时，他只是个出差途中的低级地方官，尽管在路途上写了首诗，他并不企望能被刻写。十年之后他变得很有自信了，这时候他的学者名气已经很大了，因在处州（今浙江丽水）的德政而声望日隆，于是很从容地把两次旅行所写的诗都刻在柱子上。[2]

从第一次旅行过了 14 年之后，范的地位发生了巨大变化。1173 年那次旅行，身为最有权势的地方官员之一，范成大惊喜地看到了他早先留下的诗文碑刻，于是他就有了在曾经涉足的地方留下印记的动机。尽管他始终没有提到他的随行者，我们有理由相信他被地

---

[1] 《范石湖集》，卷 13，160 页。
[2] 《宋史》，卷 386，11867—11868 页。

方官员和地方精英等所围绕。我们也可以理解，范这 15 年间在仕途和学问上的巨大长进使他渴望让更多的人了解自己。[1]

范成大 1177 年在峨眉山逗留时也有类似的想法。他在登山时遭遇到了艰难险阻，但他还是勇敢地克服困难，甚至走到了光相寺，请该寺住持和尚将他写的一首长诗（这次登山他共写了 22 首诗）刻写在悬崖壁上。对自己登山时所展现出的勇气，他颇感自豪。[2] 鉴于范在其游记里提这个刻写要求时的那种不经意的腔调，我们猜想这种事在他看来很正常，而这对住持和尚也不是什么问题。相比于他留在木制庙祠里的铭刻，范在峨眉的诗铭刻的位置更加突出，延续的时间也越久，而且吸引的仰慕者也更多。至于那个住持和尚，
177 他应该会讲出一些与范成大交往的趣闻逸事，这也能起到吸引后世访客的作用。

范成大在峨眉山的要求与几个月后他在庐山的作为相比就显得相形见绌了。范记载道，他在东林寺住持的陪同下游览了寺院附近的风景，他要住持修建一座亭子，命名为“过溪亭”，意指佛教禅宗六祖慧能（638—713）跨过溪流返回住处的传说。据范说，住持听了之后立刻雇用工匠修建亭子，第二天就选好了地址并进行了奠基，他被告知工程将在冬天前完工。[3] 工事何时完成（或是否完成）我们不得而知，但从预估的完成时间来判断，这个亭子肯定是建成了的。

我们应该注意到，在范旅行的那个时代，上面这三个地方从很早开始就已经有很多人来过了，尤其是范同时代的士大夫有不少人来访。例如在庐山，范记录了他在山上各处的所见。唐代之前的名

---

[1] 《骖鸾录》，卷 1，5b—6a。
[2] 《范石湖集》，卷 18，261 页。
[3] 《吴船录》，卷 2，20b。

人遗迹大多都已经湮灭不存，或者就是被后世翻修过的建筑取代，游人到访的许多景点和唐人所建的景点都还在。范特别注意到有许多唐代碑铭遭受了几百年的风雨侵蚀和人为破坏还能留存下来。[1]他不是第一个在景点留下碑刻、修造景物、对自然和人文景观进行命名的人，而这并没有降低他活动的重要意义。宋人对前人遗迹的着迷不仅证明了宋代旅行文化的重要性，而且也说明宋代旅行者对这些景点的情感投入之深。他们的游览并不仅仅是在景点漫步观赏和缅怀前人往事，进行文学创作、把作品镌刻在景点也是一种使自己的名声和成就广为人知并传诸后世的有效手段，这也是文人旅行者们喜欢的活动。

题词者也不羞于追求名垂后世。当地知州亲笔题写的一块匾额挂到了新安（今安徽徽州）的南楼，范成大为此题诗一首。诗的其中一节用很直白的语言说出了范的动机："短歌万一传乐府，湛辈亦与公名俱。"[2]他其实没有参与南楼的修建和匾额的题写安放，只是参加了庆贺活动，由此我们不禁要问，这件事的主事者知州（他亲身参与了南楼的修建和匾额的题写）从中获得了多少名声。

1177 年范成大在沿长江而行的旅程中，甚至很明确地表达了求名的欲望。在武昌庆贺中秋时，他不但在旅行日记中作了很详细的记录，还作词一首。尽管我们不确定此词是否被镌刻，但范还是表示希望其词"俾鄂人传之"。[3]同样，当他从庐山的住持和尚那得知，亭子将在几个月内建好时，说道："自是东林增一胜处，而余于山中亦附晋、唐诸贤以不朽矣。"[4]对范来说，无论这是一首标注特

178

---

[1] 《吴船录》，卷 2，20b。
[2] 《范石湖集》，卷 6，72 页。
[3] 《吴船录》，卷 2，16b—17a。
[4] 《吴船录》，卷 2，20b。

定地点的诗词，是一个用于命名亭子的名称，或是一篇安置在某个地方的铭文，所有这些都是满足了他把自己和名胜联系起来以扩大自己名声的愿望。

宋代士大夫四处观览，他们看到了洞穴、寺庙、碑铭和亭台。所见之物使他们想起，前人曾经到访过这些景物并留下过诗文篇章。这类地方激起旅行者们极大的兴趣和责任感，极大地丰富了他们的旅程。本章揭示，探访重要的自然和人文景点不仅被认为是一个增长学问和修养品行的方式，同时也使学者们感受到通过亲身踏足前代名人留下的遗迹，他们与过去的文化建立了最为密切的联系。因此，他们所写的观光旅行诗文就给人以这样的印象：伴随他们旅行的，与其说是家人、朋友、随从和官府同僚，倒不如说是他们所崇拜的名人的精神。这种对过去访客的尊崇使宋代旅行者的观光活动转变为一种大文化的朝圣之旅。

文学声望、忠于朝廷和政治行为等在文化传承的形成中起到了重要作用。对旅行文学写作进行摘引、汇编绝不仅仅是个编辑过程，这个过程也被描述为访客试图把景点和人组织起来以便将这些优秀文明的集体记忆传递下去。从这样一些作品中所展现出来的在学术上进行记载和再创作的努力，我们可以非常清楚地看出作品的重要意义。通过在作品中颂扬名胜和名人，坚持文化的延续性和强调传统的重要性，他们构建了一个更大的结构，以缅怀和被缅怀的同样方式可以把他们自己整合进这个结构中。文化传承的形成过程，既强调延续性，同时也对宋代官员旅行者起着文化引领的作用。

有趣的是，往往是"访客／局外人"在文化传承的行程过程中占据着主导地位。陆游和范成大游记中所出现的数百个人中，大多数都因为他们在非本籍地区的活动而被后人记住。他们来访的文化意义已经被整合到地方的和他们到访的景点的传说当中，对这种意义进行制度化的记载也成了地方志编纂发展史的趋势。因此,在地方认同建构中发现了新的兴趣点和宋代旅行者去往全国各地的旅行,与他们在各地修造景观、题字刻碑的作为,其意义应该都是一样的。通过创造和再创造景点的方式,旅行者们在丰富地方历史上起到了活跃中介的作用。如果我们在宋代旅行文献中收集齐到过一个景点的每一个旅行者留下的材料,那我们就会得到一个特定地方相当完整的描述,这样一个描述包含了地方志中内容有区别但也有相似性的"古迹"、"前贤"和"名宦"等部分。第八章将通过对南宋时期黄州地方历史演变的考证把这个过程详细展示出来。

第八章　精英、旅行、名胜与地方史

——苏轼之后的黄州

朝上东坡步，夕上东坡步。东坡何所爱，爱此新成树。[1]　　

上面这首诗，是唐代著名诗人白居易 820 年在其忠州（今四川忠县）任上所作，是吟咏他漫步于衙署外不远处的一个叫东坡的地方的三首诗之一。[2]250 多年后，苏轼被贬黄州期间（1080—1084年），购置了一块农地，命名为"东坡"，并以"东坡"为自己的号。从此时开始他的著作，特别是著名的《东坡八首》，更是进一步暗示他与白居易在人生际遇上的相似性。从他谪居黄州开始，苏轼就以"苏东坡"而广为人知。

苏轼成为苏东坡是他个人生平和文学生涯、仕途生涯的一个转折点，已有多种论著对此作了论证。[3]笔者在本章将集中探讨苏轼离开之后的黄州。笔者认为，就如贬谪对苏轼这个诗人、政治家和

---

[1]　《白氏长庆集》，卷 11，4a。英译见傅君励：*The Road to East Slope*，271 页。

[2]　白在忠州任职从 819 年至 820 年。朱金城：《白居易研究》，101—117 页。

[3]　对苏轼在黄州生活作出最综合性研究的英语学者是傅君励（Michael Fuller），见傅：*The Road to East Slope*。政治上，曾经很活跃的苏轼在随后的四年过着谪居生活。他有意识地与朋友们保持距离，以免他们遭受政治麻烦。在经济上，他并不富裕。他无法养活一大家子，于是购买了土地用于耕作。在文学方面，"苏轼只是在被处罚和放逐到黄州后才获得了文学上的声望，这不仅获得文学行家的尊敬，而且也产生了政治和社会影响。"Alice Cheung："Poetry，Politics，Philosophy：Su Shi as the Man of the East Slope"，326 页。有两部专著，Stanley Ginsberg的 *Alienation and Reconciliation of a Chinese Poet* 和 Kathleen Tomlonovic的 Poetry of Exile and Return，都涉及苏的谪居生活。对苏轼在黄州的研究的中文论著，见丁永淮：《苏轼黄州活动年月表》，244—257 页；马兴荣：《读苏轼黄州时期的词》；饶学刚：《苏东坡在黄州》；曾枣庄：《苏轼评传》，118—159 页。

思想家产生了巨大影响，苏轼旅居在经济和文化落后的黄州，改变了该地的形象和地方认同，使黄州一下就突显在中国文化版图上，黄州一直是南宋精英旅行者行程上的首选地之一。因为对苏轼的敬重，宋人极为推崇赤壁、东坡和雪堂等与苏轼在黄州有关的名称，而这些名称也因此而流传千古。和这些名称有关的作品也被编入地
方志，从此使黄州成为一等的文化景点并名垂后世。

　　黄州的苏轼景点对宋人的吸引力只是故事的一部分。就如笔者上一章指出的，宋代文人旅行者热衷于与名胜接触，而且他们的接触也给名胜带来了实质性变化。对他们来说，他们所探访过的地方都有着丰富的历史，而他们的故事也被后世访客不断地改写和重新解读。这意味着访客必须深入了解地方，参与到地方的文化记忆的建构。游览名胜不仅仅是观看历史名人的遗迹，对观光者来说，更重要的是他们与所探访的地方，与阅读和当地有关系的文学史之间的互动。南宋时期黄州对文人的吸引力就很符合这种情形，这些后来的访客不仅对苏轼极为敬重，他们也尽力地将其所见与他们从朋友那听到的、从书本上了解到的以及他们头脑中所想象的进行比较。这种二手知识和个人亲身体验的相遇形成了南宋及后世的与苏轼有关的想象地理学。

　　地方官和地方精英们的纪念活动在这个过程中也起到了促进作用。为了发扬和延续苏轼的遗产，黄州的这两个群体亲身参与到重建、维护与苏轼有关的建筑的活动中，并为之题写铭文。这种活动需要这两个群体进行合作、谈判和妥协，他们都强调自己才有资格鉴定名胜，并证明他们自己与苏轼的遗产有关系。由于中国的文化景观中著名景点和名人遗迹的数量持续上升，提升某个地方的名声就意味着其他地方就会被忽视。通过多种方式构建和保存文化记忆的过程就变成了选择需要记住的东西，同时也要忽略，甚至忘记一

些东西。苏轼留给黄州的遗产能流传千古，这使我们可以探寻一下一个非本籍的政治流放者怎么成为一个地方认同的核心符号。

黄州苏轼景点的起源

即使是在善于旅行的宋代精英中，苏轼旅行的里程和次数都算是很突出的。除了京城，为了奔赴任所，苏轼去过西北的陕西、东部的山东和东南部的安徽、江苏和浙江。这些旅行代表了他仕途的成功，而他最远的旅程是贬谪到广东、海南等地。苏轼去世前不久曾回顾了他的生平和仕途：

> 心似已灰之木，身如不系之舟。问汝平生功业，黄州、惠州、儋州。[1]

黄州代表了苏轼的第一次政治大挫折，当时他因被控诋毁皇帝而于 1079 年贬谪到此[2]，其后 4 年，他生活于地方官员的监视之下。他对这个放逐之地的感情是复杂的，这个时期的诗把这位诗人描绘为一方面"在逆境中寻找乐趣"[3]，同时心中又充斥着怨恨和蔑视之情。"很多时候他很厌倦自己担任的这个无事可做的官职，因此他就通过诗词很隐晦地表达了内心这种不一样的情感。"[4]虽然身

---

[1] 《苏轼诗集》，卷 48，2641 页。英译见傅君劢：*The Road to East Slope*，4 页。惠州和儋州分别在广东和海南。苏轼在 1094 至 1100 年之间度过了漫长的谪居生活。

[2] 见蔡涵墨："Poetry and Politics in 1079"，15—44 页；"The Inquisition Against Su Shi"，228—243 页。

[3] 傅君劢：*The Road to East Slope*，251 页。

[4] 艾朗诺：*Word, Image, and Deed in the Life of Su Sh*i，250 页。

处贬谪的不利地位，苏轼还是比较幸运的，他的几个上司对他比较宽宏大度，允许他在黄州自由活动。[1]尽管他偶尔也说自己很谨言慎行，但他在这四年中还是写了大量的诗文，并时常与朋友和同僚通信联络。[2]

黄州的生活条件尽管比后来的贬所惠州、儋州要舒适，但仍然属偏远和落后之地，因此直到北宋末年，它都一直是官员贬职和放逐之地。[3]被派到此任职一般很难给接受任命者带来惊喜。1060年代苏轼的一位姓任的朋友赴黄州任职，苏轼在写给他的一首送别诗中把这个地方说成是"黄州小郡夹溪谷，茅屋数家依竹苇"，苏接着对他这位贤能的朋友被派到如此不重要的一个地方任职表达了愤愤不平之意。[4]100多年后，据陆游说，黄州仍然是"僻陋少事"。陆注意到，甚至该州的衙署也很简陋，其主厅仅能容纳数人。[5]

苏轼1080年在黄州的所见确实让他沮丧不已，但他并没有因此而失望沉沦很久。从被贬之始，苏就意欲在此留下他的印迹。去往黄州途中，苏轼给弟弟写了一首诗，其中有两句说："长使齐安人，指说故侯园。"[6]显然他不指望能尽快官复原职，他开始做长久

[1] 《东坡志林》，卷1，2、23页；《中吴纪闻》，卷5，5b—6a。

[2] 例如，他在黄州期间所写的信函中，有8封是给李公择的，15封是给王定国的，21封是给滕达道的。《苏轼文集》，卷50，1478—1485页；卷51，1496—1501页；卷52，1513—1521页。

[3] 在苏轼之前被贬到黄州最有名的是王禹偁。苏轼曾写过一首诗，讲述王在黄州的事。《苏轼诗集》，卷20，1046页。

[4] 《苏轼诗集》，卷6，233—234页。

[5] 《入蜀记》，卷46，2439页。张春树和Joan Smythe：*South China in the Twelfth Century*，115页。

[6] 《苏轼诗集》，卷20，1019—1020页；傅君励：*The Road to East Slope*，252—253页。

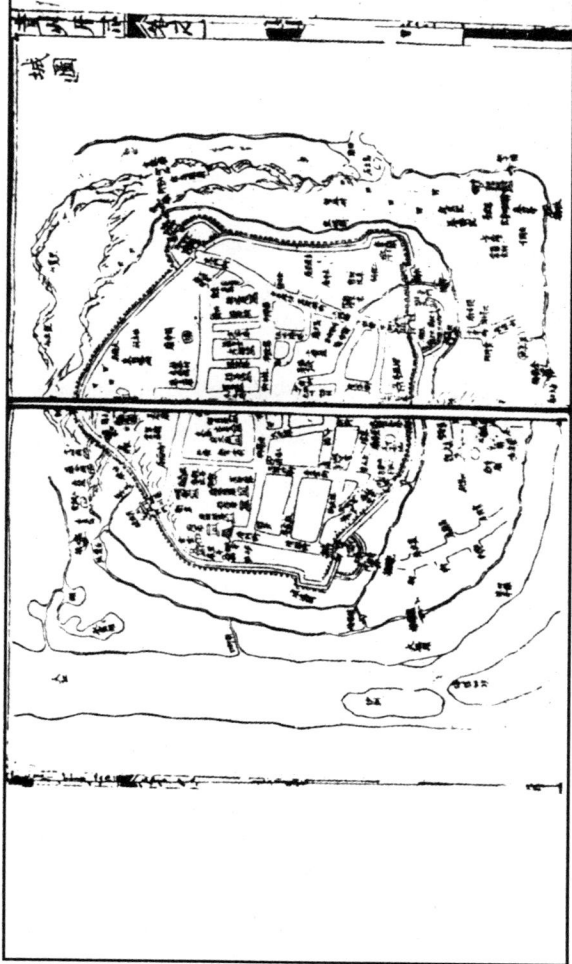

地图 8.1 黄州及其名胜。来自：《黄州府志》（光绪本）

打算，对住所进行修葺、美化。[1] 最终，留给黄州的与苏轼有关的地方不仅仅是苏曾经规划过的庭院园林。这些和他有关的地方包括前面提到的赤壁、东坡和雪堂等，都受到了当地人和后人的称赞和景仰。

南宋人对苏轼遗迹的探访：赤壁

在黄州谪居期间，苏轼两次记录了他对住所不远处的赤壁的探访，还为此创作了两首赋和一首词。[2] 其词描写了魏（220—265）、蜀（221—263）、吴（229—280）三国之间的一场战争，是中国文学史上被传颂最多的一首词。这个赤壁后来还引发了赤壁之战是否确实发生于此的争论。[3] 苏轼本人也有疑问。他写道："黄州守居之数百步为赤壁，或言即周瑜（字公瑾，175—210）破曹公（操，155—220）处，不知果是否。"[4] 显然他并没有过多地涉及历史事实的探讨。这首词名为《念奴娇·赤壁怀古》，颂扬了历史伟人，表达了诗人对历史大势和历史瞬间的感受：

185

大江东去，浪淘尽，千古风流人物。

---

[1] 这是与薛爱华（Edward Schafer）对苏贬谪到海南岛的评论所做的对比。薛爱华说："苏轼只是认为他在生活中必须居于主导地位……而且这在他的诗作中很常见。他没有到他居住的小天地的周围去看看……他的宽宏大度使他能忍受一切，但他没有学会从他的视野之外的地方寻找有价值的东西。"薛爱华：*Shore of Pearls*，98 页。

[2] 这两篇赋是《赤壁赋》和《后赤壁赋》。《东坡集》，卷 19,8b—9b。英译见艾朗诺：*Word, Image, and Deed in the Life of Su Shi*，222—223 页、245—246 页。

[3] 编者注：赤壁之战并非魏蜀吴三国之间的战争，而是孙刘联军与曹魏之间的战争。作者在这里对历史史实稍有混淆。

[4] 《苏轼文集》，卷 71，2255—2256 页。《东坡志林》，卷 4，75—76 页。

故垒西边，人道是，三国周郎赤壁。

乱石穿空，惊涛拍岸，卷起千堆雪。

江山如画，一时多少豪杰。

遥想公瑾当年，小乔初嫁了，雄姿英发。

羽扇纶巾，谈笑间，樯橹灰飞烟灭。

故国神游，多情应笑我，早生华发。

人生如梦，一尊还酹江月。[1]

　　苏轼的赤壁词就是一个文学大家及其作品构建一个地方的学术和文学想象力的突出例子，而这个地方之前不大为人所知，之后也没有发生过重要的学术上和文学上的运动。苏的词引发了其后的学者来考证黄州赤壁是否是历史上的赤壁——一般的看法是苏轼弄错了。南宋学者赵彦卫指出，从汉到宋，长江上有 5 个赤壁，苏轼所写的这个不是著名的赤壁之战发生的那个赤壁。苏错误地把三国英雄人物放置到黄州，但这似乎没有让赵迷惑。他接着解释道，由于苏轼用了"人道是"这个语句，他肯定对这个地方也有所怀疑。[2]另一份南宋材料指出苏轼对赤壁之战的发生地被人误导了。材料的作者辩解说贤者（如苏轼这样的人）的首要之务是继续圣人之道，因此他们不应为天文、地理上的琐碎细节错误负责。[3]即使是面对后人不断重复的纠正，在苏轼的崇拜者看来，历史上真实的赤壁一直是个精神符号而已。重要的是他对历史名人及对历史的固有看法

---

[1] 《东坡集》，卷 2，75 页。英译见艾朗诺：*Word, Image, and Deed in the Life of Su Shi*，226—227 页。

[2] 《云麓漫钞》，卷 6，110—111 页。

[3] 李如箎：《东园丛说》，卷 2，1a—2a。

已经根深蒂固。

但是黄州就从这两个地名的混淆中获得了好处。宋代文学中提到或引用苏轼有关赤壁的作品已经是个突出的现象，而且当访客们前去缅怀苏轼在作品中曾提到的景物时，黄州不久也成了宋代旅行写作的重要素材。如果我们考虑到苏轼诗词所构想出来的形象与黄州实际形象之间的差异，那么这种对黄州赤壁的赞颂就变得意义重大了。宋代的访客们认为，赤壁的景象实际上一点也不壮观，然而还是有很多人成群地跑到黄州，沉浸到当年苏轼表达了他热切渴望的情境中。陆游就是这些宋代访客之一，他完整地记录了游览苏轼故迹的经过。关于赤壁，陆写道：

> 楼下稍东即赤壁矶，亦茅冈耳，略无草木。故韩子苍待制诗云："岂有危巢与栖鹘，亦无陈迹但飞鸥。"此矶，图经及传者皆以为周公瑾（周瑜）败曹操之地，然江上多此名，不可考质。李太白（李白）《赤壁歌》云："烈火张天照云海，周瑜于此败曹公。"不指言在黄州。苏公尤疑之，赋云："此非曹孟德之困于周郎者乎？"乐府云："故垒西边，人道是当日周郎赤壁。"盖一字不轻下如此。至韩子苍云："此地能令阿瞒走。"则真指为公瑾之赤壁矣。又黄人实谓赤壁曰赤鼻，尤可疑也。[1]

陆游的记载证实了两件事：第一，赤壁没有什么特别的景致。陆游觉得它只是一个景象很普通的地方。第二，苏轼诗词中所说的赤壁，当地人称为赤鼻（同音不同字），并不是赤壁之战的场所。这

---

[1] 《入蜀记》，卷 46，2439—2440 页。张春树和 Joan Smythe: *South China in the Twelfth Century*，115—118 页。

两个发现使陆游游兴大减了吗？丝毫没有。显然与早先文人描写赤壁的作品一样，陆游首先并不是找寻"崖壁上鹰隼的巢和栖息处"，而是到那儿欣赏苏轼的赤壁及苏去过和在作品中提到的其他地方。

范成大 7 年后也来访此地。他也有同样的印象：

> 赤壁，小赤土山也。未见所谓"乱石穿空"及"蒙茸"、"巉岩"之境，东坡词赋微夸焉。[1]

夸张似乎较轻，但范的评论并不意味着对苏轼的批评，而是说明范对苏的生平和文学作品的熟悉，他循着苏的脚步，观赏着当年苏的所见。南宋到过黄州的访客们从真心关心真实赤壁的所在到谅解苏轼的"失察"，把苏的赤壁当作真赤壁，他们都参与到景点的地理学想象中，结果这个矶被当作宋代精英旅行者旅程上的一个重要的必经地点。我们可以肯定，如果苏轼没有到访且在作品里提及赤壁，人们就不会对长江沿岸那么多的赤壁感兴趣，也不会对黄州的风景有强烈的兴趣并进行认真的考证。

地方官员敏锐地感觉到苏轼遗迹对黄州形象的重要性，而他们对提升这个形象是最为积极的。黄州的一位知州让他的一个丫鬟在特别的场合给客人背诵赤壁词。[2] 另一则材料说："万古战争余赤壁，一时形胜属黄冈。"[3] 因为史料使我们相信，没有证据证明黄州与有名的赤壁之战有关，黄州也没有壮观的风景，这个地方因与苏轼的名声和他的作品有关而出名。对于一个曾经不大出名而两次被

---

[1] 《吴船录》，卷 2，18a—b。
[2] 《挥麈后录》，卷 11，680—681 页。
[3] 《曲洧旧闻》，卷 9，213 页。

人想象的地方来说，赤壁显然已经使黄州成为宋代文化景观的一个标志，并且还在明清时代继续吸引着许多作家和访客。[1]

188　南宋人对苏轼遗迹的探访：东坡－雪堂

黄州赤壁的出名只是部分与苏轼有关，而东坡和雪堂则完全是因为苏轼而为世人所知的。通过将已有的建筑和新修之地结合在一起，苏在黄州的地方记忆里牢牢地占据了一席之地，并成了当地的地方名人。

东坡是一块土地，苏轼到黄州的第二年从地方官府那取得的，他将其命名为"东坡"。即使是苏轼在世期间，人们就普遍地猜测他的这个名字和白居易那首东坡诗（本章开头所引用的诗）之间有什么关系。重要的是，苏轼开始在东坡耕种后不久，就自号东坡了。他写道：

> 余至黄州二年，日以困匮。故人马正卿（名梦得）哀余乏食，为于郡中请故营地数十亩，使得躬耕其中。地既久荒，为茨棘瓦砾之场，而岁又大旱，垦辟之劳，筋力殆尽。释耒而叹，乃作是诗，自愍其勤，庶几来岁入以忘其劳焉。[2]

苏轼的《东坡八首》描述了他常年的耕作和收获以及他对土地贫瘠的抱怨。在这块地上苏修建了居所，结束了临时借住佛寺和官

---

[1] 明清时的史料也一直关注这个地方。李贤、彭时：《明一统志》，卷61，28b；《黄州府志》，卷3，3b—4a。

[2] 《苏轼诗集》，卷21，1079—1084页。

府驿站的生活。[1] 苏写道：

> 苏子得废圃于东坡之胁，筑而垣之，作堂焉，号其正曰
> "雪堂"。堂以大雪中为之，因绘雪于四壁之间，无容隙也。起
> 居偃仰，环顾睥睨，无非雪者。苏子居之，真得其所居也。[2]

在黄州期间，雪堂一直是苏轼的家，他也承认他对这个家的热
爱和依恋。[3]

东坡、雪堂和赤壁一道，成为南宋时期访客的主要游览点。实际
上，黄州位于长江边的便利地理位置吸引了众多的访客前来观赏苏轼
遗迹，以至于地方官曾一度把供访客泊船的水上入口关闭。[4] 陆游在
1170 和 1178 年进出四川的两次旅行中都在黄州停留，他的文学作品
中有 4 首诗和游记中的 1 个条目是与黄州有关的。[5] 陆很清楚，黄州
仍被认为是个偏僻之处，也是个接待过很多名人的地方。唐代的杜
牧（803—852），宋代的王禹偁、苏轼和张耒（1054—1114）都来
过此[6]，但陆游经过这里时主要注意的是苏轼的遗迹。他写道：

> 泊临皋亭，东坡先生所尝寓，与秦少游书所谓"门外数步

---

[1] 在谪居黄州的头两年，苏轼和他的家人住在定慧寺和临皋驿。《苏轼诗集》，卷 20，
　　1032—1033、1036—1037、1073—1074 页。

[2] 《东坡志林》，卷 4，80—83 页；《苏轼文集》，卷 12，410—413 页。部分英译见艾
　　朗诺：*Word, Image, and Deed in the Life of Su Shi*，238 页。

[3] 《苏轼诗集》，卷 21，1079—1085 页；《苏轼文集》，卷 12，410—413 页；《东坡志林》，
　　卷 4，80—83 页。对这个居所，苏轼很引以为傲，他甚至把自己学会酿制的酒命名
　　为"雪堂酒"。苏轼：《仇池笔记》，卷 2，252 页。

[4] 这个水上入口 1030 年代开放。陆游来访时，他发现地方官已将此口关闭。《入蜀
　　记》，卷 46，2440 页。

[5] 《剑南诗稿》，卷 2，41 页；卷 10，270、278—279 页。

[6] 《入蜀记》，卷 46，2439 页。

第八章　精英、旅行、名胜与地方史——苏轼之后的黄州　　　　259

即大江"，是也。……黄州与樊口正相对。东坡所谓"武昌樊口幽绝处"也。[1]

陆游展示了他对苏轼言行的熟稔，显示了他的博学及对苏的钦佩和向往。陆用"所谓"和"是也"这样的词语，似乎他很确定苏轼来过。陆接着对苏的遗迹做了进一步的观察：

> （十九日）早，游东坡。自州门而东，冈垄高下，至东坡，则地势平旷开豁，东起一垄颇高。有屋三间，一龟头，曰居士亭。亭下面南一堂，颇雄，四面皆画雪。堂中有苏公像，乌帽紫裘，横按筇杖，是为雪堂。[2]

陆游点出"是为雪堂"，让读者停顿了一下，并比较了实际所见与他想象中的雪堂，如此完成了访客的探寻过程。陆对雪堂的描述说明，这个建筑多年来保存得比较好：雪堂给陆留下了很深的印象，堂中还挂着苏轼的画像（很可能是当地官员所为）。陆游的目光从堂中移向院子，每个细节，从树木到小桥，到水井，不断地满足他对苏轼的崇敬之情。陆写道：

> 堂东大柳，传以为公手植。正南有桥，榜曰小桥，以"莫忘小桥流水"之句得名。其下初无渠涧，遇雨则有涓流耳。旧止片石布其上，近则增广为木桥。覆以一屋，颇败人意。东一井曰暗井，取苏公诗中"走报暗井出"之句。泉寒熨齿，但不

---

[1] 《入蜀记》，卷46，2439—2440页。张春树和 Joan Smythe：*South China in the Twelfth Century*，115—118页。陆游对赤壁的讨论见前面引文。

[2] 同上。

甚甘。又有四望亭，与雪堂相直。在高阜上，览观江山，为一郡之最。亭名见苏公及张文潜集中，坡西竹林，古氏旧物，号南坡。今已残伐无几，地亦不在古氏矣。[1]

　　陆游的记载指出了遗迹的实际状况，如形状大小、苏轼身后的情况等，这些一直是地方官和他们前来游览的同僚关注的焦点。所增加的东西是受苏轼的诗词作品的启发而修建的，这些诗词也激起了像陆游这样的访客去寻找苏轼到过的地方。"出城五里，至安国寺，亦苏公所尝寓"，甚至观赏栖霞楼和品尝黄州的酒都能让陆游想起苏轼的诗文。陆游继续写道：

　　　　郡集于栖霞楼，本太守间丘孝终公显所作。苏公乐府云："小舟横截春江，卧看翠壁红楼起。"正谓此楼也。……酒味殊恶，苏公斋汤蜜汁之戏不虚发。……然文潜乃极称黄州酒，以为自京师之外无过者。[2]

　　陆游对苏轼遗迹的关注和他游记中的重点记述是宋代旅行者在观光行程中的典型作为。范成大1177年所写的黄州之行也是用了类似的方式：

191

　　　　郡将招集东坡雪堂。郡东山垄重复，中有平地，四向皆有小冈环之。东坡卜居时，是亦有取于风水之说。前守鸠材欲作设厅，已而辍作雪堂，故稍宏壮。堂东小屋，榜曰东坡，堂前

[1]　《入蜀记》，卷46，2439—2440页。张春树和 Joan Smythe：*South China in the Twelfth Century*，115—118页。
[2]　同上。

桥亭曰小桥，皆后人旁缘命之。对面高坡上，新作小亭曰高寒，
姑取《水调》中语，非当时故实。然此亭正对东岸武昌数峰，
亦登览不凡处。[1]

如两篇游记所揭示，陆和范是亲身旅行到黄州才发现东坡实际
上是块平地。他们都觉得雪堂其实是个相当大的建筑，更重要的是，
他们不仅实地参观了苏轼遗址，还展示了自己对这个地方历史变化
的了解。尽管他们都提到了和黄州有关的其他访客，但缅怀苏轼无
疑是他们各自到访黄州的主要目的。在苏轼短暂居住过的安国寺，
陆甚至去寻找曾经见过苏的人，令他失望的是，他找到的年纪最大
的人，一位 91 岁的僧人，还是苏轼离开黄州 4 年后才出生的。让他
难过的是苏轼暂住在此寺没有留下一点痕迹，他马上补充说："惟绕
寺茂林啼鸟，似犹有当年气象也。"[2]

陆游、范成大不懈地寻找与苏轼有关系的事物使他们变成了文
化上的朝圣者。他们所见到的人为的景物及他们经历过的当地氛围
不断地让他们想起苏轼的言行，对这些言行他们怀着崇拜敬仰的心
情。陆游和范成大曾经想象他们如何探访苏轼的遗迹，如今他们亲
自来到了黄州，与这里有亲近感，他们把这些感情永久地融入了他
们创作的作品中。他们认真地把这么多的细节记录到游记中，使我
们能够看到南宋旅行者表现文化传统和描绘长江沿线风光的方式。
在这种情景中，黄州的形象和吸引力的永久性确定，除了后世访客
的观察之外，更主要的因素是苏轼的出现。

---

[1] 《吴船录》，卷 2，18a—b。
[2] 《剑南诗稿》，卷 2，41 页；《入蜀记》，卷 46，2439—2440 页。张春树和 Joan
Smythe：*South China in the Twelfth Century*，115—118 页。

对苏轼遗迹的维护

宇文所安认为，对帝制时代的学者型作家来说，从前辈名人那里适当地传承些他们的言行，"不止是一种责任，即使不情愿也得做：这是文明结构的核心，这种传承也不是很完美，人们对此颇感忧虑和不满"。[1] 梅尔清（Tobie Meyer-Fong）也注意到，维护和重修名胜是一个"涉及建筑、文化、社会和精神等层面"的过程[2]，这种看法也可以适用到宋代士大夫的旅行活动上。这些人来到全国各地的名胜，他们很仔细地欣赏书法复制品、经受自然侵蚀的重要作品和遭受人为破坏的标志性建筑。宋代文人们记录下了这些损毁，尽力地抢救濒危的名胜古迹，为此他们还常常感到失望和沮丧。范成大参观了赤壁（应为长江重庆万州江段的岩壁——译者注）后，写道：

> 岩壁刻字尤多，（东）坡、（山）谷（黄庭坚）皆有之。坡书殊不类，非其亲迹。[3]

尽管没有直接批评，范成大似乎对这里缺少苏轼手书颇为失望。他同时代的一些士大夫对此就不那么宽容了。岳珂（1183—1243）曾去探访淮阴（在今江苏）的一个纪念汉代将军韩信（约公元前231—前196）的庙宇，他写道：

---

[1] 宇文所安：*Remembrance*，17 页。
[2] 梅尔清：*Building Culture in Early Qing Yangzhou*，193 页。
[3] 《吴船录》，卷 2，18a—19a。

两旁皆过客诗句，楹楣户牖题染无余，往往玉石混淆，殊
不可读。左厢有高堵，不知何人写杨诚斋（杨万里）二诗其上。
字甚大，不能工。[杨万里早年到访此地因作此二诗，他可能就
题写在庙墙上。年岁久了，字迹漫灭，后人遂加补刻。][1]

　　像范成大一样，岳珂很惋惜杨万里的题字竟被书法外行的题刻
取代。他强调保持原作的原汁原味的重要性，这个问题反映了他那
个时代的人的想法。[2]
　　如果说上面的例子中后果都不是很好，但其本意都是好的，然
193　而宋代旅行者也不得不去应对那些对文物和遗址缺乏尊敬之心者所
造成的损害。王明清就遇到一起珍贵的文物遗址被破坏的事件，为
此心情难以平复。王写道：

　　明清绍兴（1131—1162）壬午（1142）从外舅帅合肥（在
今安徽）。郡治前有四丰碑，屹然有楼基在焉，上云："唐崔
相国德政碑，李华文，张从申书。"天宝（742—756）中所立
也，词翰俱妙。念欲摹打。是时大兵后，工匠皆逃避未归。已
而明清持牧贡造朝，私念复来必须偿此志。继而外舅易镇京
口（今江苏镇江）。后十年，明清赴寿春（今安徽寿县）幕，
道出于彼，始再往访之，则不复存。询之，云："前岁武帅郭

---

[1]　《桯史》，卷 12，142—143 页。

[2]　面对着维护某个重要景点并保持其原汁原味的任务，维护者处在一个左右为难的地
　　步。一位姓方的人前往镇江任职时发现，多景楼已在 1160 年代几乎全部损毁，寺
　　庙的和尚先作出了反应，他们开始了重修工作。许多访客，包括陆游和张孝祥都有
　　诗词被镌刻在楼上，这也说明这样的举动对著名景点是个义举。《于湖居士文集》，
　　卷 28，282 页；《渭南文集》，卷 49，2461 页。虽然如此，当时的另一份材料却抱怨，
　　尽管楼已修复，"而楼基半已侵削，殊可惜也"，《墨庄漫录》，卷 4，13a—b。

振者，取以砌城矣。"大以怅然。悍卒无知，亦何足责，付之一叹。[1]

对王明清来说，这块石碑无疑是有保存价值的。它不仅是对前朝相国德政的赞颂，而且碑文也拥有真正的文学和艺术价值，他很自然地想把碑文拓印下来。王和他的同道中人经常把普遍存在的建筑物遭受损毁、碑刻和文物消失比作朋友间的四散分离，在他们的生平中这种事屡见不鲜。[2] 文人的著作里频繁地评述碑壁铭刻的侵蚀风化，他们注意到前代的碑铭大多数都被打破、损毁[3]，且"字久半为风雨驳"。[4] 赵与时（1172—1228）曾见过许多字迹磨灭不可修补的碑铭，他哀叹道："寺废壁亡矣。……碑文尽失。"[5]

名胜和文物（这些东西是与历史文化遗产有关的珍贵遗存）的消失，越来越强烈地让人担忧人们对历史和历史上的个人只能有简单的了解。一位学者将四川某个人的遗迹消失与"惊风落木"[6] 做了对比。著名的学者王安石看到了另一个问题，如他在《游褒禅山记》所阐明的，建筑和文物的消失往往伴随着过去知识的丧失。如果不是他发现了石碑，没人知道这山的原名是什么。王写道：

194

[1]　王明清：《挥麈余话》，卷 2，1048—1049 页。
[2]　《游宦纪闻》，卷 2，18 页；《清波杂志》，卷 2，3 页，卷 3，1 页，卷 9，1 页；《宾退录》，卷 1，2 页，卷 3，39 页；《容斋随笔》，续笔，237 页，三笔，319 页；《挥麈余话》，卷 2，1048 页。
[3]　《剑南诗稿》，卷 10，269 页。
[4]　《青琐高议》，前集，卷 5，42 页。
[5]　《宾退录》，卷 1，2 页；卷 3，39 页。
[6]　《于湖居士文集》，卷 7，57 页。

距洞百余步，有碑仆道，其文漫灭，独其为文犹可识曰"花山"。今言"华"如"华实"之"华"者，盖音谬也。[1]

意外发现古碑使王相信，很长时间以来人们错误地改换了山名。同样地，因为古书的失传，"又以悲夫古书之不存，后世之谬其传而莫能名者，何可胜道也哉！此所以学者不可以不深思而慎取之也"[2]。假定王发现石碑被看作是他讨论个人为学之路上亲身调查的重要性的主要方式，那么我们仍然能在其文中感受到他对于因事物本身存在的有限性而无法全面理解过去的忧虑。

以上对文化景点的论述说明了宋代士大夫对永久保存名人遗迹的关注。宋代旅行者与地方官一道，积极参与修复所经之地的景点文物。陆游在去往福建的路上发现崖壁上刻有"奇古可爱"的两个字——"树石"，他花了点时间才找出题字人的姓名，于是通知当地县官，在刻字的崖壁下增设围栏加以保护。[3] 由于陆游领头抢救文物，他也因此获益——别人也尽力保护他所留下的铭刻题字。1164年及次年，陆游览焦山（在今江苏镇江）和金陵定林寺时，留下了1篇游记和1首诗的铭刻题字。他在旅行日记中说，1170年他再次经过这两个地方时，很惊喜地发现他的题字还在，但是被移到了另一个地方。[4]

证据显示，宋代士大夫们为了保存他们及其他名人在各地留下的实物遗迹提出了一些创造性的举措。但这些方法没有全被采纳。南宋学者费衮（12至13世纪时人）抱怨说，许多铭文、题字都已

---

[1] 《王安石文集》，卷27，164页。英译见宣立敦：*Inscribed Landscape*，173—176页。
[2] 同上。
[3] 《老学庵笔记》，卷4，49页。
[4] 《入蜀记》，卷44，2418页。

被重新刻过，导致其原韵尽失。费强调，问题出现的原因，部分出自铭文、题字在传递给刻工的过程中，但主要是因为主持镌刻者企图把字刻得深些以便铭文可以保存得更久。费接着说："草书尤 195 难。"[1] 显然，留字刻石的作者和主事者都相信，铭文保存得越久，他们受到访客的关注和尊敬就越多，他们附在名胜上的名气就流传得越久。为了达到这些目的，他们愿意牺牲其铭刻作品的艺术价值。

无论是提高一个知名景点的名声还是让一个名气不大响的景点声名不彰，宋代旅行者通常喜欢和地方官员和精英们合作。他们的共同努力不仅确保了许多名胜得以存留，也使他们的地位得到了加强。如陆游和范成大所指出的，到他们前往黄州旅行时为止，苏东坡留在黄州的铭刻都不是原始状态的了。除了自然的侵蚀，人为的作用也导致了损毁。在黄州苏轼遗址这个事例中，朝廷政策也起到了主要作用。[2] 当时的一则笔记逸事材料说，北宋末年，黄州知州安信可发现，雪堂的木材和砖石被军队没收去修了教场亭子。安知州明白，苏轼不被重视以至于旧居被拆的原因就是政治上的党争。安斥责了管事的军官，并下令马上重修雪堂，甫一完工，安循惯例在雪堂设宴庆贺。此事颇受地方人士和文人访客的称赞。[3]

这件事证明，名胜也会受到政治派系斗争的影响而遭受损坏。这也说明，即使处在政治逆境中，保存名胜也还是有商量的余地的。也难怪，苏轼一旦恢复名誉，各种为纪念他而建的祠、堂以及为颂扬其作品而修的建筑突然间在全国各地涌现。单在黄州，就如我们从陆游和范成大的游记中所看到的，雪堂就被修得比以前要大，甚

---

[1] 《梁溪漫志》，卷 6，13a—b。

[2] 除了因战争和政治形势而导致的损毁，大多数建筑是木质的，容易受损。苏轼在给朋友的一封信中已经提到他居住在雪堂时，雪堂曾几乎被烧毁。《苏轼文集》，卷 60，1819—1820 页。

[3] 《曲洧旧闻》，卷 9，213—214 页。

至连诗句中稍有提及的诸如小桥等都被新建加以宣扬，其他增修的和重修的部分包括橘子亭、东坡堂、高寒亭等。

但是修复或新增景点可能会遭遇到出乎预料的阻力。地方官或地方精英经常要应对那些熟悉景物原状或自认为是权威的局外人的诘难。例如陆游就批评说小桥这个建筑就缺乏品味，对他来说，新建的小桥歪曲了原桥的外观，他想象中的原桥是一条简朴的、与当地地形很和谐相配的桥梁。如果小桥如苏轼的记载所说，是横跨在季节性的溪流上，陆推断，只要一块石板的宽度就够了。陆在那里所看到的桥似乎过于粗大。

来自像陆游这样的访客的批评和抱怨只是负责维护和重修者所要面对的部分挑战。洪迈这样描述了1138年雪堂的重建：

> 黄人何琥，东坡门人何颉斯举之子也。兵革后寓居鄂渚，每岁寒食[1]必一归。绍兴戊午（1138年），黄守韩之美重建雪堂，理坡公旧路，时当中春，琥适来游，梦坡公告之曰：'雪堂基址比吾顷年差一百二十步，小桥细柳皆非元所，汝宜正之。'梦中历历忆所指，不少忘。明日，往白韩。韩如其言，悉改定。他日，有故老唐德明者，八十七岁矣，自黄陂来观，叹曰：'此处真苏学士故基也。'"[2]

这是个奇妙的故事。参与人都是苏轼的崇拜者，他们以不同的方式与苏轼连接在一起，因此对重建工程有不同的看法。知州韩之美确实对苏轼在黄州的情况很熟悉。韩亲自负责重建工作，韩在后

---

[1] 寒食节另一个更广为人知的名称是清明节，通常在农历四月五日。

[2] 《夷坚志》，丁，卷18，1312页。

世人的眼里会成为一个保存黄州苏轼遗产的人。实际上，对于那些希望被人认作是苏轼的追随者的地方官来说，有哪种表现能够比修建一个可以复原苏轼时代原初韵味的景物更有力呢？

　　事实证明，韩的重修并不如他所想象的那样简单而顺利。尽管韩打算"理坡公旧路"来重建雪堂，他的冒险行为还是遭遇到了根本挑战。这个挑战不仅来自一个梦，连苏轼自己似乎也对此有所批评。做梦者的身份有助于解释这一奇怪现象。何琥声称他与黄州关系更密切，更关心苏轼的名声。作为苏轼门人的儿子，他有理由期待自己能对重修工作提供更多的咨询意见，特别是因为他每年都回黄州，或许与当地官员已交往多年。我们可以猜想，在完全没有咨询他的情况下修成新的雪堂，他对此肯定是不满的。

197

　　他真的梦到苏轼向他提出重修雪堂的建议了？我们不能排除这个可能性。有关梦到名人（包括苏轼）的记载在宋代文学中并不鲜见。[1] 苏轼自己也曾记载说，他梦到了唐代诗人杜甫向他解释自己所写的一首诗，并说许多人误读了这首诗。[2] 然而，何琥用梦的方式来显示他作为重修工程方面的权威，这也是可能的。对于参与重建的人来说，大家相信他与苏轼的关系，当地最高官员和重修工程的发起人韩也愿意和他合作并听取他的调整建议。这更加证明何是一个能对当地的景点修建方面说得上话的权威。

　　苏轼雪堂的精准复原还得到了当地地方精英耆宿的认可。唐的

---

[1] 何安娜在其有关南宋至明代吉州（在今江西）地方精英的地方庙宇的修建和撰述的研究中，记录了类似的一个事件。在她的故事里，南宋末年一位谭姓女子的丫鬟因为试图反抗蒙古士兵的强暴而被杀死，她的魂魄现身于知州儿子之前，并表达了她"对其女主人塑像摆放的方式的不满"，知州的儿子"答应重新安排她的塑像，把丫鬟的塑像放在靠近其女主人旁边更加突出的位置。并定期给她们两个献祭"。何安娜：*Ji'an Literati and the Local in Song-Yuan-Ming China*，1—4 页。

[2] 《东坡志林》，卷 1，1a—b。

认可之所以能被接受是因为只有他曾经见到过苏轼所建的雪堂的原样，随着唐的一句"真故基"，最终确认了大家合作重修雪堂是成功的。它也满足了各方人士的愿望。为了确保苏轼遗址的真实性，韩知州需要得到苏轼门人之子的何琥、见过雪堂原状的唐德明的帮助。如果说有什么不同的话，那就是这些人更愿意合作，他们完全清楚自己也会成为这个修复工程的一部分而为后人铭记。这正是洪迈所做的：他觉得这则逸事有记载的价值，通过记载此事洪迈认可了地方官员和地方精英对苏轼表达的敬意。[1]

围绕着苏轼遗址重修而发生的戏剧性事件揭示：如果地方官和地方精英在维护具有重要历史、文化价值的遗迹方面有不同的利益需求的话，那情形是会比较紧张的。在保护苏轼黄州遗产的这个事例中，知州确实是要在这个他履职的地方留下点什么，但他心头甚至有个更为强烈的动机，这个动机促使他把自己和苏轼这个宋代著名政治家联系起来。起初他觉得没有必要因哪个人而修改重建方案，但何琥的到来和唐德明的出现使重修过程发生了变化。由于这两个人都声称和苏轼有着更为深厚而可靠的关系，他们随之在遗址重建的过程中发挥了重要作用。最终的结果是各方都满意，三人也因此提高了声望。

地方官员和当地人合力一起建造、维护和重修地方名人的庙、

---

[1] 何安娜在其宋元明时期的吉州的研究中，强调文人们在给修建的景物题写铭文以及提高地方寺庙的地位方面发挥的作用。对文人群体来说，他们的这个过程也"在地方上提供了许多确定归属感的机会"。她也发现了部分文人有这么一个倾向：对宗教空间的兴趣比对教育设施和宗教组织的更大（她的著作也专门有一章论述文人们参与家谱的编撰和对学派、学术的研究）。文人们通过他们的碑刻铭文及其对风景的观察，"想象着寺庙对社会的服务，设想着他们对自己认同于所想象的社会的方式"。何安娜：*Ji'an Literati and the Local in Song-Yuan-Ming China*，46、63、65—98 页。

祠的事例在各地都有发生。[1]

但能得到有关当地精英认可的程度那就各不相同了。在有关这些修建工程的记载中，当地的参与者的身份通常被冠以"州（县）民"和"村民"等术语。为了说明这点，让我们离开黄州的例子去看看苏州官衙的一个厅堂的修复和重新命名的事例。

我们要讨论的这个建筑，叫瞻仪堂，事见范成大所编的地方志书《吴郡志》。此堂最初叫思贤堂，建于宋初，为的是纪念唐代的三位诗人：韦应物（737—792）、白居易和刘禹锡（772—842），这三位都不是苏州本地人。[2]1160 年代初，知州洪遵（1120—1174）又添加了唐代王仲舒（762—823，也不是本地籍贯）和北宋范仲淹（生于别处，但他自称苏州籍贯）的画像。随着画像的增加，洪知州遂将堂名改为瞻仪堂并请范成大作文记录此事。范成大是苏州人，那时是一位在家休假的低品级官员，他当然很高兴地接受了这个请求。他如实地称赞了洪知州对修建瞻仪堂的贡献，他写道：

> 去之数十百年，长老犹以为记。至臧去绘像，畏爱之如一日。番阳洪公之以内相典城也，乃规东序之间屋为堂。取凡公私所藏故侯之像，颇补其阙遗，列画其上。又采韩退之（韩愈）庙学碑语，名之曰瞻仪，而命州民范成大词而识诸石。[3]

---

[1]　见 Ellen Neskar：*The Cult of Worthies*。

[2]　Ellen Neskar 也发现，"在北宋，祠堂（纪念地方名人）总是用以祭祀单个人的，但在南宋，单一祠堂所祭祀的名人数已经翻倍，祭祀 10 个名人的祠堂也很常见。" *The Cult of Worthies*，17—18 页。南宋时期有很多祠堂以"十先生"、"三贤"和"先贤"等命名，许多祠堂始建于北宋。笔者认为这表明，由于地方文化景观游人过于拥挤，地方官和地方精英必须有效地利用有限空间以便尽可能多地纪念名人。

[3]　《吴郡志》，卷 6，12b—14a。

注意，这篇文章中，范成大以一个苏州人的身份，首先表达了一位"州民"对一大批有德官员的感激之情。虽然这类文章一般都是以客套话为主，但是范在此文中所表达的确实是他的真情流露。毕竟，此堂自北宋以来一直存在着，有德才的地方官的画像也在官府和民间流传，这明显地说明了当地精英已经参与到对非本籍名人的缅怀活动中。从这个角度来说，范成大的文章继续了苏州人民承认外来者造福本地的传统。

199 范也会因知州选择他这么一位年轻的、休假在家的低级官员来记录这个事件而心存感激。类似这种地方人士参与的行为起初似乎在黄州没有发生过，这也可以说明为什么何琥和唐德明可能会感觉他们受到了怠慢。这两个例子结果都说明地方精英参与本地历史、文化景观的修建越来越重要。地方官员和当地人之间合作的紧密度很大程度上也依赖于双方参与景观修建的方式。洪知州和范似乎比较友好。范在他的这篇文章中，称赞了历史上勤奋而充满活力的官员的贡献，也赞颂了洪知州扩建瞻仪堂的发起之功。

这则故事是《吴郡志》收录的众多铭文中唯一一篇范所撰写的。如现存的地方志所显示的，纪念名人的建筑已经成为宋代地方官府衙署的特征之一。这些建筑也一直吸引着文人访客。[1] 这种发展源自非本籍人士希望在其任官的地方留名的需求，而这种需求日渐增多，并且导致了激烈的竞争。

---

[1] 例子见：《景定建康志》，卷21，31a—32a、38a—39a；《海盐澉水志》，卷7，10a—14b；《诚斋集》，卷10，4b、5a—b；《吴船录》，卷1，5a—6a。《舆地纪胜》，卷49，4b。

苏轼在黄州的竞争

等级和竞争一直是名胜发展中的主要问题。这可以从黄州苏轼遗址的演变中看得很清楚，因为对苏的缅怀过程也会导致选择性遗忘。宋代旅行者、地方官和地方精英都把苏轼看作黄州最著名的人物，这就不可避免地会忽视来黄的其他名人。

明清时期黄州的地方志书并没有列出一份该地自古以来的名人清单，但该地还是很自豪于曾经有不少有名的寓居者。苏轼自己就描述了几位与黄州有关的三国著名人物。[1] 离苏轼时代较近的两位名人，唐代的杜牧和北宋初的王禹偁，都曾在此担任过太守一级的官职。特别是王禹偁，还在其官衙内建造了有名的小竹楼，他自己还曾以"王黄州"之名而广为人知。[2] 在一篇纪念其 999 年所建的建筑的文章中，王特别希望："幸后之人与我同志，嗣而茸之，庶斯楼之不朽也。"[3]

与对苏轼到黄的热烈赞颂相比，宋人对杜牧、王禹偁的缅怀是不够的。南宋初的一则材料说，北宋末年王禹偁的小竹楼已经被改为马厩，刻有他的题字的石碑被扔在那儿。安信可 12 世纪初出任黄州知州，主持、监督了苏轼雪堂的重建。他也重修了小竹楼，并把王的铭文重新安放到墙上[4]，但是小竹楼的吸引力仍然不能与苏轼的遗迹相比。陆游和范成大只是在经过黄州时提了一下。相比于他对苏轼遗址的大篇幅记载，陆游对王禹偁的评论只有三句话：

200

---

[1] 《东坡志林》，卷 4，75 页。
[2] 《曲洧旧闻》，卷 4，96；《中吴纪闻》，卷 4，4a—b。
[3] 《全宋文》，卷 157，79 页。
[4] 《曲洧旧闻》，卷 8，205 页。

循小径缭州宅之后，至竹楼，规模甚陋，不知当王元之时，亦止此邪？[1]

陆游的疑问是有道理的。小竹楼很可能曾经很大。陆游到访时，小竹楼"规模甚陋"意味着是与苏轼的遗址相比，对竹楼维护的关注并不多。这说明访客似乎对景点不大重视，他们以很不经意的笔调来描写景点的状况。范成大仔细讲述了雪堂之大及给他的深刻印象，他只是匆匆看了一下小竹楼："晚过竹楼，郡治后赤壁山上方丈一间耳。"[2]

苏轼受到的空前关注证明——随着宋文化景观的访客越来越多——缅怀活动越是集中于某个特定的个人和景点，则留给其他人的空间和资源就越少。不能把所有的名胜都纳入其旅程，必然会使宋代旅行者感到沮丧。这些地方的官员也面临同样的困境，提升苏轼在黄州的形象通常意味着忽视其他人。下面这则洪迈所记录的逸事就是个事例：

黄州赤壁、竹楼、雪堂诸胜境，以周公瑾、王元之（王禹偁）、苏公遗迹之故，名闻四海。绍兴戊午（1138），郡守韩之美、通判时衍之，各赋齐安百咏，欲刊之郡斋。韩梦两君子，自言杜牧之（杜牧）及元之，云："二君所赋多是苏子瞻故实，如吾昔临郡时，可纪固不少，何为不得预？幸取吾二集观之，采集中所传，广为篇咏，则尽善矣。"韩梦觉，且愧且恐，方欲取

[1]《入蜀记》，卷46，2439—2440页。张春树和Joan Smythe：*South China in the Twelfth Century*，115—118页。
[2]《吴船录》，卷2，18a—b。

《樊川》、《小畜》二集，益为二百咏，会将受代不暇作，遂并前百咏皆不敢刊。[1]

　　考虑到韩知州早先曾把苏轼的雪堂复建成原初的状态，我们不禁感觉到了韩知州期望自己能被镌刻在黄州的历史记忆的部分热切心情。达到这个目的的最有效的方式是把自己和苏轼的遗产联结在一起，这也使我们明白了苏轼遗址重建、对这些遗址描写的作品和长诗被刻写到遗址的原因，但是韩的梦想显示了宋代士大夫之中因对名人关注的程度不一而在内心深处感到的一丝不安。韩极其熟悉苏轼的作品和事迹，而对杜牧和王禹偁他就不是很有把握了。大概更合理的解释是，他内心对继承先贤遗产的忧虑导致了他梦见先贤相托。如果甚至像杜牧和王禹偁这样的重要人物都极有可能在黄州的历史记忆中失去他们的位置，那么留给像韩知州和通判这样地位稍次的人的位置又在哪呢？

　　许多人都害怕被遗忘。王禹偁似乎就已经预见到，他的继任者要保存他留下的遗迹会遭遇到很大的困难。王修好小竹楼和无愠斋之后表示：谁要是把这两个建筑改为马厩、仓库、厨房或驿站，则此人"非吾徒也".[2] 王的警告似乎也被写成了文字——因此杜牧和王禹偁要求韩知州好好看看他们的文集，并要求宣传他们的名人事迹。

　　尽管这只是一则逸闻，但这个梦却是一个象征，表示着宋人在缅怀活动中对历史遗迹进行分类、组织和舍弃时承受的心理负担，甚至苏轼自己也因古代英雄的逝去而烦恼不已。"人生如梦"的宣

---

[1] 《夷坚志》，丁，卷 18，1311 页。
[2] 《曲洧旧闻》，卷 8，205 页。

言揭示了他对被贬谪以及自己可能不久就遭人遗忘而感受到的内心

沮丧。幸运的是，事情结果并非如此。南宋末年，苏轼生平的每个
细节都被仔细考证过，出现了大量的关于他的传说。有一则材料说，
苏轼被贬谪到黄州是因为他在徐州（在今江苏）建了一座黄楼。[1]
另一则材料推测说，苏轼任职的三个地方，都有一个西湖。[2] 熟悉
苏轼作品是相当重要的，以至于在南宋时有个说法说："苏文生，吃
菜羹；苏文熟，吃羊肉。"[3] 南宋 150 年历史中，至少编撰了十部苏
轼的年谱，其著作也出了许多注释本。[4] 对苏的强烈兴趣导致的结
果是他驻足的地方都建起了祠堂、纪念物、遗迹景观等。杭州西湖
边上的三贤堂为的是纪念苏两次任职于杭。[5] 他在广东惠州受到了
更高的敬重，他 1094 年至 1097 年谪居于此。据说甚至其他地方的
盗贼来此行劫却放过了他所住的地方，为表尊敬还为他建了一个亭
子。[6]

精英旅行、地理书与地方史

对南宋文人旅行者前往黄州探访的考证揭示，人们共同修建、
维护和扩充与苏轼生平和旅行有关的景点的努力一直没有中断。地
方官、地方精英和文人访客之间的合作，其共同的目的是让苏轼得
以永世流传下去，这个努力也逐渐产生了效果。在很长的一段时间

---

[1] 《墨庄漫录》，卷 4，9b—10a。
[2] 《梁溪漫志》，卷 7，11b—12a。杨万里写三个西湖的诗见《诚斋集》，卷 18，8a。
[3] 沈嘉辙等：《南宋杂事诗》，卷 1，71 页。
[4] 曾枣庄：《苏轼研究史序》，13 页。
[5] 《宋人小说类编》，第一册，地理，6b—7a。
[6] 《夷坚志》，甲，卷 10，162 页。

内，这些共同努力丰富了黄州的地方历史、提升了黄州在中国文化版图中的地位。

对于像苏轼这样的政治贬谪者来说，被迫离开国家政治和文化中心是非常不幸的，他却因此而成为一位更成熟的诗人和知识分子，然而他在黄州的谪居深深地影响了他的一生，他在此地的出现甚至对该地的转变产生了更大的影响。苏轼旅黄之后，说黄州不可能不提苏轼。通过这样重要的方式，苏轼的贬谪和精英们对苏轼遗址的造访也改变了黄州的历史记忆。苏轼也因黄州而成为 13 个留名于《舆地记胜》（编撰于 13 世纪 20 年代）的官员之一。相比于曾在此任职的官员人数和苏轼被贬谪的处境，他所受到的关注是独一无二的。[1] 在一本当地人所编撰的书中有 5 位名人被编者所认可，其中新儒学的著名学者程颐和程颢（1032—1085）的祖父程遹是唯一 1 位在苏轼到黄州之前生活在黄州的人，另外 4 位都是苏的同时代人，他们名列《舆地记胜》只能被理解为是因为与苏轼的关系。[2] 同样地，超过 50 首诗词被收入书中，有一半的诗词不是苏轼所作就是其他人和他的诗词而作。杜牧和王禹偁的诗也被收录其中，但数量排序上要在苏轼之后。[3]

精英旅行对地方历史的重要影响在峡州的例子中也可以看得出来。峡州就是三游洞的所在地，该地一般被认为贫穷且偏僻，但是这时三游洞的名气却日益扩大。《方舆胜览》的作者祝穆（13 世纪时人）这样总结该地的特点："风俗民俗险陋，业儒者鲜。他僻而远，地僻而贫。"[4] 语调大体上是消极的，但祝的著作也揭示了其地

203

---

[1] 《舆地纪胜》，卷 49，7a—b。《明一统志》记录了 27 位宋代黄州地方官的姓名。《明一统志》，卷 61，43b—45a。

[2] 《舆地纪胜》，卷 49，7b—8a。

[3] 《舆地纪胜》，卷 49，8b—10a。

[4] 祝穆：《方舆胜览》，卷 29，518 页。

方史的形成过程不仅依赖于本籍人士，非本籍人士活动对此的帮助也和本籍人士一样多。三游洞一直是本地最有吸引力的地方，几个世纪来不断地吸引着精英旅行者前来，这些访客随之成了峡州记忆不可分割的一部分。《方舆胜览》突出了白氏兄弟、欧阳修、苏氏兄弟的有关文学作品，并把这些人整合进三游洞和偏僻的峡州的历史中来。[1] 这些非本籍人士的来临还使本地人黯然失色。祝所提到的10位与峡州历史有关的名人中，只有1位是本地的。其他人皆非本籍，包括三国时的两位地方官，唐初的1位将军，和6位宋朝人物。这些宋人中，诸如程颐、欧阳修、刘安世（1048—1125）和张商英（1043—1121）等，都是被贬谪到此的。就如在黄州一样，几位当地人的姓名因为欧阳修诗文中的提及而流传后世。[2]

精英旅行者和名胜的修建影响了地方史的形成并丰富了其内容，这揭示了为什么一些与众不同的地方在中国文化地理的发展演变中具有这么大的影响。对宋朝文人来说，峡州和黄州的名气，一直是与两州的杰出文化人物如白氏兄弟、欧阳修、苏轼、黄庭坚、陆游、范成大等人的名声和事迹分不开的。政治上的贬谪对偏远地区和边境地区的发展起到了非常重要的作用，被人记住和称赞的过程有慢有快。一个被整合进文化传承谱系的人，其所起的作用可能要比其他人要大。一些地方可能会要求比其他地方占有更多的文化景观，但所有这些发展都丰富了地方记忆并最终导致国家文化版图的变化。

旅行也引发宋代精英们对地理知识的兴趣大增，同时导致了南宋时期包括地方志在内的地理书的种类和数量的增多。这种地理知识不限于诸如山川河流那样的自然景观或如人口分布、城市与州之

---

[1] 《方舆胜览》，卷29，520页。

[2] 祝穆实际上列出11人，但据该书的注释者的考证，其中唐代的魏国，从未在峡州任职过。见《方舆胜览》，卷29，531页。

行万里路：宋代的旅行与文化

间的边界等那样的行政和政治资源配置等信息。宋代士大夫对名胜、之前来过名胜的访客和他们的作品表达了更多的好奇心，并渴望展示他们在这方面的知识以及他们所创作的文学作品。陆游的《入蜀记》和范成大的《吴船录》清楚地说明，他们尽可能地记录他们所探访过的地方，并把他们的观察和书本知识一起传播开来。[1] 陆、范和其他人找不到某些特定地方的可靠和完整的资料时，都感到很失望。据王象之的说法，这就是他编撰有名的《舆地纪胜》的原因。在这本著作的序言中，他首先记载了自己随父亲"宦游四方"的广泛游历经过。[2] 接着他讲述了自己的两个遗憾：第一个是，他"未能执简操牍以纪其胜"；其次是要与其他家庭成员一起旅行。王象之听他们谈论其旅行经历，想更多了解一些情况，但令他失望的是，"然求西州图纪于箧中藏未能一二"。王决定撰写《舆地纪胜》是受到了实用目的的驱使：提供那些在现存文献中没有记载的信息，传播由那些像他的家人那样的文人积累下来的知识。王明确地表示，"此纪胜之编"是因为早期的著作尽管数量庞大，但只是覆盖了山川边界、历代疆域、南北差异等内容。王所认为重要的信息，士大夫们感兴趣的事物，在上述著作中都没有记载。王的著作确认了大量的风景名胜，这些景点很不均匀地分布在全国各地；他的书提供了大量的"用之不竭"的信息，让"骚人才士"可以依靠他的书，了解当地的风土人情和风景名胜。[3]

205

　　王的这部编著作品不仅反映了精英在观赏和描述名胜以及为后世访客记录信息上的兴趣，而且也指出部分经常出门的旅行者有了

---

[1] 有关陆游《入蜀记》在这方面的研究见张聪："Sites, Places and the Empire: Lu You's Travel on the Yangzi River in Southern Song China"。

[2] 有关王著的主要研究论著，见李勇先：《试论〈舆地纪胜〉的编撰及其与〈方舆胜览〉的关系》，315—329 页。

[3] 《舆地纪胜》，序。

解当地和各路、州情况的强烈好奇心。南宋地方志的大量增加反映了这些兴趣。[1] 何瞻认为，南宋时期的地方史著述目的是为了提升地方自豪感以及对新知识进行系统化。[2] 所有地方志的编撰者都强调地方史的重要意义和本地独一无二的特色，而这些编撰者大多是地方官员和地方精英。洪遵在任通判时编撰了第一部婺州（今浙江金华）的州级地方志，他强调"了解地理的重要性"。包弼德指出，洪遵（和王象之）所感兴趣的，不是风景，而是对景观进行人为命名的历史。这就解释了为什么"洪会把其书题献给'后世君子'，也就是他要把过去的历史传递给这些人"。[3]

南宋时，洪遵所指的以及记录在地方志的过去的历史，体现在地方志那一长串的本籍和非本籍的杰出人物的名单以及他们所做的事迹上。这些人和事迹因访客的到访而名声大振，并被人缅怀而深深植根于地方记忆中，这也是地方吸引人的特点所在。[4] 不仅本籍和非本籍的名人在地方缅怀历史的过程中有同样的重要地位，不同地方也为争抢名人而进行竞争。例如，司马光和朱熹，在好几个地方都被尊为本籍名人，这些地方都以本地是其出生地、墓冢所在地或获得谥号之地而声称其所据有理。[5] 显然，宋朝士大夫"成了不

---

[1] 包弼德把地方志定义为"一种关于一个行政区划单位（州、县和镇）相当标准化的信息概要。方志也是中央政府任命官员担任州县官去管理的地方的一个记录。方志中也记载着比如官衙、库房、驿站和学校等公共设施情况。方志还记载着自然的和人造的景观、山川、水塘和桥梁以及当地乡镇的人口、祠堂和学校、学生和获取功名的人以及在本地和外地的本籍男女名人等情况"。包弼德："The Rise of Local History"，37 页。

[2] 何瞻："Song Dynasty Local Gazetteers and Their Place in the History of *Difangzhi* Writing"，405—442 页。

[3] 包弼德："The Rise of Local History"，49 页。

[4] 同上。

[5] Neskar：*The Cult of Worthies*，特别是 69、98—156 页。

280   行万里路：宋代的旅行与文化

止一个地方的名人。"[1]

文人们到访名胜以及他们对名胜的修建和维护，他们在当地创作的及与当地有关的大量文学作品，在南宋及之后的地方志中地位越来越突出。例如，《宜昌府志》（峡州是宜昌的一部分）编撰于清代（1644—1911），列出的官员姓名，三国时期有17位，晋代有12位，南北朝时期（420—589）有12位，隋代4位，唐代30位，宋代40位。[2] 由本籍和非本籍文人创作的关于本地的文学作品卷数非常多。单是诗词部分，在方志中就占据了14卷，其中我们发现有28首欧阳修的、17首陆游的、13首寇準的、10首苏轼的，及8首范成大的诗词。这5个人中，只有欧阳修和寇準在此任过职，而陆游、苏轼、范成大只是短暂地到访过此地。而书中收录的元（1271—1368）、明、清时期的诗词数量更多。毫不奇怪的是，其中的许多诗词是缅怀三游洞、该洞的发现者和来此游览的访客的"不朽名声"的。[3] 这种新的人文取向不仅仅是地方自豪感的表达，它也认可了国家历史和文化景观所发生的改变。[4] 通过缅怀历史人物及其事迹，地方志成为国家整体记忆的重要塑造者。

文学和历史总是在激发人们的旅行和朝圣活动，而访客的经历也丰富了名胜的历史记忆。宋代文人旅行者和他们所创作的文学作品成功地确立了自己在当地的地位，并得到当时文人和当地历代民

---

[1] 此话见 Neskar：*The Cult of Worthies*，100 页。
[2] 《宜昌府志》，卷 8，4a—14a。
[3] 《宜昌府志》，卷 14，艺文，赋，6b、16b。更多的明清时人到访三游洞及有关该洞的作品见《宜昌府志》，卷 14，艺文，诗，18a、19a、19b、20a、24b、105b—106a；卷 14，艺文，赋，6b—7b、16b—17a；卷 14，艺文，录事，14a、86a—b。
[4] 何瞻认为这种取向"显然不仅是用几卷来记录前代历任官员和本地名人，而且也设置了一些表面上看似'非人文'的类目来记录古代的景点"。何瞻："Sony Dynasty Local Gazetteers and Their Place in the History of Difangzhi Writing"，427—428 页。

众的认可。他们的想象力和情感成了一种无形的遗产，影响了后来者的经历，赋予名胜更多的意义。苏轼寓居黄州 4 年，但他的精神在当地历代传递不已。士大夫旅行可能早就已经没有了，但当各地的城乡在努力地重建其历史，力争在国家历史中突显自己的位置时，士大夫们在各地探访的文化意义甚至就一直延续至今。

结论　本籍、地方与朝廷

故乡回首已千山，上峡初经第一滩。少年亦慕宦游乐，投 207
老方知行路难。[1]

1170 年的初冬陆游写下上面这几行诗句时，他已经沿着长江溯流而上走了 5 个月了，离最后的目的地四川东部已经近在咫尺了。到那时为止他出仕 20 年了。他几乎不知道这次旅居西南会延续 7 年之久，直到 1178 年他才回到浙江的老家。

陆游也没能预想到他的仕途会延续到 70 多岁，但是他所担任过的官职并没有一个给他带来他所渴望的权力和声望，因此他哀叹"行路难"。他在这首诗以及其他诗文中所表达出来的失望感丝毫没有减轻其广泛旅行对他的生活和文学创作的影响。回到家后，他深情地忆起自己的旅川岁月，并说他没有一天不怀念曾经待过的地方。晚年的陆游将他多卷本的文学作品集命名为《剑南诗稿》和《渭南文集》；这两个地名指的是他曾广为游历过的四川和陕西的大部分地区。

对他的同辈人来说，陆游的长途旅行算不得很特别。很多人非常清楚的是，由于朝廷政治斗争，以及合格举子数量过多、竞争激烈，通过科考并进入官府的人并不能保证会获得稳定而辉煌的仕途。当时的文学作品很娴熟地表达了士大夫们对仕途的不可预测感以及他们身上的弱点，但这并没有能阻止宋代受过教育者们投身仕宦之

---

[1] 《剑南诗稿》，卷 2，47 页；华兹生：*The Old Man Who Does as He Pleases*，6 页。

途的决心。追求科举功名一直是宋代之后的帝制时代人们非常热衷的事，科举的参与者人数有增无减，中国最聪明和最有抱负的年轻人一直把官阶地位当作最有吸引力的人生目标。这些宋代官员对官位的追求是如此的强烈，以至于他们一入仕，都不情愿到了年纪就致仕；11 世纪上半叶朝廷就此发布了至少 4 道谕旨，说明朝廷越来越关注日益庞大而老迈的官僚队伍。1002 年发布的第一道谕旨只是说，"文武官年七十以上求退者，许致仕。"1026、1036 年和 1041 年发布的另 3 道的致仕规定，从"文武官年及七十者……令自陈致仕"到"令臣僚年七十即致仕"，说明规定有所进步。[1]

我们在其他前近代社会中几乎没有发现过有这样一个精英群体，一直效忠朝廷，并且理所当然地认为他们能成功地履行职责，然而这些受过教育的中国男人追求官位的持续热情，不仅仅是因为国家能给予他们声望和特权。整个宋代，频繁地旅行是文官履职的重要方式，官员们通过这种方式，丰富了他们的文学和文化阅历，扩宽了他们的社会和思想境界，养成了文人理想。当时的文学作品从各个方面来强调旅行的重要性，旅行使他们作为坚定的历史和文化学者的形象更加突出，通过旅行结交了全国各地的朋友，自己也成为地方民情方面的专家。通过这些重要方式，作家旅行者牢牢地树立起文人精英的形象。

旅行者本身没有期待过有这样的演变，要求官员们进行长途旅行的国家也没有预料到有这种发展。精英旅行在宋代士大夫的生命中具有如此重要的意义，反映了国家和士大夫官僚之间在利益上存在某种一致性。这就解释了为什么宋代精英们在旅途中专心于社会和文化活动从来没有被朝廷视为是对其政治和社会控制总目标的一

---

[1] 《全宋文》，卷 219，50 页；卷 326，96 页；卷 330，192 页；卷 481，70 页。

个威胁。实际上，宋代受过教育者与社会的广泛接触及他们越来越多地关注所到访的地方，弥补了国家对见多识广的、能干的地方官员的需求。因此，尽管官员旅行的经济和人力成本很高，定期轮换官员政策的价值从来没有受到过朝廷的质疑。

宋代官员并没有真的让自己远离国家。确实是因为科举苦读和进入仕途使他们不断地获得声望和特权，甚至更重要的是，没有其他职业能从根本上确保这些人作为道德上坚定的儒家君子、博学的学者和国家丰富的文学和文化遗产的继承人的身份。当时的文学作品验证了这些说法，因为这些作品在赞颂旅行的重要意义，通常那些不时抱怨官员旅行的人是最能忍受旅途的艰辛和危险的。对这种毅力的记载并非有意去凸显冒险精神。这些旅行者的诗词、散文和旅行日记是要强调他们完成其名胜之地的朝圣之旅的坚定愿望，甚至他们频繁提及的"倦旅"可以被理解为与其他人群有区别的、能向别人夸耀经历的标志。

宋代精英们的广泛旅行强化了他们作为政治、社会和文化引领者的地位，而他们在路途中的经历也使他们与所访之地紧密结合。这种结合的一个后果就是在宋代精英们的生命中，京城及家乡之外的地方的重要性越来越大。唐代及唐之前的朝代，京城的政治、文化和社会生活一直具有很大的吸引力，以至于被任命到京外当官的人要习惯性地抱怨一下他们不得不离京而去。实际上，在唐代文学中，提到远在外地的人对长安的思念使我们可以推想京外官员和落榜举子渴望返回京城的强烈愿望。相反，宋代特别是南宋的旅行者的聚焦目光，不再仅集中在京城和其他几个文化和政治中心城市。因为游历范围的广阔，他们也认同于自己所居住的或远或近的地方。

宋代精英们越来越多地旅居各地使他们的居住地不再局限于本籍。本项研究证明，新精英们感兴趣和活动的地方的变化越来越多，而这些地方的情况和历史差异也很大。这种变化是在长时段内发生的，但在宋末，我们看到全国各地许多地方都在夸耀本地的本籍和非本籍名人的遗迹和传说，这些名人一直是地方名气和自豪感产生的源头。就如陆游因为沉浸于对四川和陕西的美好回忆而用这两地的地名来命名其著作选集，他曾到访过的地方也不会忘了他。就如笔者对三游洞和苏轼在黄州的论述所揭示的，陆游的探访和他的文学作品被忠实地保留在当地历史中，同时也成为当地的地方认同的重要组成部分。

210　　　地方精英在创造和书写地方历史中的作用越来越重要，他们与文人精英一道提升地方自豪感。实际上，从宋代开始的地方志撰述都提醒本地百姓，几百年来，许多著名的访客不但在本地留下了足迹，而且还赞美本地的自然美景和辉煌的地方历史。名人访客的影响力不仅仅在于对记忆的丰富，他们在当地的旅居也有助于突显当地在文学和文化版图上的地位，尤其是像黄州和峡州等偏远和不大出名的地方。从这个角度来看，地方史撰述、地方文学和地方文化景观的修建本质上绝不仅是地方性的，地方精英、官员和文人访客之间的共同努力反映了群体的共同利益。铭记本地官员和著名访客的传统是与对本地名人的赞颂密不可分的，这些本地名人包括中举的士子，地方望族，孝子烈女等。当地方志作者不厌其烦地罗列古迹、名人、地方土特产的名单时，他们肯定不仅是要延续地方历史，而且也是要确认本地在国家历史中的地位。

参考文献

Abbreviations

CSJC *Congshu jicheng* 丛书集成

SKQS Sifeuqwcmshi/ 四库全书

Primary Sources

Anonymous 佚名 . *Zhouxian tigang (ZXTG)* 州县提纲 . SKQS edition.

Ban Gu 班固 . Han *shu (HS)* 汉书 . Beijing: Hanyu dacidian chubanshe, 2004.

Bojuyi 白居易 . *Boshi changqingji (BSCQJ)* 白氏长庆集 . Taipei: Wenxue guji kanxing she, 1955.

Cai Tao 蔡絛 . Tiewdsfwn congtcm *(TWSCT)* 铁围山丛谈 . Beijing: Zhonghua shuju, 1983.

Chang Tang 常棠 . *Haiyan Ganshui zhi* 海盐澉水志 . SKQS edition.

Cheng Yi 程颐 , and Cheng Hao 程颢 . *Er Cheng quanshu* (ECQS) 二程全书 . *Sibu beiyao* edition.

Fan Chengda 范成大 . *Canluan lu (CLL)* 骖鸾录 . SKQS edition.

——. *FanShihuji (FSHJ)* 范石湖集 . Shanghai: Shanghai guji chubanshe, 1981.

——. *Wuchuan lu (WCL)* 吴船录 . *Zhibuzu* zhai edition.

——. *Wujunzhi (UJZ)* 吴郡志 . *SKQS edition.*

Fan Gongcheng 范公偁 . *Guo ting lu (GTL)* 过庭录 . Beijing: Zhonghua shuju, 1985.

Fan Ye 范晔 . Hou *Han shu (HHS)* 后汉书 . Beijing: Zhonghua shuju, 1965.

Fang Shao 方勺 . *bian (BZB)* 泊宅编 . Beijing: Zhonghua shuju, 1983.

Fei Gun 费衮 . *Liangxi manzhi* (LXMZ) 梁溪漫志 . SKQS edition.

Fu Xuancong 傅璇琮 , ed. *Quan Song shi (QSS)* 全宋诗 . Beijing: Beijing daxue chubanshe, 1991-1998.

Gao Cheng 高承. *Shiwujiyuan (SWJY)* 事物纪原. SKQS edition.

Gong Mingzhi 龚明之. *Zhongwujiwen (ZWJW)* 中吴纪闻. SKQS edition.

Han Hu 韩淲. *Jianquan riji QQRJ)* 涧泉日记. In Zhu Wen 朱雯, Ruan Wuming 阮
无名, eds. *Song Yuan Ming riji xuan* 宋元明日记选. Hong Kong: Taipingyang
tushu gongsi, 1957.

He Yuan 何薳. *Chunzhujiwen (CZJW)* 春渚纪闻. Beijing: Zhonghua shuju, 1983.

Hong Mai 洪迈. *Rongzhai suibi (RZSB)* 容斋随笔. Beijing: Zhongguo shijieyu chubanshe,
1995.

——. *Yijianzhi (YJZ)* 夷坚志. Beijing: Yanshan chubanshe, 1997.

Hu Zi 胡仔. *Tiaoxi yuyin conghua (TXYYCH)* 苕溪渔隐丛话. Beijing: Renmin wenxue
chubanshe, 1962.

Huang Gan 黄幹. *Mianzhaiji (MZJ)* 勉斋集. *SKQS* edition.

Huangzhou fuzhi (HZFZ) 黄州府志,（Qing) Guangxu (1875-1908) edition. Taipei:
Cheng-wen chubanshe, 1976.

Jiang Shaoyu 江少虞. *Songchao shishi Ieiyuan (SCSSLY)* 宋朝事实类苑. Shanghai:
Shanghai guji chubanshe, 1981.

Kong Fanli 孔凡礼，ed. *Fan Chengda yizhu jicun (FCDYZ)* 范成大佚著辑存.
Beijing: Zhonghua shuju, 1983.

Kong Pingzhong 孔平仲. *Henghuangxinlun (HHXL)* 珩璜新论. SKQS edition.

Li Angying 李昂英. *Wenxi cungao (WXCG)* 文溪存稿. Guangzhou: Ji'nan daxue chuban-
she, 1994.

Li Ruchi 李如篪. *Dongyuan congshuo (DYCS)* 东园丛说. *SKQS* edition.

Li Xian 李贤. *Mingyitongzhi (MYTZ)* 明一统志. Taipei: Wenhai chubanshe, 1965.

Li Xinchuan 李心传. *Jian yan yi lai chaoye zaji (JYYL)* 建炎以来朝野杂记. Beijing:
zhonghua shuju, 2000.

Liao Xingzhi 廖行之. *Xingzhaiji (XZJ)* 省斋集. *SKQS* edition.

Lin Guangchao 林光朝. *Aixuanji (AXJ)* 艾轩集. SKQS edition.

Liu Changshi 刘昌诗. *Lupu biji (LPBJ)* 芦浦笔记. Beijing: Zhonghua shuju, 1986.

Liu Fu 刘斧. *Qing suo gaoyi (QSGY)* 青琐高议. Shanghai: Gudian wenxue chubanshe,
1958.

Liu Kezhuang 刘克庄. *Houcunji (HCJ)* 后村集. *SKQS* edition.

Liu Yingshi 刘应时. *Yi'anjushiji (YAJSJ)* 颐庵居士集. Taipei: Yiwen chubanshe,
1966.

Lu You 陆游. *Fangweng tiba (FWTB)* 放翁题跋. *CSJC* edition.

——. *Jiannan shigao (JNSG)* 剑南诗稿. In *Lu You ji* 陆游集. Beijing: Zhonghua
shuju, 1976.

——. *Jiashi jiewen (JSJW)* 家事旧闻 . Beijing: Zhonghua shuju, 1993.

——. *Laoxue'an biji (LXABJ)* 老学庵笔记 . Beijing: Zhonghua shuju, 1979.

——. *Ru Shu ji (RSJ)* 入蜀记 . In *Lu You ji* 陆游集 . Beijing: Zhonghua shuju, 1976.

——. *Weinan wenji* (WNWJ) 渭南文集 . In *Lu You ji* 陆游集 , Beijing: Zhonghua shuju, 1976.

Lu Zengxiang 陆增祥 , ed. *Baqiongshijinshi buzheng (JSBZ)* 八琼室金石补正 . Taipei: Wenhai chubanshe, 1967.

Luo Dajing 罗大经 . *Helinyulu (HLYL)* 鹤林玉露 . Beijing: Zhonghua shuju, 1983.

Luo Rui 罗濬 . *BaoqingSimingzhi* (BQSMZ) 宝庆四明志 . *SKQS* edition.

Luo Yuan 罗愿 . *Xin'an zhi (XAZ)* 新安志 . *SKQS* edition.

Ma Yongqing 马永卿 . *Lan zhen zi (LZZ)* 嬾真子 . Beijing: Zhonghua shuju, 1985.

Minggongshupan qingmingji (QMJ) 名公书判清明集 . Beijing: Zhonghua shuju, 1987.

Ouyang Xiu 欧阳修 . *Jushi ji (JSJ)* 居士集 . In *Ouyang Xiu quanji* 欧阳修全集 . Beijing: Zhongguo shudian, 1986.

——. *Jushi waiji (JSWJ)* 居士外集 . In *Ouyang Xiu quanji* 欧阳修全集 . Beijing: Zhongguo shudian, 1986.

——. *OuyangXiu quanji (OYXQJ)* 欧阳修全集 . Beijing: Zhongguo shudian, 1986.

——. *Yuyizhi (YYZ)* 于役志 . *SKQS* edition.

Peng Cheng 彭乘 . Mokce *huixi (MKHX)* 墨客挥犀 . Beijing: Zhonghua shuju, 2002.

Qingyuan tiaofa shilei (QYTFSL) 庆元条法事类 . Beijing: Yanjing daxue cangban , 1948.

Shao Bowen 邵伯温 . *Shaoshi wenjian lu (SSWJL)* 邵氏闻见录 . Beijing: Zhonghua shuju, 1983.

Shen Jia'zhe 沈嘉辙 . *Nansong zashi shi (NSZSS)* 南宋杂事诗 . Taipei: Yiwen yinshu guan, 1974.

Shen Kuo 沈括 . *Mengxi bitan (MXBT)* 梦溪笔谈 . Beijing: Zhonghua shuju, 1963.

Sima Qian 司马迁 . *Shiji (SJ)* 史记 . Beijing: Zhonghua shuju, 1959.

Song Qi 宋祁 . *Jingwenji* (JWJ) 景文集 . SKQS edition.

Su Zhe 苏辙 . *Longchuan biezhi (LCBZ)* 龙川别志 . Beijing: Zhonghua shuju, 1982.

——. *Longchuan lüezhi (LCLZ)* 龙川略志 . Beijing: Zhonghua shuju, 1982.

——. *Luanchengji (LCJ)* 栾城集 . Shanghai: Zhonghua shuju, 1985.

——. *Su Zhcji (SZJ)* 苏辙集 . Beijing: Zhonghua shuju, 1990.

Su Shi 苏轼 *Chouchi biji (CCBJ)* 雠池笔记 . Shanghai: Huadong shifan daxue chubanshe, 1983.

——. *Dongpo zhilin (DPZL)* 东坡志林 . Beijing: Zhonghua shuju, 1981.

——. *Su Shi shiji (SSSJ)* 苏轼诗集 . Beijing: Zhonghua shuju, 1982.

——. *Su Shi wcnji (SSWJ)* 苏轼文集 . Beijing: Zhonghua shuju, 1986.

Tuo Tuo 脱脱 . *Song Shi (SS)* 宋史 . Beijing: Zhonghua shuju, 1997.

Wang Anshi 王安石 . *Wang Anshi quanji, shiji (WASSJ)* 王安石全集，诗集 . Shanghai: Dadong shuju, 1935.

——. *Wang Anshi quanji, wenji (WASWJ)* 王安石全集，文集 . Shanghai: Dadong shuju, 1935.

Wang Baixin 王柏心 , Nie Guangluan 嘉光銮 . *Yichangfuzhi (YCFZ)* 宜昌府志（Qing) Tongzhi (1862-1874) edition. Taipei: Chengwen chubanshe, 1970.

Wang Dingbao 王定保 . *Tangzhiyan (TZY)* 唐摭言 . In *Tang Wudai biji xiaoshuo daguan* 唐五代笔记小说大观 . Shanghai: Shanghai guji chubanshe, 2000.

Wang Mingqing 王明清 . *Huizhu houlu (HZHL)* 挥麈后录 . *CSJC* edition.

——. *Huizhu lu (HZL)* 挥麈录 . *CSJC* edition.

——. *Huizhu yuhua (HZYH)* 挥麈余话 . *CSJC* edition.

Wang Pizhi 王辟之 . *Mianshui yantan lu (MSYTL)* 渑水燕谈录 . Beijing: Zhonghua shuju, 1981.

Wang Wei 王维 . *Leijian Wang Youcheng quanji (WYCQJ)* 类笺王右丞全集 . Taipei: Xue-sheng shuju, 1970.

Wang Xiangzhi 王象之 . Yudi *jisheng (YDJS)* 舆地纪胜 . Taipei: Wenhai chubanshe, 1962.

Wang Yong 王栐 . *Yanyiyimou lu (YYYML)* 燕翼诒谋录 . Beijing: Zhonghua shuju, 1981.

Wang Yucheng 王禹偁 . *Xiaoxuji (XXJ)* 小畜集 . *SKQS* edition.

Wang Zhi 王铚 . *Moji (MJ)* 默记 . Bejijing: Zhonghua shuju, 1981.

Wei Tai 魏泰 . *Dongxuan bilu (DXBL)* 东轩笔录 . *SKQS* edition.

Wen Ying 文莹 . *Xiangshanyelu (XSYL)* 湘山野录 . Beijing: Zhonghua shuju, 1984.

——. *Yuhu qinghua (YHQH)* 玉壶清话 . Beijing: Zhonghua shuju, 1984.

Wu Chuhou 吴处厚 . *Qingxiangzaji (QXZJ)* 青箱杂记 . Beijing: Zhonghua shuju, 1985.

Wu Zeng 吴曾 . *Nenggaizhai manlu (NGZML)* 能改斋漫录 . CSJC edition.

Wu Zimu 吴自牧 . *Menglianglu (MLL)* 梦粱录 . *SKQS* edition.

Xie Bocai 谢伯采 . *Mizhai biji (MZBJ)* 密斋笔记 . SKQS edition.

Xie Fangde 谢枋得 . *Xie Dieshan quanjijiaozhu (XDSQJ)* 谢叠山全集校注 . Shanghai: Hua-dong shifan daxue chubanshe, 1994.

Xu Du 徐度 . *Quesao bian (QSB)* 却扫编 . SKQS edition.

Xu Song 徐松 . *Songhuiyaojigao (SHY)* 宋会要辑稿 . Beijing: Zhonghua shuju, 1997.

Yan Zhitui 颜之推 . *Yanshi jiaxun (YSJX)* 颜氏家训 . Guangzhou: Guangzhou chuban she, 2001.

Yang Wanli 杨万里. *Chengzhaiji (CZJ)* 诚斋集. *SKQS* edition.

Ye Mengde 叶梦得. *Bishu luhua (BSLH)* 避暑录话. SKQS edition.

——. *Shilinyanyu (SLYY)* 石林燕语. Beijing: Zhonghua shuju, 1997.

Yu Sou 余叟. *Songren xiaoshuo leibian (SRXS)* 宋人小说类编. Beijing: Zhongguo shudian, 1987.

Yuan Cai 袁采. *Yuanshi shifan (YSSF)* 袁氏示范. *Siku zhenben* edition.

Yuanren 圆仁. *Ru Tang qiu fa xunli xingji (RTQF)* 入唐求法巡礼行记. Shanghai: Shanghai guji chubanshe, 1986.

Yue Ke 岳珂. *Tingshi (TS)* 桯史. Beijing: Zhonghua shuju, 1981.

Zeng Minxing 曾敏行. *Duxingzaizhi (DXZZ)* 独醒杂志. Shanghai: Shanghai guji chubanshe, 1986.

Zeng Zaozhuang 曾枣庄, and Liu Lin 刘琳, eds. *Quan Song wen (QSW)* 全宋文. Chengdu: Bashu shushe, 1988.

Zhang Bangji 张邦基. *Mozhuang manlu (MZML)* 墨庄漫录. *SKQS* edition.

Zhang Duanyi 张端义. *Gui'er ji (GEJ)* 贵耳集. SKQS edition.

Zhang Shinan 张世南. *Youhuan jiwen (YHJW)* 游宦纪闻. Beijing: Zhonghua shuju, 1981. Zhang Shunmin 张舜民. *Huaman lu (HML)* 画墁录. SKQS edition.

Zhang Xiaoxiang 张孝祥. *Yuhu jushi wenji (YHJSWJ)* 于湖居士文集. Shanghai: Shanghai guji chubanshe, 1980.

Zhang Yuangan 张元幹. *Luchuan guilai ji (LCGLJ)* 芦川归来集. Shanghai: Shanghai guji chubanshe, 1978.

Zhao Lingzhi 赵令畤. *Houqing lu (HQL)* 侯鲭录. Beijing: Zhonghua shuju, 2002.

Zhao Sheng 赵升. *Chaoye leiyao (CYLY)* 朝野类要. SKQS edition.

Zhao Yanwei 赵彦卫. *Yunlu manchao (YLMC)* 云麓漫抄. Beijing: Zhonghua shuju, 1996.

Zhao Yushi 赵与时. *Bin tui lu (BTL)* 宾退录. Shanghai: Shanghai guji chubanshe, 1983.

Zhou Bida 周必大. *Erlaotang zazhi (ELTZZ)* 二老堂杂志. Shanghai: Shangwu yinshu-guan, 1936.

——. *Wenzhongji (WZJ)* 文忠集. SKQS edition.

Zhou Hui 周煇. *Qingbozazhi* (QBZZ) 清波杂志. Shanghai: Jinbu shuju, N. D.

Zhou Mi 周密. *Qidongyeyu* (QDYY) 齐东野语. *SKQS* edition.

Zhou Qufei 周去非. *Lingwai daida (LWDD)* 岭外代答. SKQS edition.

Zhou Yinghe 周应合. *Jingding Jiankang zhi (JDJKZ)* 景定建康志. *SKQS* edition.

Zhu Bian 朱弁. *Quwei jiuwen (WJW)* 曲洧旧闻. Beijing: Zhonghua shuju, 2002.

Zhu Mu 祝穆. *Fangyu shenglan (FYSL)* 方舆胜览. Beijing: Zhonghua shuju, 2003.

Zhuang Chuo 庄绰. *Jilei bian QLB)* 鸡肋编. Beijing: Zhonghua shuju, 1983.

Secondary Sources

Anderson, James A. "Treacherous Factions: Shifting Frontier Alliances in the Break-down of Sino-Vietnamese Relations on the Eve of the 1075 Border War." In *Bat-tlefronts Read and Imagined,* edited by Don J. Wyatt, 191-226. New York: Palgrave Macmillan, 2008.

Bai Shouyi 白寿彝 *Zhongguo jiaotong shi* 中国交通史. Zhengzhou: Henan renmin chu-banshe, 1987.

Bao Weimin 包伟民. "Songdai difang caizheng jiqi yingxiang" 宋代地方财政及其影响. *Zhejiang shehui kcxue* no. 1 (1999), 127-133.

——. *Songdai difang caizheng shi yanjiu* 宋代地方财政史研究. Shanghai: Shanghai guji chubanshe, 2001.

Batten, Charles L., Jr. *Pleasurable Instruction: Form and Convention in Eighteenth-Century Travel Literature.* Berkeley: University of California Press, 1978.

Beattie, Hilary. *Land and Lineage in China: A Study of* T'ung-ch'eng *County, Anhui in the Ming and Ch'ing Dynasties.* Cambridge: Cambridge University Press, 1979.

Ben-Ari, Eyal, and Yoham Bilu, eds. *Grasping the Land: Space and Place in Contemporary Israeli Discourse and Experience.* Albany: State University of New York Press, 1997.

Besio, Kimberly. "A Friendship of Metal and Stone." In *Male Friendship in Ming China,* edited by Martin Huang, 111-145. Leiden: Brill, 2007.

Black, Jeremy. *The British Abroad, the Grand Tour in the Eighteenth Century.* New York: St. Martin's Press, 1992.

——. *The British and the Grand Tour.* London: Croom Helm, 1985.

Bol, Peter. "Emperors Can Claim Antiquity Too: Emperorship and Autocracy Under the New Policies." In *Emperor Huizong and Late Northern Song China: The Politics of Culture and the Culture of Politics,* edited by Patricia Ebrey and Maggie Bickford, 173-205. Cambridge, MA: Harvard Asia Center, 2006.

——. "Government, Society, and State: On the Political Visions of Ssu-ma Kuang and Wang An-shih." In *Ordering the World: Approaches to State and Society in Sung Dynasty China,* edited by Conrad Shirokauer and Robert Hymes, 128-192. Berkeley: University of California Press, 1993.

——. "The Rise of Local History: History, Geography, and Culture in Southern Song

行万里路：宋代的旅行与文化

and Yuan Wuzhou." *Harvard Journal of Asiatic Studies* 61, no. 1 (2001): 37-76.

——. *This Culture of Ours: Intellectual Transitions in Tang and Sung China.* Stanford: Stanford University Press, 1992.

Boltz, Judith Magee. "Not by the Seal of Office Alone: New Weapons in Battles with the Supernatural." In *Religion and Society in Tang and Sung China,* edited by Patricia Ebrey and Peter Gregory, 241-305. Honolulu: University of Hawaii, Press, 1993.

Bossler, Beverly. *Powerful Relations: Kinship, Status, and the State in Sung China (960-1279).* Cambridge, MA: Harvard University Council on East Asian Studies, 1998.

Brook, Timothy. "Communications and Commerce." In *Cambridge History of China,* Volume Eight: The Ming Dynasy, edited by Denis Twitchett and Frederick Mote, 579-707. Cambridge: Cambridge University Press, 1998.

——. *The Confusions of Pleasure: Commerce and Culture in Ming China.* Berkeley: University of California Press, 1998.

——. "Family Continuity and Cultural Hegemony: The Gentry of Ningbo, 1368-1911."

In *Chinese Local Elites and Patterns of Dominance,* edited by Esherick, Joseph W. and Mary Backus Rankin, 27-50. Berkeley: University of California Press, 1990.

——. "Guides for Vexed Travelers: Route Books in the Ming and Qing." *Ch'ing-shi wen-ti* 4，no. 5 (1981): 32-76.

——. *Praying for Power: Buddhism and the Formation of Gentry Society in Late-Ming China* Cambridge, MA: Harvard University Council on East Asian Studies, 1993.

Cai Shangxiang 蔡上翔. Wangjinggong *nianpu kaolue* 王荆公年谱考略. Shanghai: Shanghai renmin chubanshe, 1954.

Caojiaqi 曹家齐."Guanyu Nansong Chihoupu baipu de jige wenti" 关于南宋斥堠铺，摆铺的几个问题. *Zhejiangdaxuexuebao,* no. 5 (2002): 19-26.

——. "Nan Song dui youchuan zhi zhengxiang yu gengzhang shulun, jiantan chaoting yu Yue Fei junqian zhaozou wanglai wenti" 南宋对邮传之整饬与更张述论，兼谈朝廷与岳飞军前诏奏往来问题. *Zhongshan daxuexuebao,* no. 6 (2003): 37-44.

——. 宋代交通管理制度研究. Kaifeng: Henan daxue chubanshe，2002.

——. "Songdai jijiao dikao" 宋代急脚递考. *Zhongguoshiyanjiu,* no. 1 (2001): 87-91.

——. "Yunhe yu liangsong guoji lun" 运河与两宋国计论. *Xuzhou shifan daxue xuebao* no. 3 (2001): 104-107.

Chaffee, John W. "Huizong, Caijing, and the Politics of Reform." In *Emperor Huizong and Late Northern Song China: The Politics of Culture and the Culture of Politics,* edited by Patricia Ebrey and Maggie Bickford, 31-77. Cambridge, MA: Harvard Asia Center, 2006.

———. *The Thorny Gates of Learning in Sung China, a Social History of Examinations.* Cambridge: Cambridge University Press, 1985.

Chan, Wing-Tsit 陈荣捷 . *Zhuzixin tansuo* 朱子新探索 . Taipei: Xuesheng shuju, 1988.

Chaney, Edward. *The Evolution of the Grand Tour: Anglo-Italian Cultural Relations since the Renaissance.* London and Portland: Frank Cass, 1998.

Chang, Chun-shu 张春树 *The Rise of the Chinese Empire: Frontier, Immigration, and Empire in Han China, ca. 1600 B. C-A. D. 8.* Ann Arbor: University of Michigan Press, 2007.

———. *The Rise of the Chinese Empire: Nation, State, and Imperialism in Early China, ca. 1600 B.C.-A.D. 8.* Ann Arbor: University of Michigan Press, 2007.

———and Joan Smythe. *South China in the Twelfth Century, a Translation of Lu Yu's Travel Diaries, July 3-December 6, 1770.* Hong Kong: The Chinese University Press, 1981.

Chang Chung-li 张仲礼 . *The Chinese Gentry.* Seattle: University of Washington Press, 1955.

Chang, Fu-jui. "(Biographies of) Hong Hao, Hong Kua, and Hong Mai." In *Sung Bibliographies,* edited by Herbert Franke, 464-478. Wiesbaden: Steiner, 1976.

Chang, Michael G. *A Court on Horseback: Imperial Touring and the Construction of Qing Rule, 1680-1758.* Cambridge, MA: Harvard University Asia Center, 2007.

Chen Baiquan 陈柏泉 . *Jiangxi chutu muzhi xuanbian* 江西出土墓志选编 . Nanchang: Jiangxi jiaoyu chubanshe, 1991.

Chen Lesu 陈乐素 . "Guilin shike yuanyou dangji" 桂林石刻元祐党籍 . In *Qiushiji, di er ji* 求是集，第二集，293-309. Guangzhou: Guangdong renmin chubanshe, 1984.

———. "Liufang lingnan de Yuanyou dangren" 流放岭南的元祐党人 . In *Qiushiji, di er ji* 求是集，第二集，229-260. Guangzhou: Guangdong renmin chubanshe, 1984.

Chen Zhengxiang 陈正祥 . *Da Yunhe* 大运河 . Geographical Research Center: The Chinese University of Hong Kong, 1970.

———. *Zhongguo dituxue shi* 中国地图学史 . Hong Kong: Shangwu yinshu guan Xianggang fenguan, 1979.

———. "Zhongguo gudai dituxue zhi fazhan" 中国古代地图学之发展 . In *Xianggang Zhongwen Daxue Zhongguo Wenhua Yanjiusuo xuebao* 8 (1976): 131-168.

———. *Zhongguo wenhua dili* 中国文化地理 . Beijing: Sanlian shu dian, 1983.

行万里路：宋代的旅行与文化

Cheng Minsheng 程民生 . "Lun Songdai de liudong renkou wenti" 论宋代的流动人口问题 . *Xueshuyuekan* 38, no. 7 (2006): 136-143.

——. *Songdai diyu wenhua* 宋代地域文化 . Keifeng: Henan daxue chubanshe, 1997.

Cheung, Alice W. "Poetry, Politics, Philosophy: Su Shih as the Man of the Eastern Slope." *Harvard Journal of Asiatic Studies* 53，no. 2 (1993): 325-387.

Chia, Lucille. *Printing for Profit: the Commercial Publishers of Jianyang, Fujian (11th to 17th Centuries).* Cambridge, MA: Harvard East Asia Center, 2002.

Chu, Tung-tsu. *Local Government in China under the Ch'ing.* Stanford: Stanford University Press, 1961.

Clark, Hugh R. *Portrait of a Community: Society, Culture, and the Structures of Kinship in the Mulan* River *(Fujian) from the Late Tang through the Song.* Hong Kong: The Chinese University Press, 2007.

Dardess, John. *A Ming Society: Tai-ho County, Kiangsu, Fourteenth to Seventeenth Centuries.* Berkeley: University of California Press, 1997.

Davis, Edward L. *Society and the Supernatural in Song China.* Honolulu: University of Hawai'i Press, 2001.

Davis, Richard L. *Court and Family in Sung China, 960-1279: Bureaucratic Success and Kinship Fortunes for the Shih of Mingchou.* Durham: Duke University Press, 1986.

De Bary, W. T. , and John Chaffee, eds. *Neo-Confucian Education: The Formative Stage.* Berkeley: University of California Press, 1989.

Deng Guangming 邓广铭 . *Xin Qiji zhuan* 辛弃疾传 . Beijing: Sanlian shudian, 2007.

Deng Hongbo 邓洪波 . *Zhongguo shuyuan shi* 中国书院史 . Taipei: Taiwan daxue chubanshe, 2005.

Deng Xiaonan 邓小南 . *Keji, zige, kaocha: Tang Song wenguan kaohezhidu cetan* 课绩，资格，考察：唐宋文官考核制度侧谈 . Zhengzhou: He'nan Daxiang chubanshe, 1997.

——. *Songdai wenguan xuanren zhidu zhu cengmian* 宋代文官选任制度诸层面 . Shijiazhuang: Hebei jiaoyu chubanshe, 1993.

De Weerdt, Hilde. *Competition over Content: Negotiating Standards for the Civil Service Examinations in Imperial China.* Cambridge, MA: Harvard East Asia Center, 2007.

——. "What Did Su Che See in the North? Publishing Laws, State Security, and Political Culture in Song China." *ToungPao: Internationa Journal of Chinese Studies* 9，no. 4-5 (2006): 466-494.

Ding Yonghuai 丁永淮 . "Su Shi Huangzhou huodong nianyue biao" 苏试黄州活动

年月表. In *Dongpo Yanjiu luncong* 东坡研究论丛, 244-257. Chengdu: Sichuan renmin chubanshe, 1986.

Dott, Brian R. *Identity Reflection: Pilgrimages to Mount lax in Late Imperial China.* Cambridge, MA: Harvard University Asia Center, 2005.

Du Yongtao. "Locality, Identity, and Geography: Translocal Practices of Huizhou Merchants in Late Imperial China." Ph. D. diss., University of Illinois, Urbana-Champaign, 2006.

Dudbridge, Glen. "Women Pilgrims to Tai Shan." In *Pilgrims and Sacred Sites in China,* edited by Susan Naquin and Chun-fang Yu, 39-64. Berkeley: University of California Press, 1992.

Durrant, Stephen W. *The Cloudy Mirror: Tension and Conflict in the Writings of Sima Qian* Albany: State University of New York Press, 1995.

Ebrey, Patricia Buckley. *Accumulating Cuture: the Collections of Emperor Huizong.* Seattle: University of Washington Press, 2008.

——. *The Aristocratic Families of Early Imperial China, a Case Study of the Poling*s TS'i *Family.* Cambridge: Cambridge University Press, 1978.

——. *Chinese Civilization, A Sourcebook.* New York: Free Press, 1993.

——. "The Dynamics of Elite Domination in Sung China." *Harvard Journal of Asiatic Studies* 48, no. 2 (1988): 493-519.

——. *Family and Property in Sung China: Yuan Ts'ai's Precepts for Social Life.* Princeton: Princeton University Press. 1984.

——. *The Inner Quarters, Marriage and the Lives of Chinese Women in the Sung Period.* Berkeley: University of California Press, 1993.

——. "The Social and Economic History of Later Han." In *The Cambridge History of China, The Ch'in and Han Empires, 221BC-AD220,* vol. 1, edited by Dennis Twitchett and Michael Loewe, 608-648. Cambridge: Cambridge University Press, 1995.

Ebrey, Patricia, and Maggie Bickford. *Emperor Huizong and Late Northern Song China: The Politics of Culture and the Culture of Politics.* Cambridge, MA: Harvard Asia Center, 2006.

Egan, Ronald C. *The Problem of Beauty, Aesthetic Thought and Pursuits in Northern Song Dynasty China.* Cambridge, MA: Harvard University Asia Center, 2006.

——. *Word, Image, and Deed in the Life of Su Shi.* Cambridge, MA: The Council on East Asian Studies, Harvard University and the Harvard-Yenching Institute, 1994.

Elman, Benjamin. *A Cultural History of Civil Examinations in Late Imperial China.* Berkeley: University of California Press, 2000.

　　　　　　　　　行万里路：宋代的旅行与文化

Elvin, Mark. *The Pattern of the Chinese Past.* Stanford: Stanford University Press, 1973.

Esherick, Joseph W. , and Mary Backus Rankin, eds. *Chinese Local Elites and Patterns of Dominance.* Berkeley: University of California Press, 1990.

Fang Hao 方豪 . "Songdai fojiao dui lüyou zhi gongxian" 宋代佛教对旅游之贡献 . In *Songshiyanjiujiy di baji* 宋史研究集 , 第八集 , edited by Songshi yanjiu hui, 171-206. Taipei: Zhonghua congshu biancuan weiyuanhui, 1976.

——. "Songdai heliu zhi qianxi yu shuili gongcheng" 宋代河流之迁徙与水利工程 . In *Songshi yanjiu ji, di erji* 宋史研究集，第二集 , edited by Songshi yanjiu hui, 255-282. Taipei: Zhonghua congshu biancuan weiyuanhui, 1964.

Faure, Bernard. "Relics and Flesh Bodies." In *Pilgrims and Sacred Sites in China,* edited by Susan Naquin and Chun-fang Yu, 150-189. Berkeley: University of California Press, 1992.

Fu Lehuan 傅乐焕 . "Songren shi Liao yulu xingcheng kao" 宋人使辽语录行程考 . In *Liaoshi congkao* 辽史丛考 , edited by Fu Lehuan, 1-28. Beijing: Zhonghua shuju, 1984.

Fu Mingshan 傅明善 ."Jin bainian lai Lu You yanjiu zongshu" 近百年陆游研究综述 . *Zhongguoyunwen xuekan,* no. 1 (2001): 27-31.

Fu Xuancong 傅璇琮，and Kong Fanli 孔凡礼 . "Lu You yu Wang Yan de Hanzhong jiaoyou" 陆游与王炎的汉中交游 . *Hangzhou shifanxueyuanxuebao,* no. 5 (1995): 1-7.

Fuller, Michael *A The Road to East Slope: The Development of Su Shi's Poetic Voice.* Stanford: Stanford University Press, 1990.

Gan Huaizhen 甘怀真 . "Tangdai guanren de huanyou shenghuo" 唐代官人的宦游生活：以经济生活为中心 . In *Di er jie tangdai wenhua yantaohui lunwenji* 第二届唐代文化研讨会论文集 , edited by Zhongguo Tangdai xuehui, 39-60. Taipei: Xuesheng shuju, 1995.

Gao Rong 高荣 . "Ben shiji Qin Han youyi zhidu yanjiu zongshu" 本世纪秦汉邮驿制度研究综述 . *Zhongguoshiyanjiu dongtai,* no. 6 (1999): 2-10.

Gerritsen, Anne. "Friendship through Fourteenth-Century Fissures." In *Male Friendship in Ming China,* edited by Martin Huang, 34-68. Leiden: Brill, 2007.

——, *Ji, an Literati and the Local in Song-Yuan-Ming China.* Leiden: Brill, 2007.

Gimello, Tobert. "Chang Shang-ying on Wu-t'ai Shan." In *Pilgrims and Sacred Sites in China,* edited by Susan Naquin and Chun-fang Yu, 89-149. Berkeley: University of California Press, 1992.

Ginsberg, Stanley Mervyn. "Alienation and Reconciliation of a Chinese Poet: The Huangzhou Exile of Su Shi." Ph. D. diss. , University of Washington, 1974.

Golas, Peter J. "The Courier-Transport System of the Northern Sung." In *Papers on China from Seminars at Harvard University,* 1-22. Cambridge, MA: East Asian Research Center, Harvard University, 1966.

Grant, Beata. *Mount Lu Revisited: Buddhism in the Life and Writing of Su Shi.* Honolulu: University of Hawaii Press, 1994.

Guo Dongxu 郭东旭. *Songdai fazhi yanjiu* 宋代法制研究. Baoding: Hebei daxue chubanshe, 1997.

Guo Guang 郭光. *Lu You zhuan* 陆游传. Zhengzhou: Zhongzhou shuhuashe, 1982.

Halperin, Mark Robert. *Out of the Cloister: Literati Perspectives on Buddhism in Sung China, 960-1279.* Cambridge, MA: Harvard University Asia Center, 2006.

Hansen, Valerie. *Changing Gods in Medieval China, 1127-1276.* Princeton: Princeton University Press, 1990.

Hardy, Grant. *Worlds of Bronze and Bamboo, Sima Qian's Conquest of History.* New York: Columbia University, 1999.

Hargett, James M. *On the Road in Twelfth Century China, the Travel Diaries of Fan Chengda (1126—1193).* Stuttgart: Franz Steiner Verlag Wiesbaden GMBH, 1989.

——. "Preliminary Remarks on the Travel Records of the Song Dynasty (960-1279)" *Chinese Literature: Essays, Articles, Reviews* 7, no. 1-2 (1985): 67-93.

——. *Riding the River Home, A Complete and Annotated Translation of Fan Chengda's (1126-1193) Diary of a Boat Trip to Wu (Wuchuan lu).* Hong Kong: The Chinese University of Hong Kong Press, 2008.

——. "Song Dynasty Local Gazetteers and Their Place in the History of *Difangzhi* Writing." *Haryard Journal of Asiatic Studies* 56, no. 2 (1996): 405-442.

——. *Stairway to Heaven: A Journey to the Summit of Mount Emci.* Albany: State University of New York Press, 2007.

Hartman, Charles. "The Inquisition against Su Shih: His Sentence as an Example of Sung Legal *Practiced Journal of American Oriental Society* 113, no. 2 (1993): 228-243.

——. "Poetry and Politics in 1079: The Crow Terrace Poetry Case of Su Shih." *Chinese Literature: Essays, Articles, Reviews* 12 (1990): 15-44.

Hartwell, Robert. "Demographic, Political, and Social Transformations in China, 750-1550." *Harvard Journal of Asiatic Studies* 42, no. 2 (1982): 365-442.

He Zhongli 何忠礼. *Keju yu Songdai shehui* 科举与宋代社会. Beijing: Shangwu yinshu-guan, 2006.

Herbert, P. A. *Examine the Honest, Appraise the Able.* Canberra: Australian National University Faculty of Asian Studies, 1988.

Hibbert, Christopher. *The Grand Tour*. London: Thames Methuen, 1987.

Ho, Ping-ti 何炳棣. *The Ladder of Success in Imperial China: Aspects of Social Mobility, 1368-1911*. New York: Columbia University Press, 1962.

Hollander, Paul. *Political Pilgrims: Travels of Western Intellectuals to the Soviet Union, China, and Cuba, 1928-1978*. Lanham, MD: University Press of America, 1990.

Holzman, Donald. *Landscape Appreciation in Ancient China and Early Medieval China: The Birth of Landscape Poetry*. Hsin-chu: National Tsing Hua University, 1996.

Hou Naihui 侯迺慧. *Tang Song shiqi de gongyuan wenhua* 唐宋时期的公园文化. Taipei: Dongda tushu gufen youxian gongsi, 1997.

Huang Chunyan 黄纯艳. "Lun Songdai de gongyongqian" 论宋代的公用钱. *Yunnan she hui kexue*, no. 4 (2002): 76-81.

Huang Kuanzhong 黄宽重. "Renji wangluo, shehui wenhua huodong yu lingxiu diwei de jianli—yi Songdai Siming Wangshi jiazu wei zhongxin de kaocha" 人际网络，社会文化活动与领袖地位的建立—以宋代四明汪氏家族爲中心的考察. *Tawan daxuelishixuebao* 24，no. 4 (Dec. 1999): 225-256.

——. "Songdai Siming shizu renji wangluo yu shehui wenhua huodong—yi Loushi jiazu wei zhongxin de kaocha" 宋代四明士族人际网络与社会文化活动—以楼氏家族爲中心的考查. *Zhongyang yanjiuyuan lishi yuyan yanjiusuo jikan* 30, no. 3 (Sept. 1999): 627-669.

Huang, Martin. "Introduction." *Male Friendship in Ming China*, edited by Martin Huang. Leiden: Brill, 2007.

——. "Male Friendship and Jiangxue." In *Male Friendship in Ming China*, edited by Martin Huang, 146-179. Leiden: Brill, 2007.

Huang Minzhi 黄敏枝. "Song Yuan fojiao de jiedai an yuan" 宋元佛教的接待庵院. *Qinghua xucbao* 27, no. 2 (June 1997): 151-199.

Hucker, Charles. *A Dictionary of Official Titles in Imperial China*. Stanford: Stanford University Press, 1986.

Hymes, Robert. "Marriage, Descent Groups, and the Localist Strategy." In *Kinship Organization in Late Imperial China*, edited by Patricia Ebrey and James Watson, 95-136. Berkeley: University of California Press, 1986.

——. *Statesmen and Gentlemen, the Elite of Fu-chou, Chiang-hsi in Northern and Southern Sung*. Cambridge: Cambridge University Press, 1986.

Idema，Wilt L. "The Pilgrimage to Taishan in the Dramatic Literature of the Thirteen and Fourteen Centuries." *Chinese Literature: Essays, Articles,* Reviews 9 (1997): 23-57.

Inglis, Alister D. *Hong Mai's Record of the Listener and Its Song Dynasty Context.*

Albany: State University of New York Press, 2006.

Ji Xiao-bin. *Politics and Conservatism in Northern* Song China, *the Career and Thought of Sima Guang*. Hong Kong: The Chinese University Press, 2005.

Ji Zhenhuai 季镇淮 . *Sima Qian* 司马迁 . Shanghai: Shanghai renmin chubanshe, 1955.

Jiang Shaoyuan 江绍原 . *Gudai luxingyanjiu* 古代旅行研究 . Taipei: Dongfang wenhua shuju, 1985.

Jiang Xiaoqun 江小群 , and Hu Xin 胡欣 . *Zhongguo dilixue shi* 中国地理学史 . Taipei: Wenjin chubanshe, 1995.

Jin Qiupen 金秋鹏 . *Zhongguo gudai de zao chuan he hanghai* 中国古代的造船和航海 . Beijing: Zhongguo qingnian chubanshe, 1985.

Jin Zhongshu 金中福 . "Songdai keju zhidu yanjiu" 宋代科举制度研究 . In *Songshi yanjiu ji, di shier ji* 宋史研究集，第十二集 , edited by Songshi yanjiu hui, 31-112. Taipei: Zhonghua congshu bianzhuan weiyuanhui, 1980.

——. "Songdai keju zhidu yanjiu" 宋代科举制度研究 . In *Songshi yanjiu ji, di shiyiji* 宋史研究集，第一集，edited by Songshi yanjiu hui, 1-71. Taipei: Zhonghua congshu bianzhuan weiyuanhui, 1979.

Johnson, David G. *The Medieval Chinese Oligarchy*. Boulder: Westview Press, 1977.

Kong Fanli 孔凡礼 . *Fan Chengda yizhu jicun* 范成大佚著辑存 . Beijing: Zhonghua shuju, 1983.

——. *Su Shi nianpu* 苏轼年谱 . Beijing: Zhonghua shuju, 1998.

Kracke, Edward A., Jr. *Civil Service in Early Sung China, 960-1067, with Particular Emphasis on the Development of Controlled Sponsorship to Foster Administrative Responsibility*. Cambridge, MA: Harvard University Press, 1953.

——. "Family Versus Merit in Chinese Civil Service Examinations." *Harvard Journal of Asiatic Studies* 10，no. 2 (1947): 103-123.

Kuhn, Philip A. *Soulstcalers: The Chinese Sorcery Scare of 1768*. Cambridge, MA: Harvard University Press, 1990.

Lagerwey, John. "The Pilgrimage to Wu-tang Shan." In *Pilgrims and Sacred Sites in China,* edited by Susan Naquin and Chun-fang Yu, 293-332. Berkeley: University of California Press, 1992.

Lam, Joseph S. C. "Music and Male Bonding in Ming China." In *Male Friendship in Ming China,* edited by Martin Huang, 70-110. Leiden: Brill, 2007.

Lao Gan 劳干 . "Lun Handai zhi luyun yu shuiyun" 论汉代之陆运与水运 . *Bulletin of the Institute of History and Philology* 16 (1947): 69-91.

Lee，Thomas H. C. *Government Education and Examination in Sung China*. Hong Kong: Chinese University Press, 1985.

　　　　　　　　　　　　　　　　　　　　行万里路：宋代的旅行与文化

——. "Life in the Schools of Sung *China.*" *Journal of Asian Studies* 37, no. 1 (1977): 45-60.

Levine, Ari Daniel. *Divided by a Common Language, Factional Conflict in Late Northern Song China, 1044-1104.* Honolulu: University of Hawai'i Press, 2008.

——. "Terms of Estrangement: Factional Discourse in the Early Huizong Reign, 1100-1104." In *Emperor Huizong and Late Northern Song China: The Politics of Culture and the Culture of Politics,* edited by Patricia Ebrey and Maggie Bickford, 131-171. Cambridge, MA: Harvard Asia Center, 2006.

Li, Feng. *Landscape and Power in Early China.* Cambridge: Cambridge University Press, 2006.

Liang Ken-yao 梁庚尧. "Nan Song shangren de luxing fengxian" 南宋商人的旅行风险. *Yanjingxuebao 22* (2007): 99-131.

Lin Liping 林立平. "Tang Song zhi ji chengshi ludian ye chutan" 唐宋之际城市旅店业初探. *Jinan daxue xuebao* 15, no. 2 (1993): 82-90.

Lin Ruihan 林瑞翰. "Songdai bianjun zhi mashi ji ma zhi gangyun" 宋代边郡之马市及马之纲运. In *Songshi yanjiu ji, di shiyi ji* 宋史研究集，第十一集，edited by Songshi yanjiu hui, 125-146. Taipei: Zhonghua congshu bianzhuan weiyuanhui, 1979.

——. "Songdai keju kao" 宋代科举考. In *Songshi yanjiu ji, di shiliu ji* 宋史研究集，第十六集，edited by Songshi yanjiu hui, 127-154. Taipei: Zhonghua congshu bianzhuan weiyuanhui, 1986.

Lin Tianwei 林天蔚. "Songdai gongshiku, gongshiqian yu gongyongqian jian de guanxi" 宋代公使库，公使钱与公用钱间的关系. In *Songshiyanjiuji di qiji* 宋史研究集，第七集，edited by Songshi yanjiu hui, 407-440. Taipei: Zhonghua congshu bianzhuan weiyuanhui, 1974.

Lin Wenxun 林文勋，and Gu Gengyou 谷更有. *Tang Song xiangcun shehui liliang yu jiceng kongzhi* 唐宋乡村社会力量与基层控制. Kunming: Yunnan daxue chubanshe, 2005.

Liu Fusheng 刘复生. "Songdai guangma yiji xiangguan wenti" 宋代广马以及相关问题. *Zhongguoshiyanjiu,* no. 3 (1995): 85-93.

Liu, Guanglin. "Wrestling for Power, the State and the Economy in later Imperial China, 1000-1770." Ph. D. diss., Harvard University, 2005.

Liu, James T. C. *China Turning Inward.* Cambridge, MA: Harvard University Council on East Asian Studies, 1988.

Liu Lifu 刘立夫. "Lun Songdai rongguan zhi chengyin" 论宋代冗官之成因. *Huazhong ligongdaxuexuebao,* no. 3 (1997): 44-48.

Liu Wenpeng 刘文鹏. *Qingdai yichuan jiqi yu jiangyu xingchengguanxi zhi yanjiu* 清

代驿传及其与疆域形成关系之研究 . Beijing: Zhonguo renmin daxue chubanshe, 2004.

Liu Zehua 刘泽华, Liu Hongtao 刘洪涛, and Li Ruilan 李瑞兰 . *Shiren yu shehui, xianqin juan* 士人与社会，先秦卷 . Tianjin: Tianjin renmin chubanshe, 1988.

Lo，Winston W. *An Introduction to the Civil Service of Sung China, with Emphasis on Its Personnel Administration.* Honolulu: University of Hawaii Press, 1987.

Loewe, Michael. *Everyday Life in Early Imperial China.* Cambridge: Hackett Publishing Company, 2005.

Lorge, Peter. "The Great Ditch of China and the Song-Liao Border." In *Battlefronts Read and Imagined,* edited by Don J. Wyatt, 59-73. New York: Palgrave Macmillan, 2008.

Luo Chuandong 罗传栋 . *Changjianghangyun shi (gudai bufen)* 长江航运史（古代部分）. Beijing: Renmin jiaotong chubanshe, 1991.

Ma Xingrong 马兴荣 . "Du Su Shi Huangzhou shiqi de ci" 读苏轼黄州时期的词 . In *Dongpo yanjiu luncong* 东坡研究论丛，106-113. Chengdu, Sichuan: Sichuan renmin chubanshe, 1986.

Ma Zhenglin 马正林 . *Zhongguo lishi dili jianlun* 中国历史地理简论 . Xi'an: Shanxi renmin chubanshe, 1987.

Mann, Susan. "Introduction" to AHR Forum on "The Male Bond in Chinese History and Culture." *The American Historical* Review 106，no. 5 (2000): 1600-1614.

——. *The Talented Women of the Zhang Family.* Berkeley: University of California Press, 2007.

——. "The Virtue of Travel for Women in the Late Empire. " In *Gender in Motion, Divisions of Labor and Cultural Change in Late Imperial and Modern China,* edited by Bryna Goodman and Wendy Larson, 55-74. Lanham, MD: Rowman and Littlefield, 2005.

McDermott, Joseph. "Friendship and Its Friends in the Late Ming." In *Jinshijiazu yuzheng-zhi bijiao lishi lunwenji,* edited by Zhongyang yanjiuyuan jindaishi yanjiusuo, 67-96. Taipei: Zhongyang yanjiuyuan jindaishi yanjiusuo, 1992.

McGrath, Michael C. "Frustrated Empires: The Song-Tangut Xia War of 1038-1044. In *Battlefronts Read and Imagined,* edited by Don J. Wyatt, 151-190. New York: Palgrave Macmillan, 2008.

McKnight, Brian E. *Law and Order in Sung China.* Cambridge: Cambridge University Press, 1992.

——. *Village and Bureaucracy in Southern Sung China.* Chicago: University of Chicago Press, 1971.

———、and James T. C. Liu, trans. *The Enlightened Judgments of Ch'ing-ming Chi, The Song Dynasty Collection* Albany: State Univerisity of New York Press, 1999.

Mei Xinlin 梅新林 and Yu Zhanghua 俞樟华. *Zhongguo youji wcnxue shi* 中国游记文学史. Xuelin chubanshe, 2004.

Meyer-Fong, Tobie. *Building Culture in Early Qing Yangzhou.* Stanford: Stanford University Press, 2003.

Miao Chunde 苗春德. *Songdai jiaoyu* 宋代教育. Kaifeng: Henan daxue chubanshe, 1992.

Miao Shumei 苗书梅. "Songdai guanyuan huibi fa shulun" 宋代官员回避法述论. *Henan daxue xuebao* 31, no. 1 (1991): 24-30.

———. *Songdai guanyuan xuanren yu guanli zhidu* 宋代官员选任与管理制度. Kaifeng: Henan daxue chubanshe, 1996.

Mo Lifeng 莫砺锋. "Du Lu You *Ru Shu ji* zhaji" 读陆游入蜀记札记. *Wenxueyichan,* no. 3 (2005): 16-27.

Mostern, Ruth A. "Apprehending the Realm: Territoriality and Political Power in Song China, 960-1276." Ph. D. diss. , University of California, Berkeley, 2003.

———. "From Battlefields to Counties: War, Border, and State Power in Southern Song Huannan." In *Battlefronts Read and Imagined,* edited by Don J. Wyatt, 227-252. New York: Palgrave Macmillan, 2008.

Mote, Frederick W. *Intellectual Foundations of China.* 2d edition. New York: McGraw-Hill, 1989.

Murck, Alfreda. "The Eight Views of Xiaoxiang and the Northern Song Culture of Exiled." *Journal of Sung Yuan Studies* 26 (1996): 113-144.

Naquin, Susan, and Chun-fang Yu, eds. *Pilgrims and Sacred Sites in China.* Berkeley: University of California Press, 1992.

Neskar, Ellen G. "The Cult of Worthies: A Study of Shrines Honoring Local Confu-cian Worthies in the Sung Dynasty (960-1279)." Ph. D. diss. , Columbia University, 1993.

Nie Shiqiao 聂石樵. *Sima Qian lungao* 司马迁论稿. Beijing: Beijing shifan daxue chubanshe, 1986.

Ong, Chang Woei. Men *of Letters Within the Passes: Guanzhong Literati in Chinese History, 907—1911.* Cambridge, MA: Harvard University Asia Center, 2008.

Owen, Stephen. *Rcmembrance: The Experience of the Past in Classical Chinese Literature.* Cambridge, MA: Harvard University Press, 1986.

Peng Yingtian 彭瀛添. "Liang Song de youyi zhidu" 两宋的邮驿制度. *Shixue huikan* 8 (1977): 111-220.

Plutschow, Herbert. "Some Characteristics of Medieval Japanese Travel Diaries." In

Transactions of the International Conference of Orientalists in Japan 20 (1975): 54-71.

Qi Zhiping 齐治平. *Lu You zhuanluc 陆游传略*. Beijing: Zhonghua shuju, 1960.

Qiu Minggao 丘鸣皋. *Lu You pingzhuan 陆游评传*. Nanjing: Nanjing daxue chubanshe, 2002.

Quan Hansheng 全汉升. "Songdai guanli zhi siying shangye" 宋代官吏之私营商业. *Zhongyangyanjiuyuan lishi yuyan yanjiusuo jikan* 7, no. 2 (1936): 199-254.

———. *Tang song diguo yu yuehe* 唐宋帝国与运河. Taipei: Guoli zhongyang yanjiuyuan lishi yuyan yanjiusuo zhuankan, 1956.

Rao Xuegang 饶学刚. *Su Dongpo zai Huangzhou* 苏东坡在黄州. Beijing: Jinghua chubanshe, 2000.

Reischauer, Edwin O. *Ennin's Travels in Tang China*. New York: The Ronald Press Company, 1955.

Rowe, William T. *Hankow: Commerce and Society in a Chinese City, 1796-1889*. Stanford: Stanford University Press, 1984.

———. *Hankow: Conflict and Community in a Chinese City, 1796-1895*. Stanford: Stanford University Press, 1989.

———. "Success Stories: Lineage and Elite Status in Hanyang County, Hubei, c.1368-1949." *Chinese Local Elites and Patterns of Dominance,* edited by Joseph W. Esherick and Mary Backus Rankin, 51-81. Berkeley: University of California Press, 1990.

Rudolph, Deborah. "The Power of Places: A Northern Sung Literatus Tours the Southern Suburbs of Ch'ang-an. " Journal *of the American Oriental Society* 114, no. 1 (1994): 11-22.

Schafer, Edward H. *Shore of Pearls*. Berkeley: University of California Press, 1970.

Schmidt, J. D. *Stone Lake, the Poetry of Fan Chengda (1126-1193)*. Cambridge, MA: Harvard University Press, 1992.

Shen Qinsong 沈勤松. *Bei Song wenren yu dangzheng* 北宋文人与党争. Beijing: Renmin chubanshe, 1998.

Shi Nianhai 史念海, and Cao Erqin 曹尔琴. *You chengnan ji jiaozhu* 游城南记校注. Xi'an: Sanqin chubanshe, 2003.

Shiba Yoshinobu. *Commerce and Society in Sung China*. Translated by Mark Elvin. Ann Arbor: Center for Chinese Studies Publications, University of Michigan, 1970.

Smith, Paul Jakov. "Introduction: Problematizing the Song-Yuan-Ming Transition." In *The Song-Yuan-ming Transition in Chinese History,* 1-34. Cambridge, MA:

Harvard University Asia Center, 2003.

———. *Taxing Heaven's Storehouse: Bureaucratic Entrepreneurship and the Sichuan Tea and Horse Trade, 1074-1224.* Cambridge, MA: Harvard Unvieristy Press, 1991.

Smith, Paul, and Richard von Glahn, eds. *The Sung-Yuan-Ming Transition in Chinese History.* Cambridge, MA: Harvard University Asia Center, 2003.

Stoye'J. *English Travelers Abroad, 1604-1667.* New Haven: Yale University Press, 1989.

Strassberg, Richard E. *Inscribed Landscapes, Travel Writing from Imperial China.* Berkeley: University of California Press, 1994.

Su, Tongbing 苏同炳. *Mingdai yidi zhidu* 明代驿递制度. Taipei: Zhonghua congshu bian-shen weiyuanhui, 1969.

Tao Jinsheng (Jin-sheng Tao) 陶晋生. *Bei Song shizu, jiazu, hunyin, shenghuo* 北宋士族：家族，婚姻，生活. Taipei: Zhongyang Yanjiu Yuan Lishi Yuyan Yanjiusuo, 2001.

———. "Songdai de Xinchang Shishi jiazu, jiaoyu yu jiazu weichi" 宋代的新昌石氏家族、教育与家族维持. In *Songdai lishi wenhua yanjiu* 宋代历史文化研究, edited by Zhang Qifan 张其凡 and Lu Yongqiang 陆永强, 42-57. Beijing: Renmin chubanshe, 2001.

———. *Two Sons of Heaven, Studies in Song-Liao Relations.* Tucson: University of Arizona Press, 1988.

Teng Ssu yu. *Family Instructions for the Yen Clan, an Annotated Translation* Leiden: E. J. Brill, 1968.

Tomlonovic, Kathleen. "Poetry of Exile and Return, A Study of Su Shi (1037-1101)." Ph. D. diss., University of Washington, 1989.

Tsukahira, Toshio George. *Feudal Control in Tokugawa japan.* Cambridge, MA: Harvard University Press, 1966.

Turner, Victor, and Edith Turner. *Image and Pilgrimage in Christian Culture: Anthropological Perspectives.* New York: Columbia University Press, 1978.

Twitchett, Dennis, and Michael Loewe, eds. *The Cambridge History of China, The Ch'in and Han Empires, 221 B. C.-A. D. 220,* vol. 1. Cambridge University Press, 1995.

Vaporis, Constantine Nomikos. *Breaking Barriers, Travel and the State in Early Modem Japan.* Cambridge, MA: Harvard University Press, 1994.

Wagner, Rudolf G. "Reading the Chairman Mao Memorial Hall in Peking: The Tribulations of the Implied Pilgrim." In *Pilgrims and Sacred Sites in China,* edited by Susan Naquin and Chun-fang Yu, 378-423. Berkeley: University of California Press, 1992.

Walton, Linda. *Academies and Society in Southern Sung China*. Honolulu: University of Hawai'i Press, 1999.

———. "'Diary of a Journey to the North': Lou Yue's *Beixing rilu*." *Journal of Sung-Yuan Studies* 32 (2002): 1-38.

Wang Chengzu 王成祖. *Zhongguo dilixue shi* 中国地理学史. Beijing: Shangwu yinshuguan, 1982.

Wang Deyi 王德毅, ed. "Hong Rongzhai xiansheng nianpu" 洪容斋先生年谱. In *Song-shi yanjiu ji dierji* 宋史研究集，第二辑. Taipei: Zhonghua Congshu bianshen wei yuanhui, 1964.

Wang Fuxin 王福鑫. *Songdai luyou yanjiu* 宋代旅游研究. Baoding: Hebei daxue chubanshe, 2007.

Wang Jing 王静. "Songdai zhongyang keguan zhidu" 宋代中央客馆制度. *Shixueyuekan*, no. 4 (2003): 48-52.

Wang Liqun 王立群. *Zhongguo gudai shanshui youji yanjiu* 中国古代山水游记研究. Kai-feng: Henan daxue chubanshe, 2007.

Wang Liying 王丽英. *Daojiao nanchuan yu lingnan wenhua* 道教南传与岭南文化. Wuhan: Huazhong shifan daxue chubanshe, 2006.

Wang Saishi 王赛时. "Lun Tangdai de zaochuanye" 论唐代的造船业. *Zhongguoshi yanjiu* 2 (1998): 70-78.

Wang Shigang 王士刚. *Changjiang hangdao shi* 长江航道史. Beijing: Renmin jiaotong chubanshe, 1993.

Wang Yongping 王永平. *Zhonggu shiren qianyi yu wenhua jiaoliu* 中古士人迁移与文化交流. Beijing: Shehui kexue wenxian chubanshe, 2005.

Wang Yuji 王玉济. "Bei Song rongbing xi" 北宋冗兵析. *Shixue*, no. 2 (1989): 38-43.

Ward, Julian. *Xu Xiake, the Art of Travel Writing*. Richmond: Curzon, 2001.

Warneke, Sara. *Images of the Educational Traveler in Early Modern England*. Leiden: E. J. Brill, 1995.

Watson, Burton, trans. *The Old Man Who Does As He Pleases*. New York: Columbia University, 1973.

Wen Changping 文畅平. "Songdai rongguan xianxiang de xingchengjiqi yuanyin" 宋代冗官现象的形成及其原因. *Hengyangshizhuan xuebao*, no. 2 (1999): 62-64.

Wu Haitao 吴海涛. "Beisong shiqi Bianhe de lishi zuoyong jiqi zhili" 北宋时期汴河的历史作用及其治理. *Anhui daxue xuebao*, no. 3 (2003): 101-105.

Wujianlei 吴建磊. "Beisong Bianhe de caoyun" 北宋汴河的漕运. *Zhongzhou jingo*, no. 6 (2002): 19-20.

Wu Renshu 巫仁恕. "Mingdai shidafu yu jiaozi wenhua" 明代士大夫与轿子文化.

Zhongyang yanjiuyuan jindaishi yanjiusuo jikan 38 (Dec. 2002): 1-69.

——. "Qingdai shidafu de luyou huodong yu lunshu: Yi Jiangnan wei taolun zhongxin" 清代士大夫的旅游活动与论述—以江南为讨论中心. *Zhongyangyanjiuyuan jindau shi yanjiusuo jikan* 50 (Dec. 2005): 235-285.

——. "Wan Ming de luyou huodong yu xiaofei wenhua: yi Jiangnan wei taolun zhongxin" 晚明的旅游活动与消费文化—以江南为讨论中心. *Zhongyang yanjiuyuan jindaishi yanjiusuo jikan* 41 (Sept. 2003): 87-143.

Wu, Silas H. L. *Communication and Imperial Control in China.* Cambridge, MA: Harvard University Press, 1970.

Wu Tao 吴涛. *Bei Song duchetig Kaifeng* 北宋都城开封. Kaifeng: Henan daxue chubanshe, 1984.

Wu Yating 吴雅亭. "Yidong de fengmao: Songdai luxing huodong de shehui wenhua neihan" 移动的风貌：宋代旅行活动的社会文化内涵. Ph. D. diss., Taiwan daxue, 2007.

Wyatt, Don J. ed. *Battlcfronts Read and Imagined.* New York: Palgrave Macmillan, 2008.

——. "Introduction" to *Battlefronts Read and Imagined,* edited by Don J. Wyatt, 1-9. New York: Palgrave Macmillan, 2008. 1999.

——, Yang Xi 杨僖, and Tang Xiren 唐锡仁 *Zhongguo keji shi, jiaotong bufen* 中国科技史，交通部分. Beijing: Kexue chubanshe, 2004.

Xia Chengtao 夏承焘. *Xin Qiji* 辛弃疾. Shanghai: Zhonghua shuju, 1962.

Xiao Li 肖黎. Sima *Qian pingzhuan* 司马迁评传. Changchun: Jilin wenshi chubanshe, 1986.

Xu Dongsheng 徐东升. "Songdai nongmin liudong yu jingji fazhan" 宋代农民流动与经济发展. *Zhongguo shehui jingjishi yanjiu,* no. 1 (1999): 8-14.

Xu, Yinong. *The Chinese City in Space and Time.* Honolulu: University of Hawai'i Press, 2000.

YanGengwang 严耕望 *Tangdaijiaotongtukao* 唐代交通图考. Taipei: Zhongyang yanjiuyuan lishi yuyan yanjiusuo zhuankan, 1985.

Yanjie 严杰. *OuyangXiu nianpu* 欧阳修年谱. Nanjing: Nanjing chubanshe, 1993.

Yang Xiao'ai 杨晓霭. "'Weicheng qu, zai Songdai de gechang yu 'Weicheng ti,'" '渭城曲，在宋代的歌唱与‘渭城体’. *Ningbo daxue xuebao,* no. 5 (2005): 20-26.

Yin Xian 殷宪. "Tangdai bieli shi zhuti laiyi shengfa de yixiang" 唐代别离诗主题赖以生发的意象. *Shanxi daxue xuebao,* no. 3 (1996): 62-65.

You Biao 游彪. *Songdai teshu qunti yanjiu* 宋代特殊群体研究. Beijing: Shangwu yinshu-guan, 2006.

Yu Beishan 于北山. *Fan Chengda nianpu* 范成大年谱. Shanghai: Shanghai guji chubanshe, 1987.

———. *Lu You nianpu* 陆游年谱 . Shanghai: Zhonghua shuju, 1961.

Yu, Chün-fang. "P'u-t'o Shan: Pilgrimage and the Creation of the Chinese Potalaka." In *Pilgrims and Sacred Sites in China,* edited by Susan Naquin and Chun-fang Yu, 190-245. Berkeley: University of California Press, 1992.

Zelin, Madeleine. "The Rise and Fall of the Ru-rong Salt-Yard Elite: Merchant Dominance in Late Imperial China." In *Chinese Local Elites and Patterns of Dominance,* edited by Joseph W. Esherick and Mary Backus Rankin, 82-109. Berkeley: University of California Press, 1990.

Zelinsky, W. "Nationalistic Pilgrimages in the United States." *Geographic Religionum* 5 (1990): 253-267.

Zeng Guangqing 曾广庆 . "Songdai guanyin zhidu lüelun" 宋代官印制度略论 . *Zhongyuan wen wu* no. 5 (2000): 52-58.

Zeng Zaozhuang 曾枣庄 . *Su Shi pingzhuan* 苏轼评传 . Chengdu: Sichuan renmin chubanshe, 1984.

———. "Su Shi yanjiu shixu" 苏轼研究史序 . In *Songdai wenhuayanjiu* 宋代文化研究，vol. 9, edited by Sichuan daxue guji zhengli yanjiusuo and Sichuan daxue Songdai wenhua yanjiu zhongxin. Chengdu: Bashu shushe, 2000.

Zhang, Cong Ellen 张聪 . "Communication, Collaboration, and Community, Inn-wall Writing during the Song (960-1279)." *Journal of Sung Yuan Studies* 35 (2005): 1-27.

———. "Sites, Places, and the Empire: Lu You'Travel on the Yangzi River in Southern Song China." In *Travels and Travelogues in the Middle Ages,* edited by Jean-Francois Kosta-Thefaine. New York: AMS Press, 2009.

Zhang Dake 张大可 . *Sima Qian pingzhuan* 司马迁评传 . Nanjing: Nanjing daxue chubanshe, 1994.

Zhang Jiaju 张家驹 . *Liang Songjingji zhongxin de nanyi* 两宋经济重心的南移 . Wuhan: Hubei renmin chubanshe, 1957.

Zhang Peifeng 张培锋 . *Songdai shidafu foxue yu wenxue* 宋代士大夫佛学与文学 . Beijing: Zongjiao wenhua chubanshe, 2007.

Zhang Wen 张文 . *Songchao minjian cishan huodong yanjiu* 宋代民间慈善活动研究 . Chongqing: Xinan shifan daxue chubanshe, 2005.

Zhao Tiehan 赵铁寒 . "Songdai de taixue" 宋代的太学 . In *Songshi yanjiu ji, diyiji* 宋史研究集，第一集，edited by Songshi yanjiu hui, 317-356. Taipei: Zhonghua congshu biancuan weiyuanhui, 1958.

———. "Songdai de xuexiao jiaoyu" 宋代的学校教育 . In *Songshi yanjiu ji, disiji* 宋史研究集，第四集，edited by Songshi yanjiu hui, 209-238. Taipei: Zhonghua congshu bianzhuan weiyuanhui, 1969.

———. "Songdai de zhouxue" 宋代的州学. In *Songshi yanjiu ji, dierji* 宋史研究集，第二集，edited by Songshi yanjiu hui, 343-362. Taipei: Zhonghua congshu bianzhuan weiyuanhui, 1964.

Zhao Xiaoxuan 赵效宣. *Songdai yizhan zhidu* 宋代驿站制度. Taipei: Lianjing chuban shiye gongsi, 1983.

Zheng Yan 郑炎. *Zhongguo luyou fazhan shi* 中国旅游发展史. Changsha: Hunan jiaoyu chubanshe, 2000.

Zhongguo gudai dilixue shi 中国古代地理学史. Edited by Zhongguo kexueyuan ziran kexueshi yanjiusuo dixueshi zu. Beijing: Kexue chubanshe, 1984.

Zhou Baozhu 周宝珠. *Songdai Dongjing yanjiu* 宋代东京研究. Kaifeng: Henan daxue chubanshe, 1992.

Zhou Yuwen 周愚文. *Songdai de zhouxian xue* 宋代的州县学. Taipei: Guoli bianyi guan, 1996.

Zhu Dongrun 朱东润. Lu *You zhuan* 陆游传. Shanghai: Zhonghua shuju, 1960.

Zhu Jincheng 朱金城. *Bai Juyi nianpu* 白居易年谱. Shanghai: Shanghai guji chubanshe, 1982.

———. *Bai Juyi yanjiu* 白居易研究. Xi'an: Shanxi renmin chubanshe, 1987.

Zhu Ruixi 朱瑞熙. "Songdai guanyuan lipin kuizeng guanli zhidu" 宋代官员礼品馈赠管理制度. *Xueshuyuekan* no. 2 (2001): 52-59.

Zhu Yaoting 朱耀廷 and Gong Bin 巩滨, *Zhongguo gudai youji* 中国古代游记. Beijing: Beijing daxue chubanshe, 2007.

Zito, Angela. *Of Body and Brush: Grand Sacrifice as Text/Pcrformance in 18th Century China*. Chicago: University of Chicago Press, 1997.

Zu Hui 祖慧. "Songdai rongli yiyuan wenti yanjiu" 宋代冗吏溢员问题研究. *Zhongguo shi yanjiu,* no. 4 (1998): 92-100.

Zumdorfer, Harriet T. *Change and Continuity in Chinese Local History: The Development of Hui-chou Prefecture, 800-1800*. Leiden: E. J. Brill, 1989.

索引 *

A

安信可，195、200
《论语》（*Analects*），86、159
安国寺，190、191
安肃，58、59
别试（别头试，Avoidance Examination），
　23、25

B

巴东，157、158、158、注
《巴东集》，158
百里荒，43、53
竹楼（小竹楼），199、200、201
褒禅山，195；王安石到访，159—161
汴河，46、54
笔记，15
兵卒，85
白氏（居易、行简）兄弟，172、173、
　203，亦见白居易、白行简
白居易（772—846），169、188、198；与
　东坡，180；与三游洞，169—171；

亦见白氏兄弟
白行简（775—826），169；与三游洞，
　169—171；亦见白氏兄弟
船舶旅行（boat travel），见水上旅行
　（water travel）
船夫（员）（boatmen），51、53、54、
　55
船只（舶，舟，boat），船只的分派，
　88—91；船只换乘，90；商用，
　48；官用船只，47；运粮船，47；
　运马船，47；用作住宿设施，84；
　船舶的出产量，47；船只的地区变
　化，48—49；四川，48—49；船舶
　的种类和大小，46—47；船舶失事，
　50、54；长江上的船只，48
包弼德（Bol, Peter），13、205
《易经》（*Book of Changes*），86
《书经》（《尚书》，*Book of Documents*），
　86
柏文莉（Bossler, Beverly），5
万里桥，2
佛寺（Buddhist Temples）：佛寺与精
　英旅行者，101、103；作为名胜的
　佛寺，156、157；佛寺与旅游，7

---

* 　本索引页码为原书边码。

C

蔡京（1047—1126），142

蔡絛，142

蔡襄（1012—1067），106、107、108

蔡州，37、58

曹操（155—220），184、186

漕运，47

都亭驿（Capital City Station），亦见官
府客栈

马车（Carriage），8、84、88、93；关
于马车使用的政策，94、98

告身（Certificate of Identity），71、
72、71，注

贾志扬（Chaffee, John），3、26、28

长安，57、156、209

常州，29、38、183

朝集院，78、102

朝谢，73；朝谢的过程，73—76

陈亮（1143—1194），93

程（距离的度量单位），104

程颢（1032—1085），203

程颐（1033—1107），98、203

成都，1、2、49、99、104、109、142、
143；范成大从成都到苏州的旅程，
16、80、85、94、109、123—124、
161；范成大从桂林到成都的旅程，
52、67、99；道路连接，59

怀信驿，102，亦见官府客栈

赤壁，180、184—187；赤壁的名声，
186；苏轼论赤壁，184、186；对赤
壁的探访，186—187

赤鼻，186

池州，73

重阳，2

滁州（在今安徽），37

楚州（在今江苏），89

处州（在今浙江），81

《庆元条法事类》，作为史料，14、70；
所包含的旅行政策，79、84、85、
89、93—94、106、135、141

《宋会要》，14、70

《剑南诗稿》，96、100

《渭南文集》，207

《巴东集》，158

《樊川集》，201

《小畜集》，201

《全宋文》，14、15

孔子（前551—479），159

D

大梁，118

澹山，167—169，亦见名胜

单骑，94，也见马匹

儋州，182、183

道士（道教僧侣，道教徒），7、24、
113、131

道州，60

邓州（在今河南），37

登州（在今山东），57、58、183

《吴船录》，1、16、204

地方志（local gazetteers），6、179、181、
204、205

地理书，204

定林寺，194

东坡（East Slope），184；白居易与东
坡，180；苏轼与东坡，188

驴，88、93、89注；骑驴的含义，96—
97；驴的使用，95—97

重九节，2

梦：仕途/人生如梦，117、15、202；
梦到死亡，83；梦中的神灵，54、
25注；梦到朋友，134；梦见杜牧，

201；梦见苏轼，196、197；梦到王
禹偁，201

杜甫（712—770），96、157、175、197

杜牧（牧之，803—852），189、199、
203；杜牧在黄州，199—201

E

东汉（25—220），30、97

东周（前770—前255），20

伊佩霞（Ebrey，Patricia），3、92

精英旅行（Elite Travel），1—14、19、
24—27；与历史的关系，11、167—
175；作为文化朝圣者，10、167—
175、184—191；精英旅行的文化
意义，3、158—179；直接的体验，
48—50、162—167；题记（词）论
及精英旅行者，4、11、158—167；
与精英认同的关系，6、8、10、11、
16、207—210；精英旅行与精英社
交生活，111—127、130—135；精
英旅行的频率与广泛程度，1—3、
6、19—20、21、25、29—35、42；
历史上的精英旅行，20—22；精英
旅行者与地方东道主之间的互动，
132—138；精英旅行与知识和学问
长进的关系，45、165—167、174；
精英旅行的语言，8—9；精英旅行
与文学，113—118、134；精英旅行
与地方管理经历，30、135；精英
旅行与地方史，3、4、6、11、13—
14、181、190—206、209—210；精
英旅行与地方记忆和地方认同的关
系，11、16、181、202—206；精英
旅行与品德修养，138—162；精英
旅行与非精英旅行，6—8；迁移的
类型，19、29—30；精英旅行与

观光，158—167、180—206；精英
旅行与社会文化整合，3、4、11、
12—14、209—210；精英旅行的社
会意义，3、6、7、10、111—129、
130—134；作为地位的标志，3、4、
6、9、11、112、207—210；亦见名胜，
地方认同，地方记忆，朝圣者，朝
圣之旅，旅行

伊懋可（Elvin，Mark），44

峨眉（山），164、169；范成大访峨眉，
94、123、134、161—162、176—
177；亦见名胜

圆仁（Ennin），57、59

科举考试制度（examination system），
4注、23；科举考试制度的吸引力，
3—5；官府对举子的帮助，101、
108；科举与文学，4—5、21；与
非定居者/别试，23；应考人数，
25—26；应考与友谊，117—118、
122；科举与旅行，3—5、9、20、
24—26。亦见精英旅行，旅行

贬谪（exile），202、203、204，23注；
贬谪与党政，20、34；贬谪与名胜，
12、157；范仲淹的贬谪，120—
121；胡铨的贬谪，34、121；黄庭
坚的贬谪，90、106；寇準的贬谪，
60；柳宗元的贬谪，168—169；
苏轼的贬谪，75、95、190—184、
202；贬谪的待遇，75、90、106、
120—121；张舜民的贬谪，121。
亦见党争

历子（Experience Paper，或叫历纸、
印历和印纸），72

鄂州，48、49、56、100、104，亦见
武昌

行万里路：宋代的旅行与文化

F

党争（factionalism），5、20、34、36、71、161、195。亦见贬谪

名胜（famous sites），8、10、11；名胜的修建与维护，192—199；名胜的特点，155—158；名胜之间的竞争，200—202；名胜的分布，12，157；作为名胜的东坡—雪堂，188—191；名胜的等级，200—202；地方精英在名胜维护中的作用，192—199；苏轼在黄州的遗迹，181—184；亦见（小）竹楼、褒禅山、澹山、东坡、精英旅行、峨眉山、三游洞、瞻仪堂、黄州、朝圣之旅、朝圣者、赤壁、华山洞、泰山、旅游

范成大（1126—1193），1、93、113，沿着长江发现景点，175—178；和《吴船录》，16；广泛的旅行，1—2、6、19、31、35—36；钱别（送别聚会），118、121—122、123—124、134、141；范成大与《吴郡志》，198—199；论瞻仪堂，198—199；范成大与骑马，93、94、95；地方历史中的范成大，206；论路况，56、63、64、66、67；范成大与坐轿子，99；获得的旅行资助额度，84、85、88、89、90；沿长江旅行，49、50、51、52；到访小竹楼，200；到访东坡—雪堂，190—191；到访黄州，190—191；到访峨眉山，161—162、176—177；到访庐山，177；到访赤壁，187、192；到访三先生祠，175—176；在新安，177—178

范仲淹（989—1052），被贬谪，120—121；地方历史中的范仲淹，198；论公使库，146—148

送别（聚会，钱别，farewell ceremonies），饮宴，111、113；表达友情，111、112—118；为范成大钱别，118、121—122、123—124、134、141；为范仲淹钱别，120—121；历史中的送别，112—113；送别荆轲，112；送别与文学创作，111、112、113—118、122；为李送别，117—118；为陆游送别，116—117；送别史县官，127—129；送别梅尧臣，122；送别欧阳修，121；送别的社会含义，118—122、130、131、133；送别与地位，112、119—121；送别叶祖义，118—119；送别张舜民，121；送别（陆）子龙，124—127；亦见精英旅行，友情，旅行

费衮，194

凤翔，57、88、95、183

凤州，63、66

五代十国时期（907—960），21、29、59

前三游，173

友情（友谊），6、10、111—113、118—122、124、132；陆游与范成大之间的友情，133；陆游与张縯之间的友情，133—134；诗词中的友谊，118。亦见送别

"夫"（搬运工），85

扶风，107、108

福州，32、39、40、58、59、81、107

G

高渐离，112

（宋）高宗（1127—1162年在位），

32、34、86、99、141、149

《吴郡志》，198、199

《宜昌府志》，205—206

礼品（物），53、86、121、130、140、141、149；旅行与赠礼，141—145

公使库（Government Expenses Coffer），143—149；公使库的滥用，144—146

公用钱（Government Expenses Fund），143—149

官府客栈（馆驿，government inns），101—106、107、108、133、136；修建与维护，106—107；馆驿的条件，107—109；馆驿的分布，103—104；历史上的馆驿，101—102；旅行者与地方官在馆驿的互动，108—109；滞留，106；亦见客栈、住宿设施

出仕（government service），62、67、68、97、149、150、151；精英出仕，3—4、19、211、49、150；频繁旅行，1—3、6、9—10、20、27、207、209；出仕与官僚队伍的规模，27—29

大运河（Grand Canal），46

太平驿，106

大江，见长江

三游洞，11、157、167、169、206、209；《方舆胜览》中的三游洞；到访三游洞，169—173

广都，133

广南，76、151

广州，58、59、104

"官路"（官道），见道路，路

《州县提纲》，143、146

桂林：范成大与桂林，1、2、31、52、64、66、67、80、99、120；罗大经

与桂林，156；桂林的路，59

龟山，54

归州，80

果州驿，61

H

海南，86、183；被贬谪到海南，34、75；也见贬谪（exile）

思贤堂，198

瞻仪堂，198

三先生祠，198、202

汉（朝代，前206—220），30、57、97、102；汉代的贬谪旅行，20—21

韩琦（1008—1075），146—148

韩信（？—前196），192

韩愈（768—842），156

韩之美，199—201；与雪堂的修复，196—197

韩子苍（1086—1136），186

杭州，46、47、48、100、104、107、156、202

何瞻（Hargett, James），13、15、160、205

何琥，196、197、199

何斯举，196

天，19、21、29、67、150、160、163、164

河间，57

衡州，19、58、121

道路（highway），56、68、107、155；路网，57—58；亦见官道、道路（roads）

《史记》，163、166

洪适（1117—1184），36、123

洪迈（1123—1202），81、196、197、200；洪迈与广泛旅行，20、26、

行万里路：宋代的旅行与文化

35—36；与《夷坚志》，23、25、
　54、55、119、122
洪遵（1120—1174），198、205
马匹，88—89、91—95、98、99；运
　马船，47；马铺，93—94；骑马的
　含义，91—93、94—95、117；马匹
　的供应，47、93
堠（mileage posts），59、62、108；
　作为距离的标志，59—60
胡铨（1102—1180），34、105、121
胡瑗（993—1059），论旅行与学问的
　长进，162—163
淮河，35、47、59
黄宽重，112
黄卫总（Huang, Martin）111、118
黄庭坚（鲁直、山谷，1045—1105），
　90、106、157、192、203；到访黄州，
　174
黄州：白居易与黄州，180；南宋的
　黄州，184—206；苏轼与黄州，12、
　13—14、106、180—206；到访黄州，
　184—192
"宦游"，8、22、163
慧能（638—713），177
徽州，31、41、123、124
惠州，75、95、182、183、202
（宋）徽宗（1100—1125 年在位），
　32、34、50、174
霍邱驿，103

I

太学（Imperial University），24、118、119
客栈，25 注；佛寺作为客栈，100—
　101；商业客栈，100、101、102、
　103；文学中的客栈，100；客栈中
　的安全问题，87；亦见官府客栈，

住宿设施

J

贾岛（779—843），96
"嘉山水"，155
"饯别"，9
"江"，亦见长江
"江河"，156
江宁，38
江阴，41、138
建康，39、40、41、91、143
剑门关，96
建宁，39、40
建平，100
建阳，128、137
"肩舆"，99，亦见轿子
轿子（sedan-chairs），88、90、92、94、98 注；
　对使用轿子的批评，97—98；官府
　对使用轿子的规定，98；历史上的
　轿子，97—98；轿子的发明，97；
　轿子的流行，98—99；各种轿子，
　99
焦山，194
嘉州，47、90、109、113、123、161
桀，97
晋（265—420），135、178、205
金（1115—1234），16、35、47、81、
　92、104、133
荆轲（？—前 227），112、113
金陵，29、30、31、36、80、96、101、194
金山寺，101
"进士"，2、25、26、29、81、118、
　133，亦见科举考试制度
"酒酣"，113，亦见送别
吉州，2、47、124、125、126、127、132、
　197

"倦游"，9、25、26、60—62、67

女真（Jurchen），46、92，亦见金

"举人"，25、26，亦见科举考试制度

居士亭，189

"聚饮"，113，亦见送别

K

开封，26、104、139；开封的路况，63—64；开封住宿设施的短缺，102；作为交通枢纽的开封，44、46、57—59

寇準（961—1023），60、142；寇準在巴东，157—158

柯睿格（Kracke，Edward），28、30

会稽，16、35、40、165

夔州，16、43、69、85、88、100、150、158

L

篮舆，99，亦见轿子

兰州，57、58、99

中华帝国晚期（late imperial times），12、13、19、118、199，亦见明、清

后三游，173

乐雷发（应是雷简夫）（1210—1271），66

李弘祺（Lee，Thomas H.C.），3

李瑞（Levine，Ari Daniel），34

李昂英，104

李白（太白，701—762），157、186；李白与骑驴，95—96

李发先，165—166

李心传（1166—1243），142、143、145

梁山军，167

廉州，167

辽（契丹，907—1125），35、57

里堠（里程柱），59—62；里堠的文学表现，60—62；亦见堠

林光朝（1114—1178），52

临安，2、26、49；亦见杭州

临川，29、31、38、40、116

临皋驿，106、189

零陵，167

临江，65

灵州，58、151

文人，见精英旅行、科举考试制度、名胜、送别、友情、官府客栈、出仕、旅行

刘安世（1048—1125），203

刘邠（1022—1088），75

刘克庄（1187—1269），96

刘禹锡（772—842），198

柳宗元（773—819），168；柳宗元与澹山，168—169

罗文（Lo，Winston），28

地方精英（local elites），12—13、202，6注；地方官员与精英旅行者之间的互动，127—129、135、136、176；地方精英与地方历史书写，205、209—210；地方精英在维护名胜中的作用，10、181、195、196—198、199、202；地方精英在道路修建和维护中的作用，65—66；地方精英的旅行，5—8

地方志（local gazetteers），6、179、181、205

地方历史（local history），3、4、6、13、179、180、202—203、210；地方历史与地方自豪感，205—206

地方认同（local identify），6、11、13、16、179、209

地方记忆（local memory），6、11、

155、204、205；黄州的地方记忆，188、201

住宿设施（lodging facilities），7、62、77、100—110、146；作为住宿设施的佛寺，100—101；商业客栈，100；住宿设施的条件，107—110；住宿设施在连通旅行者与地方官中的作用，109；亦见官府客栈，客栈

庐山，165、177、178

陆游（务观，放翁，1125—1210），194、196；作为文化朝圣者的陆游，191；旅行时的直接观察，167；陆游与广泛旅行，20、26、33、35—36、42；送别陆游，113、116；处于经济困境中的陆游，149—151；与张缜的友谊，133—134；论旅行的艰辛，42、61—62、87；旅行的文学表达，42、96、207；地方历史中的陆游，203、206、209；论住宿经历，100、106、107、109；陆游的阳刚形象，92—93；陆游与《入蜀记》，16、179、204；为儿子（子龙）送行，125—127；观光活动，157—158、163；社交圈子，100—101、116—117、124、130、132—134、135、141—142；旅行资助，84、85、88、90—91；沿长江旅行，43、47—53、79—80、85、87、90；往夔州之旅，16、69、73、85、87—88、89、90；到访小竹楼，200；到访东坡—雪堂，189—190；到访三游洞，173—175；到访黄州，182、189、195；到访赤壁，186—187

吕祖谦（1137—1181），164—165

罗大经（1196—1252），154、156、159

洛阳，37、57、58、96、100、102、120、122

泸州，47、58、123

M

马伯良（McKnight, Brian E.），7

交通方式（工具）（means of transport），9、88—89、95、97、99、110、135；亦见船舶，马车，驴，马，挑夫，轿子

梅尧臣（圣俞，1002—1060），122

眉州，47、58、123

谢表（memorial of gratitude），73—76

孟浩然（689—740），96

梅尔清（Meyer-Fong, Tobie），192

中秋节（Mid-Autumn Festival），1、6、19、42、178

明（朝代，1368—1644），118、187、206，亦见中华帝国晚期

"名宦"，11、13、179

明州，32、41、47

吏部（Ministry of Personnel），71、72、74、77、79

礼部（Ministry of Rites），72

笔记（miscellaneous writing），15

密州，76、183

穆修（979—1032），117—118

N

南京（今河南商丘），121

南郑，40、59、134

本籍（native place），36、61、132、163、164、173、132注

新政（New Policies Reform），36、161

北宋（960—1127），北宋名胜的发展，156；北宋党争，34；北宋的粮食运输，47；送别仪式的逐渐流行，115；官员任期时长，32—33；陆上交通系统，57；旅行政策，15、76—78、93；道路工程，59；官僚队伍的规模，27；轿子的使用，98；亦见宋

O

官道（官路）（official road），8、45、56、60、65、67、68、110。亦见道路

瓯宁，152

欧阳修（1007—1072），20、30、70、75、140、145注；广泛旅行，26、35—36、157；地方史中的欧阳修，203—204、206；往夷陵之旅，121；到访三游洞，171；对送别的书写，113、122

陆上（陆地）旅行（overland travel），43—45、55—67、79、86、87、102、57注；陆上旅行的艰辛，55—56；历史上的陆上旅行，56—57。亦见精英旅行，官府客栈，住宿设施，官道，道路，旅行

宇文所安（Owen, Stephen），174、192

P

人事管理（personnel management），29—35

朝圣之旅（pilgrimage），171、175，亦见朝圣者

朝圣者（pilgrims），7、8、10、175、191；作为朝圣者的和尚，49。亦见精英旅行

平江，1，亦见苏州

萍乡，105、108

Plutschow, Herbert，155、155注

挑担军人（挑夫）（porters），7、84—88、100、104、145；挑担军人的分派，85—86；作为卫士的挑担军人，87。亦见士兵

回避（Principle of Avoidance），30—31

铺兵，85

铺夫，85

Q

齐安，184、201

"前贤"，179

虔州，47、58、81

蕲口，55、124

琴（乐器），83

秦（朝代，前221—前206），20、46、57、102、164

秦桧（1090—1155），34、121

清（朝代，1644—1911），187、205、206。亦见中华帝国晚期

青城山，83

青泥岭，66

青州，37、57、58

七夕，19

栖霞楼，190

泉州，59、107、117、167

瞿塘峡，52、53、67

R

饶州，39、120

《入蜀记》，47、85、100、136、204，157；作为史料的《入蜀记》，16、43

《游城南记》，156

《游褒禅山记》，195；王安石与《游

行万里路：宋代的旅行与文化

城南记》，159、161

《夷坚志》，23、25、83、118、152

《舆地纪胜》，202—203；该书的修撰，204—205

《游宦纪闻》，165

赤壁（Red Cliff），180、184—187；赤壁的名气，186；苏轼论赤壁，184—186；到访赤壁，186—187

赤鼻（Red Nose），186

冗官（redundant officials），76、78、33

《骖鸾录》，64、80

《嘉祐驿令》，103

（宋）仁宗（1023—1063 年在位），32、34、174

致仕（retirement），30、71、96、120、208，34 注；致仕与党争，20；范成大的致仕，1、94、123

道　路（roads），8、43—44、55—62、68、103；路况与道路的维护，59、62—65、87、99；暴雨对道路的破坏，63—65、137；沿路的里堠，59—62；地方精英在修筑道路中的作用，65—67；亦见道路（highway）、官道、陆上旅行

芮国器（1115—1172），133

汝州，96

S

三游洞，

"骚人"，96

士大夫，见精英旅行、科举考试制度、名胜、告别、友情、官府客栈、出仕、旅行

学校（学堂）（schools），42、67、167，12 注、24 注；县学，24；求学（入学），3、20、24、25、27；公私学校

和书院，4、24—25；州学，24

官印（seal），70、72、72 注

轿　子（sedan-chairs），88、90、92、94、98；对使用轿子的批评，97—98；官府对使用轿子的规定，98；历史上的轿子，97—98；轿子的发明，97；轿子的流行，98—99；各种轿子，99

商鞅（？—前 338），101

"山水"，155，亦见名胜

山阴，40、134

沙市，90

沈括（1031—1095），51、83

（宋）神宗（1068—1085 年在位），32、34、36、120

歙县，41、62、123

"士"，见文人

史（县官），为史县官举行的送别仪式，127—129；史作为地方东道主，137—138

造船业（shipbuilding），44、46—47；造船业中心，47

士人，见文人

寿春，35、40、193

寿州，103

庙祠（shrines），43、156、192、197、198 注；作为名胜的庙祠，157、158、176、195、198、202；庙祠内的祭祀，53—55

蜀（四川），48、100、167。亦见四川

蜀（221—263），184

"水驿"，见官府客栈

书铺，71

舒州（在今安徽），29、38

蜀州（在今四川），40

蜀舟（四川船只），48。亦见船舶

司马光（1019—1086），96、205

司马迁（约前145或前135—？），21；司马迁与广泛旅行，163—167

四明，112

泗州，58、89、121

小桥，190、191、195、196

雪堂，180、184、195、200、201；雪堂的翻修，196—198；到访雪堂，188—191

士兵（军士），7、9、62、85—88、89、104—105、141、147。亦见挑担军人"送"，9

宋（朝代，960—1279），"三年任期"的制度化，31—33；官僚队伍的规模，27—28；宋朝与社会文化整合，12—14；旅游，7。亦见北宋、南宋

《宋史》，70

南宋，从北宋到南宋政策的延续性，15、16；南宋与名胜的发展，156；南宋与旅行日记的发展，15—16；南宋水路交通的主导地位，46、47、56、79；党争，5、20、34、121；南宋对苏轼的推崇，202；南宋的黄州，10、11、180、181；南宋的地方历史编纂（书写），13、204—205；南宋的旅行政策及其执行，31、33、44、77—78、144—145；南宋轿子的流行，99；南宋的造船业，47；南宋官僚队伍的规模，27；到访三游洞，173；到访苏轼遗迹，186—191、202。亦见宋

华山洞（Splendor Mountain Cave），159、161

历子（Experience Paper，或叫历纸、印历和印纸），72

宣立敦（Strassberg, Richard），15、170

苏辙（1039—1112），76、95、166、169；论旅行的重要意义，163—165；到访三游洞，172—173

苏轼（东坡，子瞻，1037—1101），48、49、86、95、96、97、157；对苏轼的缅怀、纪念，184—203；苏轼与东坡，180—184、188；广泛旅行，31；苏轼与黄州，12、13—14、106、187；地方历史中的苏轼，203、206、209；苏轼的谢表，75—76；苏轼与赤壁，185—187；苏轼在黄州的遗迹，180、184、189—190；到访三游洞，172—173

苏洵（1009—1066），164、172

随县，2

隋（朝代，581—618），21、29、91、205

"随侍"，3、8、22

《方舆胜览》，203

苏州（在今江苏），1、16、41、49、58、64、80、198、199

T

泰山，7、155

太原，57、58

台州，32

（唐）太宗（626—649年在位），21

（宋）太宗（976—997年在位），98、152

（宋）太祖（960—975年在位），143

谭德称，123、134

唐（朝代，618—907），唐代旅行日记的发展，15；马形象的描写，

91—92；送别仪式的文学作品，112—113；驿站系统，102；道路系统，57、59—60；唐—宋的转变，5、21、29、155、156、109；旅行的基础设施，44、46

唐德明，199；唐德明与雪堂的翻修，196—197

"堂谢"，73

潭州，58

陶晋生（Tao, Jinsheng），12

（佛）寺，53、176、177、193、194；作为名胜的佛寺，156、157、178、190、191；作为住宿设施的佛寺，100—101、103、188；佛寺的社会化，101、134；佛寺的修建，6。亦见庙祠

万里，2、6、19、150、158、163、165

三年任期，31—33、36、127、128

"天外"，49

藏区，47

"亭"，102

"亭台楼阁"，156。亦见名胜

"亭台楼榭"，156。亦见名胜

"亭馆"，102，亦见官府客栈、客栈

通州，138

旅游（行）（tourism），7、8、206

贸易（贩卖），6、44、46、48—49

旅行（travel）：接待住宿，100—106；佛教徒（和尚）的旅行，7、24、86；儿童的旅行，3、22；道教徒（道士）的旅行，7、24；与家人一起旅行，3、22—24、85、89、151—152；个人旅行者经济上所受的影响，149—152；官府对基础设施的维护，43—45；旅行的艰辛，43、60—62、66—68、116—

118；雇工的旅行，7；旅行对地方官府的影响，89—90、139—149；文人与非文人的旅行，5—8、9；商人的旅行，7、48—49；朝圣者旅行，7；旅行的政策和程序，3、15、22—24、29—34、69—82；旅行的安全问题，15、43、45、50—55；司马迁的旅行，163—167；学生的旅行，25—26；旅行的时间安排，76—81；对旅行政策的违反，14、79—80、85、106；妇女的旅行，3，3注。亦见精英旅行、官府客栈、住宿设施、陆上（陆路）旅行、道路、水路旅行

旅行日记（游记）（travel dairy）：旅行日记的发展演变，15—16、155；作为史料的旅行日记，15—16

"土豪"，66。亦见地方精英

突厥（Turks），92

W

王安石（介甫，1021—1086），20、25、26、62、98、127、193；王安石与骑驴，96—97；王安石与广泛旅行，29—30、31、35—36；论客栈的维护，107、109；王安石与《游褒禅山记》，159—161；论轿子的使用，98

王回（1048—1101），103

王明清（1127—1202），193

王辟之（1031—？），158

王钦若（962—1025），119

王庭珪（1079—1171），121

王维（699—761），112—113

王象之（1163—1230），204、205

王禹偁（元之，黄州，954—1001），

189、203；王禹偁与小竹楼，199—
　　200；论经济困境，151；王禹偁在
　　黄州，199—201

"往来"，8

万里桥，2

万州，56

水路旅行（water travel），43—55；水路
　　旅行的艰辛与安全问题，50—53；亦
　　见船舶、官府客栈、住宿设施、旅
　　行、长江

魏（220—265），184

韦应物（737—792），198

渭城，112、113

文同（1018—1079），114、115

文彦博（1006—1097），33、120

温州，39、47

西湖，119、132、156、202

风亭馆，106—107

吴（229—280），184

吴（在今江苏），48

巫峡，52

武昌，1、80、104、178、189、191。
　　亦见鄂州

《吴郡志》，198

武康，80

无锡，39、162

婺州，32、118、205

X

夏（前21世纪—前16世纪），97

西夏（1038—1227），35、57

襄阳，58、59、104

"先贤"，13

咸阳，57

仙游，106

"小轿"，见轿子

（宋）孝宗（1162—1189年在位），
　　32、34、74

峡州，203、205、210

谢叠山（1226—1289），128、138

辛弃疾（1140—1207），93

新安，177

"行"，8

"行路"，8

兴元，58、59、63、114

兴州，63、66、104

西宁，57

新津，123

新州（在今广东），121

信州（在今江西），58

雄州，58

休宁，41、177

秀州，39

徐霞客（1587—1641），155

徐州（在今江苏），183、202

叙州（在今四川），47、58、90

Y

颜之推（531—590），91、97—98

延安，57

杨大同，23

杨商卿，123

杨万里（1127—1206），2、33、72、175、
　　192；对比陆游与杜甫，96、175；
　　写信给周必大，33；论住宿经历，
　　105、108；迎接杨万里，136；论
　　壏的诗文，61

杨亿（974—1020），115、119

杨永节，167—169

阳关，113

阳羡，33、104

扬州，29、46、99、121、142

长江，1、12、16、43、45、46、47、48；
  长江的商业用途，48—50；应对长
  江上的神灵，53—55；长江上航行
  的延误，50；作为宋朝交通生命线
  的长江，45—50；长江的军事用途，
  47—48；长江上航行的安全问题，
  50—55；长江上旅行的速度，50；
  长江上旅行的风，51。亦见旅行、水上
  旅行

燕山，2、39、41、59

滟滪滩，52

严州，32、40、41

叶祖义，118—119、122、123、124

黄牒（Yellow Certificate），71、72

黄河，162、164

"驿"，8。亦见官府客栈

易水，112

宜春，25、65

夷陵，37、53、121

"迎"，9

"迎送"，9

颖州（在今安徽），37、58、183

英州（在今广东），39、81

"印历"，72

鄞县，29、31、38

"印纸"，72

"驿券"，104

宜州，106

永济渠，46

邕州（今广西南宁），58

永州（在今湖南），19、55、168

"游"，9

"游宦"，8、22、165

"游览"，9

"游学"，8、22

禹，165

余靖（1000—1064），75

元（朝代，1271—1368），46、206

袁采（活跃于1140—1195），65—66

元结（719—772），168—169

元稹（微之，779—831），169；元稹
  与三游洞，169—171

岳珂（1183—1243），192

Z

曾逢，133

曾巩（1019—1083），122

曾几（1085—1166），133

曾槃，133

"舴艋"，49

张耒（文潜，1054—1114），189、190

张商英（1043—1121），203

张世南，165；张世南与司马迁，
  165—166

张孝祥（1132—1170），19、27、29、
  97、118、120、124

张縯（季长，活跃于1150—1190年
  代），133—134

张元幹（1091—1170），114

张钟秋，132

瘴疠，75

漳州，59

瞻仪堂，198

赵抃（阅道，1008—1084），83

赵季仁，154、159

赵彦卫（活跃于1195年），92、185

赵与峕（1172—1228），193

正定，57

镇江，40、50、90、101、132、133、193

真州，89

（宋）真宗（998—1022在位），32、
  47、119

中京，35

中条山，162

忠州，180

周（朝代，前1046—前256），20、33、46、49、56、146—147

周必大（1126—1204），33

周煇（1126—1198），77、121

周瑜（公瑾，175—210），184、186

"舟车鞍马"，8、88

"筑"，112

祝穆，203

朱熹（1130—1200），154、159、205

"竹舆"，99。亦见轿子

（陆）子龙，124—127

邹定（1113—1170），2、3、6、14、26

祖无择（1006—1085），115

"醉"，113。亦见送别聚会

图书在版编目（CIP）数据

行万里路：宋代的旅行与文化 / 张聪著；李文锋
译. —杭州：浙江大学出版社，2015.12
书名原文：Transformative Journeys: Travel and
Culture in Song China
ISBN 978-7-308-15127-6

Ⅰ.①行… Ⅱ.①张… ②李… Ⅲ.①旅游文化－文
化史－中国－宋代 Ⅳ.① F592.9

中国版本图书馆CIP数据核字（2015）第217979号

行万里路：宋代的旅行与文化

张聪 著　李文锋 译

责任编辑	叶　敏	
文字编辑	张　昊	
责任校对	周红聪	
装帧设计	罗　洪	
出版发行	浙江大学出版社	
	（杭州天目山路148号　邮政编码310007）	
	（网址：http://www.zjupress.com）	
制　作	北京大观世纪文化传媒有限公司	
印　刷	北京时捷印刷有限公司	
开　本	635mm×965mm　1/16	
印　张	21	
字　数	253千	
版 印 次	2015年12月第1版　2018年10月第2次印刷	
书　号	ISBN 978-7-308-15127-6	
定　价	52.00元	